Rolf Verres

Die Kunst zu leben

Krebsrisiko und Psyche

Piper
München Zürich

ISBN 3-492-02933-7
2. Auflage, 7.–9. Tausend 1992
© R. Piper GmbH & Co. KG, München 1991
Gesetzt aus der Sabon Antiqua
Gesamtherstellung: Clausen & Bosse, Leck
Printed in Germany

Inhaltsverzeichnis

1. Krebswelten im Kopf – Aufklärung als Orientierungshilfe
und als Verunsicherung 9

Wir brauchen ein neues Verständnis der ärztlichen
Aufklärung 11
Jeden Morgen frisch auf den Tisch: Für 50 Pfennig *Aids*
und Krebs 24

2. Unheil-Kunde: Was ist Krebs? 27

Eine Störung der Ordnung des Lebens 28
Deutungen und Phantasien von »Laien« 34

3. Die Angst als ein Zugang zum Leben 41

»Wer sich fürchtet, kriegt's gerade?« 42
Die Schwierigkeit, miteinander über Angst zu reden . . . 47

4. Spekulationen über die Ursachen 51

Gedanken zur »Krebsumwelt« 56
»Zu wenig Körpergefühl und so« 60

5. Gibt es eine »Krebspersönlichkeit«? 66

Die Suche nach psychosozialen Risikofaktoren 67
Fritz Zorn: »Natürlich habe ich auch Krebs« 69
Ungelöste Probleme der Forschung 71
Ein neues Forschungsprogramm:
Psychoneuroimmunologie 74

6. Leben ist lebensgefährlich: Kann ich mich vor Krebs
schützen? 79

Die Schadstoffe der Woche 83
»Essen muß man ja irgendwas, nicht?« 85

7. Genießen und bewußt »sündigen«: Die Lust am Risiko   94

Selbstbestimmung oder arztgerechtes Gesundheitsverhalten: ein Widerspruch? 98
Risikobereitschaft und Faszination 100

8. Früherkennung: Gut gemeint, aber... 105

Sinn und Nutzen der Krebs-Früherkennung 106
Ruhiger leben mit Krebs-Früherkennung oder
mit »Krebs-Späterkennung«? 107
Die unerbetene Konfrontation mit Krebs 110
Früherkennung und Ethik 111
Rationales Denken und intuitives Erleben 113
»Jeder kann mit seinem Körper machen, was er will« . . 116
Neuere Entwicklungen 118

9. Beachtung von Warnzeichen des Körpers: »Hysterische«
Selbstquälerei oder Ausdruck von Lebenslust? 120

Die Selbstuntersuchung der Brust 121
Weitere Möglichkeiten der Eigendiagnostik 123
Loblied auf den Hypochonder: »Der Krauterer wird
ziemlich alt!« 125
Ich lebe mit meinem Körper im Einklang –
was bedeutet das? 127

10. Das Konzept der geteilten Verantwortung 130

Die Angst vor den »Mühlen der Medizin« 131
Die Verdrängung der Sprache durch
die High-Tech-Medizin 133
Zwanzig Minuten vor dem Tod
noch Krankengymnastik? 134
Selbstkritik von Ärzten 135
Helfen kann wichtiger sein als Heilen 139
Eine Charta der Patienten-Rechte 142

11. »Erst durch die Krankheit bin ich aufgewacht«:
Wird das Leben intensiver durch die Krankheit? 145

Die Suche nach dem Sinn 147
Verzweiflung und Selbsterkenntnis 153

12. Der Aussteiger:
Professor Noll und die drei Abende am Nil 155

»Sinn-Oasen« 158
Anpassung, Verweigerung und Autonomie 159

13. Die gläserne Wand 165

   »Ich habe gedacht: er schläft...« 168
   Das Streben nach einer gerechten Welt 174

14. Offenheit und Dankbarkeit 177

   Aufklärung aller Beteiligten als Voraussetzung echter
      Hoffnung 183
   Selbsthilfegruppen 187
   Muß Dankbarkeit immer ausgedrückt werden? 189

15. Krebstherapie und »Lebensqualität« 191

   Was ist das: Lebensqualität? 191
   Aggressive oder sanfte Therapie 198
   Dreistufenplan zur individuellen Schmerztherapie 200
   Stärkung des Lebenswillens 202

16. Psychoonkologie:
   Eine neue Politik gegen die Krebsangst 205

   Wechselwirkungen zwischen Nachsorge und Vorsorge . 206
   Künftige Aufgaben der Psychoonkologie 208

17. Zukunftsmusik: Forschung und Lebenskunst 213

   Wie entsteht Gesundheit? 218
   Was haben Kunst und Musik mit Medizin und
      Gesundheit zu tun? 220
   Das eigene Leben als ein Gesamtkunstwerk gestalten . . 223

   Literaturverzeichnis 228

1. Kapitel

Krebswelten im Kopf
Aufklärung als Orientierungshilfe und als Verunsicherung

In diesem Buch geht es um Möglichkeiten, mit bestimmten Bedrohungen unseres Lebens umzugehen. Risiken und Bedrohungen können uns Angst machen; als Herausforderungen können sie aber auch zu höherer Bewußtheit, zu mehr Ich-Stärke und zu einem besseren Vertrauen zu uns selbst führen. Wir können zu einem sicheren Bild von uns selbst gelangen, wenn wir uns – vielleicht zumindest versuchsweise – mit einigen Risiken unserer eigenen Existenz auseinandersetzen.

Unser Leben ist ständig durch alle möglichen unvorhersehbaren Krankheiten und Unfälle infrage gestellt. Krebsrisiken und Krebserkrankungen sind dabei nicht wichtiger als alle anderen Gefahren auch, sie sind aber in ihrer Wirkung auf den Menschen gut untersucht. Ich habe mich als Arzt und Medizinpsychologe seit fünfzehn Jahren intensiv mit den körperlichen und seelischen Aspekten von Krebsvorsorge, Krebsfrüherkennung, Erkrankung und Behandlung beschäftigt. In diesem Buch möchte ich zeigen, daß unser Leben intensiver werden kann, wenn wir vor dieser Infragestellung unseres Lebens nicht die Augen verschließen, sondern uns gut darüber informieren. Wer sich auch mit der Antithese des Lebens auseinandersetzt, kann viel über das Leben lernen.

Das Phänomen Krebs ist paradox. Gerade weil Krebszellen – im Unterschied zu normalen Zellen des Körpers – überschießend, unkontrolliert, also frei und entfesselt leben, können sie lebensgefährlich werden. Sie bedrohen die Ordnung des Organismus und damit die ganze Person, in der sie entstanden sind.

Im Zusammenhang mit diesem Lebensthema habe ich Angst und Verzweiflung, aber auch Hoffnung und Lebenskraft miterlebt, und zwar nicht nur bei Krebsbetroffenen, sondern auch bei ihren Mitmenschen einschließlich ihrer Ärzte und Pflegepersonen. Wenn diese intensiven Gefühle auch mich selbst ergriffen, fragte ich mich oft: »Wieso habe ich meine Forschungen als Arzt und Psychologe bisher ausgerechnet auf Krebs und Angst konzentriert und nicht primär auf Gesundheit und Lebenslust?« Erst nach langer Zeit begriff ich, welch ein hohes Maß an Lebenskunst und Lebens-Bewußtheit man in der persönlichen Begegnung mit Krebsbetroffenen gerade dadurch entwickeln kann, daß man sowohl der Todesangst als auch dem Lebenswillen im eigenen Erleben Raum gibt und beide Möglichkeiten des Erlebens so, wie sie sich ergeben, unvermittelt aufeinanderprallen läßt.

Viele Menschen spüren eine starke innere Abwehr gegenüber der Vorstellung, Krebs könne auch im eigenen Leben eine Rolle spielen; sie glauben zu wissen, was sie dann erwarten würde: Verzweiflung, Leiden, Tod.

Sich auf diese Vorstellung einzulassen, erfordert Mut. Tatsächlich entstehen wahrscheinlich in jedem menschlichen Körper täglich viele Krebszellen. Einige Krebsforscher behaupten, unser körpereigenes Abwehrsystem werde damit bis zu einer bisher unbestimmbaren Grenze fertig, ohne daß wir etwas davon merken.

Vor Ihnen, liebe Leserin/lieber Leser, liegt, wenn Sie sich auf dieses Buch einlassen, eine ziemlich abenteuerliche Entdeckungsreise. Sie ist einer Expedition in die ganz freie Natur, die oft auch als »Wildnis« bezeichnet wird, vergleichbar. In der Naturwildnis, z. B. im Urwald, finden wir Ungewißheit, ein stellenweise entfesselt wirkendes Leben: Auf den ersten Blick wirkt das alles wie ein ziemliches Chaos. Gerade dort zeigt sich die Natur jedoch überhaupt erst in ihrer vollen Gestaltungskraft.

Meine eigenen Naturwildnis-Erfahrungen in Norwegen, in Afrika und Südamerika – vor allem auf den Galápagos-Inseln – haben mir mindestens soviel Wissen über die Ordnungskräfte der Natur vermittelt wie meine wissenschaftliche und klinische Arbeit an den Universitätskrankenhäusern in Heidelberg und Hamburg.

Dieses Buch ist eine Einladung, sich mutig auch an bisher vernachlässigte Lebensthemen heranzuwagen und gestärkt daraus hervorzugehen.

Wir brauchen ein neues Verständnis der ärztlichen Aufklärung

Zu Beginn möchte ich mich einem Begriff zuwenden, der als Leit-Idee das ganze Buch durchziehen wird: Dieser Begriff lautet *Aufklärung.*

Gegen Ende des 17. Jahrhunderts begann in Europa eine geistes-geschichtliche Epoche, die wir als das Aufklärungszeitalter bezeichnen. In der Literatur und Philosophie jener Zeit wurde große Aufmerksamkeit der Frage gewidmet, wie man es möglich machen könne, dem Menschen mit Hilfe der Vernunft zum »Ausgang aus seiner selbst verschuldeten Unmündigkeit« zu verhelfen – so zum Beispiel drückte es Immanuel Kant aus.

Vernunftoptimismus und Fortschrittsoptimismus entwickelten sich, und es entstanden sehr differenzierte Vorstellungen über Möglichkeiten, jeden Menschen durch eine umfassende Bildung zu einem selbstbestimmten und würdigen Umgang mit sich selbst und der Natur zu führen. Dies bedeutete, ihn zum freiheitlichen, autonomen Gebrauch seiner eigenen Vernunft anzuleiten und ihm ein solides Wissen zu vermitteln.

An diesem weitreichenden Aufklärungsbegriff, der ganze Generationen von Denkern und Dichtern inspiriert und aufgrund seiner umfassenden Verwendung in allen gesellschaftlichen Bereichen auch in die Heilkunde hineingewirkt hat, möchte ich nun die gegenwärtig üblich gewordene Handhabung von *Aufklärung* in der technisierten Medizin unserer Zeit messen. Um es gleich vorweg zu sagen: Wir finden oft nur eine kümmerliche Andeutung dessen, was Aufklärung eigentlich sein könnte. Dies will ich jedoch hier nicht anprangern, sondern analysieren und damit zu einer Veränderung dieser Verhältnisse beitragen.

Wenn in der heutigen Medizin von »Aufklärung« die Rede ist, so geht es meist nur noch um die enggefaßte Frage, inwieweit und in welcher Weise der Arzt einen Menschen darüber zu informieren hat, daß dieser erkrankt ist und daß nun bestimmte Behandlungs-maßnahmen notwendig sind. Innerhalb der Ärzteschaft und zum Teil auch in der Öffentlichkeit gibt es stellenweise heftige Diskus-sionen über Grundsätze und Inhalte ärztlicher Aufklärungsgespräche. Juristen werden eingeschaltet, um Anforderungen an die ärztliche Sorgfalt und Dokumentationspflicht weiter zu normieren, zu präzisieren und zu verschärfen.

Die heutige ärztliche Aufklärung ist zu einseitig *klinisch* orientiert an der Grundsatzfrage »Aufklärung oder nicht?« Aufklärung wird somit fast nur als eine Belastung aller Beteiligten empfunden, nämlich als eine Vermittlung des Unheils im Krankheitsfall. Notwendig ist hier eine entschieden weitergefaßte Aufklärungskonzeption in unserem Gesundheitswesen. Menschen brauchen nicht erst dann, wenn sie krank geworden sind, sondern bereits bei ihrer gesamten Lebensgestaltung immer wieder die Aufklärung von Heilkundigen über Möglichkeiten, ihre eigene Vernunft optimal für den Umgang mit Risiken des Lebens einzusetzen. Aber wie findet man solche Heilkundigen?

Ich möchte noch weiter ins Detail gehen. Die derzeit übliche Einschränkung des Aufklärungsbegriffs in unserem Gesundheitssystem läßt sich mit folgendem Zitat aus dem *Ärzteblatt Baden-Württemberg* veranschaulichen.

Der mündige Patient, der vernünftig und verständig ist, muß im Rahmen einer »Sicherheits- und Diagnose-Aufklärung« wissen:
– welche Diagnose(n) und Befunde vorliegen
– was (allgemein) mit ihm
– was (konkret) mit welchen (abgewogenen) Mitteln
– was (konkret) mit welchen Risiken (z. B. Psychopharmaka) und
– was mit welchen Folgen (z. B. auch nachstationär) geschieht und
– welche Alternativen sich ggf. anbieten.

Sind diese Fragen beantwortet, ist der Arzt seiner vertraglichen Fürsorgepflicht nachgekommen, und der Patient kann sein Selbstbestimmungsrecht wahrnehmen.

Der Arzt erklärt dem Patienten, *was mit ihm geschieht.* Aber hilft er ihm auch, herauszufinden, *was dieser selbst tun kann?*

Als die Bundesärztekammer im Jahre 1985 gemeinsam mit der Deutschen Krankenhausgesellschaft im *Deutschen Ärzteblatt* einige »Empfehlungen für Richtlinien zur Aufklärung der Krankenhauspatienten über vorgesehene ärztliche Maßnahmen« bekanntgab, erläuterte sie diese Empfehlungen folgendermaßen: In den letzten Jahren sei vermehrt festgestellt worden, daß *Schadens-ersatzansprüche* gegen die Krankenhausträger auch damit begründet werden, daß keine entsprechende Aufklärung gegenüber dem behandelten Patienten erfolgt sei. Die Erfahrungen in der Vergangenheit führten dazu, das seinerzeitige Muster einer *Dienstanweisung* umfassend zu überarbeiten und dabei zu einem übersichtlichen Aufbau zu kommen.

So wichtig der Aspekt von rechtzeitig abzuwendenden Schadensersatzforderungen auch ist: In derartigen Formulierungen zeigt sich deutlich eine Tendenz, den ursprünglich umfassenden Aufklärungsbegriff immer stärker in eine juristische und bürokratische Denkwelt hineinzuziehen, in welcher der Arzt gewissermaßen aus der Defensive heraus, eingepfercht in einklagbare »Dienstanweisungen«, eine letztlich wohl nur verkümmert zu nennende Aufklärung über das betreibt, *was mit dem Patienten geschieht.* Der selbstbestimmte Umgang des Patienten mit sich selbst scheint weniger gefragt zu sein als seine Einwilligung in die vom Arzt geplanten Maßnahmen.

An den Universitäten finden die angehenden Ärzte nahezu keine Hilfe, sich auf die Aufklärungstätigkeit als ärztliche Aufgabe vorzubereiten. Nur vereinzelt werden von studentischen Initiativgruppen und von Hochschullehrern Denkanstöße angeboten. In freiwilligen Ethik-Seminaren und hin und wieder auch einmal auf Ärztekongressen laufen die Diskussionen des Aufklärungsbegriffs wie zwangsläufig regelmäßig auf die Frage hinaus, in welchen Fällen der Arzt und auch der Patient auf eine Aufklärung verzichten dürfen. Meist geht es dann darum, daß der Arzt von der Aufklärung absehen oder diese einschränken darf, wenn die Eröffnung der Diagnose den Zustand des Kranken aller Voraussicht nach ernsthaft verschlimmern könnte, der Patient also durch die Aufklärung bleibend überfordert wäre. Die meisten Gerichte erkennen in solchen Fällen ein Recht des Arztes zur »barmherzigen Lüge« an. In fast jedem Land der Erde gelten allerdings etwas andere juristische Kriterien.

In der klinischen Praxis ist mir und meinen Mitarbeitern schon mehrfach aufgefallen, daß Patienten sagen, Doktor X sei ein guter Arzt, weil er offen und ehrlich sei. Bei genauer Betrachtung finden wir dazu allerdings häufig, daß sich diese Aussage von Patienten fast immer auf solche Ärzte bezog, die dem Patienten mit fester Stimme sinngemäß mitgeteilt hatten: »*Sie werden wieder gesund; wir haben alles im Griff; Sie haben berechtigten Grund zur Hoffnung.*« Hinter den Kulissen sind dabei manchmal die Zweifel größer als die Glaubwürdigkeit.

Selten wird ein Arzt wegen seiner Ehrlichkeit von Patienten gelobt, wenn er gesagt hat: »*Ihre Lebenserwartung ist sehr begrenzt*...« Und vollends unerwünscht bei fast allen Patienten ist die ehrliche ärztliche Stellungnahme: »*Es gibt keine medizinischen Möglichkeiten mehr, die Krankheit aufzuhalten.*«

Jüngeren Ärzten wird von Patienten oft angekreidet, daß sie so unklar und vage bleiben, wenn es um die Vorhersage des weiteren Krankheitsverlaufes geht. Ältere Ärzte haben anscheinend mit der Zeit eine überzeugender wirkende Taktik gegenüber Patienten entwickelt. Die väterliche/mütterliche Ausstrahlung älterer Ärzte und Ärztinnen kann ein Gefühl des »Aufgehobenseins« vermitteln, selbst wenn ihre Worte beim Aufklärungsgespräch mehrdeutig sind. Entscheidend für den Patienten ist dann, daß Ansatzpunkte für Hoffnung erkennbar sind. Bei ärztlichen Aufklärungsgesprächen geht es also vielleicht nicht hauptsächlich um Informationen, sondern ebenso um Gefühle.

Eine gewisse Versuchung für den Arzt, sein Wissen dem Patienten zum Teil verschleiernd oder gar beschönigend mitzuteilen, geht ganz offensichtlich häufig auch vom Patienten aus. Es wäre daher gänzlich verfehlt, einen einseitigen Schuldvorwurf an die Ärzte zu richten, wenn wir uns mit dem mangelhaften Aufklärungsverhalten beschäftigen. Auch der Patient hat eine Mitverantwortung für den Inhalt seiner Gespräche mit dem Arzt.

Daraus folgt nun die Frage, ob man einem Patienten guten Gewissens raten könne, seinen Arzt aufzufordern, ihm klipp und klar Auskunft über die Diagnose und den zu erwartenden weiteren Verlauf (und die Heilungschance) zu geben. Die Erfahrung lehrt, daß dieses Bedürfnis von Menschen um so zwiespältiger wird, je direkter sie selbst betroffen sind. Ein Arzt wird, wenn er sensibel ist, vielleicht aus der Frage heraushören, daß eine eindeutige Antwort über eine gefundene bösartige Erkrankung im tiefsten Inneren des Patienten unerwünscht ist. Und so gerät fast jeder Arzt regelmäßig in moralische Konflikte. Es entwickelt sich zwischen manchen Ärzten und Patienten eine Kunst der andeutenden Sprache. Sie setzt eine hohe Einfühlungsfähigkeit auf beiden Seiten voraus, da auch das Unausgesprochene verborgen im Gespräch mitschwingt.

Im auslaufenden 20. Jahrhundert begegnen wir auch einigen Perversionen ärztlicher Aufklärung. So wurde beispielsweise der Einsatz von standardisierten Videobändern vorgeschlagen, die dem Arzt den Aufklärungsaufwand teilweise abnehmen könnten. Man stelle sich vor: Einer Patientin wird nach der Eröffnung der Diagnose »Brustkrebs« ein Videogerät ins Krankenzimmer gerollt, ein Film zeigt hier die verschiedenen Arten von Brustkrebs und die verschiedenen Operationsmöglichkeiten und Nachbehandlungen einschließlich der Nebenwirkungen und Komplikationen (Risiken), vielleicht zum Abschluß lauter Frauen, die mit freundlichem Gesicht erklären, sie hätten das alles eigentlich ganz gut überstanden, und Krebs könne auch eine Chance sein...

Erfreulicherweise hat sich die Bundesärztekammer schon seit Jahren klar gegen diese Mechanisierung von Aufklärung gewandt. Jede Art von »Aufklärung«, die nicht auf den einzelnen Krankheitsfall und die Persönlichkeit des Patienten abgestellt ist, wird dabei schon vom Grundsatz her als bedenklich angesehen. Auch wenn bei Umfragen herauskommt, daß die meisten Patienten eine »offene Mitteilung der Diagnose einer unheilbaren Erkrankung« wünschen, so sind mit solchen Methoden die Bedürfnisse der Kranken gerade in einem so sensiblen und tief in die Persönlichkeitssphäre eindringenden Problem wahrscheinlich nicht zuverlässig zu ermitteln. Bei der Vorbereitung auf bestimmte Therapiemethoden, zum Beispiel auf das Anlegen eines künstlichen Darmausgangs (*anus praeter*), kann eine Video-Information allerdings für manche Menschen hilfreich sein, sofern sie zusätzlich zum persönlichen Gespräch angeboten wird und der Patient die Möglichkeit zu Rückfragen hat.

Selbst wenn ein Mensch in »gesunden Tagen« tatsächlich für den eigenen Erkrankungsfall die volle Aufklärung wünscht, so kann sich dieser Wunsch nach voller Aufklärung *nach* Eintritt der Krankheit verändern. Von dieser Änderung der Einstellung sind sogar Ärzte nicht ausgenommen, wenn sie selber einer lebensgefährlichen Krankheit ausgeliefert sind. Es kann auch inhuman sein, einem Menschen das Wissen um seinen Tod gleichsam aufzuzwingen und ihn dadurch in ein Stadium von Hoffnungslosigkeit zu versetzen. Wirklich recht verstandene Aufklärung muß einfühlsam und schrittweise erfolgen und die Bedürfnisse und Ängste des Patienten einerseits sowie seinen Bildungsstand und seine Einsichtsfähigkeit andererseits berücksichtigen. Über das angemessene Vorgehen kann nur im Einzelfall entschieden werden.

Bei der ärztlichen Aufklärung geht es in der klinischen Medizin letztlich darum, die weitere Selbstbestimmung des Menschen zu ermöglichen, nachdem er erkrankt ist. Er muß nicht nur abschätzen können, *was mit ihm geschieht*, sondern auch darüber beraten werden, *was er selbst tun kann*. Vor Beginn ärztlicher Therapiemaßnahmen muß der Arzt den Patienten in dreierlei Hinsicht aufklären. Ernst Wolf, Richter am Oberlandesgericht München, gibt folgende Übersicht über die gegenwärtige juristische Sichtweise der Aufklärungspflicht in der Krebsmedizin:

Die Diagnoseaufklärung: Dabei sind Ungenauigkeiten ebenso gestattet wie verschleiernde Formulierungen. Worte wie »Karzinom« oder »Krebs« müssen vom Arzt nicht genannt werden. Ist die entdeckte Erkrankung eindeutig tödlich und steht nicht einmal mehr eine palliative (nur symptomlindernde) Behandlungsmöglichkeit zur Verfügung, so darf der Arzt die Diagnose schonend umschreiben oder gar vollends verschweigen.

Die Verlaufsaufklärung: Hiermit ist die Unterrichtung darüber gemeint, wie die Erkrankung des Patienten ohne Behandlung und wie sie mit der vorgeschlagenen Behandlung voraussichtlich verlaufen wird.

Die Risikoaufklärung: Dieser Aspekt der Aufklärung betrifft die Gefahren sowie die möglichen vorübergehenden oder bleibenden Folgeschäden, die mit der Behandlung selbst bei größter Sorgfalt des Arztes verbunden sein können. Manche Nebenwirkungen und Folgeschäden gerade bei der Krebstherapie können so erheblich sein, daß der Patient sie bei seiner Entscheidung kennen und berücksichtigen muß.

Aufgrund langjähriger Erfahrungen als Richter am Oberlandesgericht München zeichnet Ernst Wolf ein »entmutigendes Bild« von der Realität der tatsächlichen Aufklärungsgespräche zwischen Ärzten und Patienten:

Liegt es daran, daß die Patienten oft die Sprache der Ärzte nicht verstehen? Liegt es an der statistisch mittleren Dauer von 3,5 Minuten, oder steht den Ärzten für die Aufklärung zu wenig Zeit zur Verfügung? Oder spiegeln Art und Umfang des Aufklärungsgesprächs das Selbstverständnis des jeweiligen Arztes wider, der solche Gespräche als lästige Fremdhypothek der Gerichte mißverstehen mag, zumal er dabei die Grenzen ärztlicher Kunst aufzeigen muß? Liegt es an deren Überzeugung, sowieso immer zum Besten des Patienten zu handeln? Sind es etwa die Ängste des Patienten, die ihm das Verstehen des mit ihm geführten Gesprächs erschweren?

In einer Studie an fast fünfhundert chirurgischen Patienten kamen Höfer und Streicher zu einem fast niederschmetternden Ergebnis: Nach dem ärztlichen Aufklärungsgespräch hatten nur 18 % der Patienten Risiko und Gefahren der Krankheit und Operation richtig verstanden. 49 % wußten noch, daß darüber gesprochen worden war, und hatten verstanden, daß die Operation »notwendig und mit Gefahren« verbunden war. Das übrige Drittel hatte keinerlei Erinnerung an den Inhalt der Aufklärung oder hatte etwas völlig Falsches im Gedächtnis.

Nicht nur Ärzte und Juristen, sondern auch Medizinpsychologen befassen sich heute ausführlich mit der Aufklärung von Krebspatienten. Der Unterricht in medizinischer Psychologie umfaßt jedoch nach der 7. Approbationsordnung für Ärzte nur 4,5 % aller Pflichtstunden des vorklinischen Medizinstudiums, und im gesamten klinischen Studienabschnitt kommt die Psychologie – außer bei der Erklärung psychosomatischer und psychiatrischer Erkrankungen – kaum noch vor. Es fehlt an Möglichkeiten für die angehenden Ärzte, den Umgang mit Patienten angemessen einzuüben.

Die klinische Aufklärung darf man nicht als ein Alles-oder-Nichts-Geschehen begreifen. Es geht vielmehr um eine allmähliche beiderseitige Bemühung von Arzt und Patient, eine gemeinsame Sprache und Wahrhaftigkeit zu finden. Der Internist und Krebsarzt Hans-Jörg Senn vom Kantonsspital St. Gallen in der Schweiz analysierte, wann und warum Wahrhaftigkeit *nicht* stattfindet. Von ärztlicher Seite werden verschiedene Gründe *gegen* eine offene und wahrhaftige Informationspolitik bei Tumorpatienten geäußert: Eine allzu offene Informationsgabe habe negative Folgen, und der Patient müsse durch Verschweigen bzw. barmherzige Lügen geschützt werden. Ärzte vermuten bei manchen Patienten Verarbeitungsschwierigkeiten je nach dem Intelligenz- und Reifegrad des Patienten (Jugendliche, »einfache Leute«, ältere Menschen). Viele Ärzte befürchten bei informierten Krebspatienten eine erhöhte Selbstmordgefahr und glauben, es genüge, die nächsten Angehörigen zu informieren, zumal dies als weniger schwierig angesehen wird.

Wichtig ist, daß der Arzt sich selbstkritisch fragt, wen er durch das Vorenthalten unangenehmer Informationen eigentlich schützen will: den als nicht belastbar eingeschätzten Patienten – oder vielleicht auch sich selbst? Zur Selbstmordgefahr bei Tumorpatienten haben verschiedene gründliche Nachprüfungen ergeben, daß Selbstmordversuche bei aufgeklärten Tumorpatienten prozentual nicht häufiger sind als in der gesunden Durchschnittsbevölkerung.

Folgende Argumente sprechen *für* eine offene und wahrhaftige Gesprächsführung auch bei Kranken mit sogenannten bösartigen Leiden:

Nicht-Informationen und Halbwahrheiten können den Patienten in eine Isolation führen. Wenn keiner weiß, welche Informationen der Betroffene bekommen hat, vermeiden alle Beteiligten erfahrungsgemäß jegliche weiteren Gespräche, bei denen dann doch etwas weiteres für sie »herauskommen« könnte. Man weicht einander aus, und zwischen den an der Behandlung beteiligten Ärzten und Pflegepersonen ist schlechter ein gemeinsames Vorgehen zu erreichen. Durch Unwahrhaftigkeit wird die Glaubwürdigkeit der Ärzte aufs Spiel gesetzt und damit das so wichtige Vertrauen unmöglich gemacht. Patienten werden um wertvolle Lebenszeit betrogen; es wird ihnen die Möglichkeit genommen, ihre Angelegenheiten rechtzeitig zu regeln, die volle Autonomie durch volle Information zu behalten und sich gegebenenfalls in einen neuen notwendigen Reifungs- und Ablösungsprozeß einzulassen. Nur der aufgeklärte und differenziert informierte Patient kann aufgrund eines Verständnisses seiner Krankheit die notwendigen Entscheidungen mittragen.

Hans-Jörg Senn sammelte rückblickende Stellungnahmen von schlecht oder nicht informierten Tumorkranken, nachdem schließlich doch Ehrlichkeit erreicht wurde. Hier einige Beispiele:

Ich glaube, mein Arzt hatte Angst vor mir. Er ließ mich während der kurzen Zeit in der Sprechstunde nie zu Wort kommen und ging mir aus dem Weg.

Ich kam mir fast wie aussätzig oder ausgestoßen vor. Man tuschelte mit meinen Angehörigen und wich mir aus.

Mein Hausarzt glaubte zwar, ich wüßte nicht, daß ich Krebs habe. Ich möchte ihn damit nicht auch noch belasten und rede lieber darüber mit Ihnen hier im Krankenhaus.

Warum hat man mir das nicht alles viel früher gesagt? Man hat mich um eine wichtige Zeit meines Lebens betrogen.

Wollen wir die Kluft zwischen Anspruch und Wirklichkeit ärztlicher Aufklärungsgespräche vermindern, so ist es sinnvoll, sich die folgende Aussage des Psychiaters und Philosophen Karl Jaspers vor Augen zu halten:

Das Verhältnis von Arzt und Patient ist in der Idee der Umgang zweier vernünftiger Menschen... Der vernünftige Mensch will und kann begreifen und dementsprechend sich verhalten, wenn der Sachverständige ihn informiert... Der Patient wird belehrt, weiß dann, worum es sich handelt und wirkt mit bei der sinnvollen Durchführung der Therapie.

Die Patienten sollten also weit stärker als bisher bewußt und aktiv eine Mitverantwortung für das Ausmaß ihrer eigenen Aufgeklärtheit übernehmen. Eine neue Aufklärungskunst ist zu entwikkeln und zu kultivieren; dies kann nicht allein Aufgabe der Ärzte sein. Der Medizinjurist Wolfram Eberbach meint, an *Theorie* zur Aufklärungspflicht bestehe heutzutage kaum noch Bedarf – hier sei nur noch »Feinschliff« erforderlich. Dagegen erfreue sich der praktische Umschlagplatz der Theorie eher wenig oder gar keiner Aufmerksamkeit, nämlich das Gespräch selbst und die in ihm wirksam werdenden Faktoren.

Daher kann es für jedermann sinnvoll sein, darüber nachzudenken, welche Bedürfnisse an ärztlicher Aufklärung über den Umgang mit sich selbst er in seinem gegenwärtigen Leben hat, was er selber dafür tun könnte, um selber gegebenenfalls den Verlauf eines konkreten Aufklärungsgesprächs mitbestimmen zu können. Wer Aufklärung über den Umgang mit einer lebensgefährlichen Erkrankung sucht, kann gut beraten sein, zunächst seine eigenen Einstellungen zum Tod zu reflektieren und sich klarzumachen, daß auch sein Gesprächspartner (z. B. der Arzt) in das Gespräch mit eigenen Voreinstellungen hineingeht.

Eine Ordnungshilfe hierzu verdanken wir Philippe Ariès. Er beschrieb im Rahmen seiner »Studien zur Geschichte des Todes im Abendland« vier Entwicklungsstadien menschlicher Einstellungen zum Tod.

Der vertraute, »*gezähmte*« *Tod:* Im ersten Jahrtausend nach Christi fand sich, so Ariès, als zentrale Komponente der Todeseinstellung der meisten Menschen ein vertrauter Umgang mit dem Tod. Außer bei Krieg und Unglücksfällen gehörte es zum Sterben, sich bewußt darauf vorzubereiten. In der Literatur finden wir bei der Darstellung von Sterbeszenen häufig, daß dem Tod eine Art existentielles Vorgefühl als Ahnung voranging. Wolfram Eberbach spricht von einer »Hellsichtigkeit dem eigenen Lebensende gegenüber«, welche die wichtige Voraussetzung für den Sterbenden war, seine letzten Verfügungen zu treffen und sich einem traditionellen Sterbezeremoniell zu überlassen, dessen Mittelpunkt und Dirigent er war. Fast immer wurden Kinder in das Sterbezimmer mit einbezogen. Der Vorgang des Sterbens wurde durch die Ritualisierung einfach, in gewisser Weise emotional neutralisiert – eben »gezähmt«, wie Ariès es ausdrückt –, und er konnte durch diese Art von Öffentlichkeit zu einem vertrauten Bestandteil des Lebens selbst werden.

Der »*persönliche Tod*«: Etwa ab dem 11./12. Jahrhundert trat die Bedeutung der Lebensbilanz stärker in den Vordergrund, indem auch die Vorstellungen über das »Jüngste Gericht« sich insofern änderten, als man annahm, daß über das Seelenheil des Verstorbenen nicht am Ende aller Zeiten entschieden werde, sondern bereits unmittelbar nach seinem Tod. Durch die prüfende und schonungslose Rückbesinnung auf das eigene Leben konnte der Mensch die weitestgehende Bewußtheit seiner selbst erreichen.

Der »Tod des anderen«: Etwa vom 16. bis in das 18. Jahrhundert findet Ariès eine zunehmende Dramatisierung des Todes. Die Menschen möchten ihn eindrucksvoller und dadurch gewissermaßen besitzergreifend erleben. Mit der zunehmenden Dramatisierung wird der Tod jedoch stärker als zuvor als der »Tod des anderen« erlebt. Er wird mehr als *Bruch* gedeutet und unwilliger hingenommen.

Der »verbotene Tod«: Mit dem Beginn des 20. Jahrhunderts ändern sich im Abendland die Einstellungen zum Tod in einer fast revolutionären Weise. Aus dem vertrauten Tod wird innerhalb weniger Jahrzehnte der »verbotene Tod«, verbunden mit einer zunehmenden Tendenz, den Sterbenden zu schonen, ihm also *die Wahrheit zu verheimlichen* und auch die Angehörigen zu »schonen«. Der zunehmenden Verdrängung des Todes entspricht auch, daß Kinder immer öfter von ihm ferngehalten werden.

Heutzutage sind mindestens zwei weitere Grundeinstellungen zum Tod häufig geworden.

Der »abstrakte Tod«: Im ausklingenden 20. Jahrhundert werden Tod und Sterben, wie der Medizinjurist Wolfram Eberbach es ausdrückt, in »emotional bereinigter Fassung enttabuisiert«. Durch den zunehmenden Einfluß der Massenmedien wird der Tod täglich von allen Seiten beleuchtet, in naturwissenschaftlicher Hinsicht analysiert, und die Aufmerksamkeit kreist unter vielem anderen um grundsätzliche Entscheidungskonflikte wie z. B. die Frage, ob aktive oder passive Sterbehilfe erlaubt sei, ob das Leben angesichts der immer raffinierter werdenden Möglichkeiten der Apparatemedizin immer weiter um jeden Preis zu verlängern sei usw.

Die »Pornographie« des Todes: Meines Erachtens kann man nicht ernsthaft behaupten, in unserer Gesellschaft werde der Tod

21

noch im wesentlichen tabuisiert. Ich möchte eher von *Entfremdung* sprechen. In den Action- und Horrorfilmen der Kinos und Videotheken hat sich eine pornographische Darstellungsweise von Sterben und Tod breitgemacht, und in den Nachrichtenteilen der Zeitungen, Illustrierten und Fernsehsendungen wird insbesondere das gewaltsame Sterben oft in einer Weise dargestellt, die geeignet ist, Abscheu oder schließlich Abstumpfung auszulösen. Es ist zu befürchten, daß hiervon nachhaltige Wirkungen auf das Denken, das Erleben und das Gesprächsverhalten von Menschen ausgehen. Ich bin davon überzeugt, daß die verbreitete Pornographie des Todes es vielen Menschen schwerer macht, sich angemessen mit dem eigenen Sterbenmüssen auseinanderzusetzen.

Die hier etwas holzschnittartig voneinander unterschiedenen möglichen Sichtweisen zum Tod wirken sich gewiß zumindest unterschwellig dann aus, wenn Menschen miteinander über lebensbedrohliche Erkrankungen sprechen. Dies gilt auch für Arzt-Patient-Gespräche. Da hier im allgemeinen leider dem Arzt ein höheres Ausmaß an Steuerung zugestanden wird als dem Patienten, bedeutet dies für einen lebensbedrohlich Erkrankten: Je nachdem, was der ihm begegnende Arzt ganz persönlich über Lebensrisiken, Sterben und Tod denkt, wird ein wahrhaftiges und hilfreiches Gespräch zustande kommen oder auch nicht. Nur ein Arzt, der auch den Tod in allen Konsequenzen akzeptieren kann, wird in der Lage sein, glaubwürdig über Möglichkeiten und Grenzen der Verlängerung des Lebens zu sprechen. Ein Arzt, der den Tod nicht akzeptieren kann und mit allen Mitteln selbst dann noch gegen ihn ankämpft, wenn der Tod längst gewonnen hat, läuft Gefahr, manchen Patienten eher zu quälen statt ihm zu helfen.

Nach meiner Erfahrung liefern sich heute noch zu viele Menschen in dieser Hinsicht ihren Ärzten aus, indem sie fast demütig abwarten, welchen Gesprächsstil der Arzt zeigen wird – ein Gesprächsstil, der, wie deutlich werden sollte, von bestimmten persönlichen Grundeinstellungen des jeweiligen Arztes abhängig ist. Mit allem, was ich in diesem Buch darstellen werde, möchte ich dazu beitragen, daß auch Patienten und Patientinnen ihre eigene Mitverantwortung für den Ablauf von Arzt-Patient-Gesprächen besser erkennen können und daraus Konsequenzen ziehen. Ich selbst habe viel von denjenigen Patienten gelernt, die mich aktiv und fordernd mit ihrem eigenen Bedürfnis nach Aufklärung und Wahrhaftigkeit und auch mit deren Grenzen konfrontiert haben.

Bei allen Überlegungen von Ärzten und Juristen um größtmögliche Schonung der Patienten wird meines Erachtens noch ein weiterer wichtiger Aspekt viel zu wenig bedacht. Wenn Ärzte auch heute noch häufig das offene Gespräch mit Krebspatienten mit der Begründung meiden, die Patienten könnten die Ehrlichkeit wahrscheinlich nicht verkraften, so schreiben sie letztlich eine viel weiter reichende Unaufgeklärtheit der Menschen schlechthin fest: eine Unmündigkeit, die politische Dimensionen hat. Die Menschen können eine wahrhaftige Information nämlich meist nur deshalb so schwer verkraften, weil ihnen im ganzen Leben kaum jemand dabei geholfen hatte, sich mit dem Wesen gefährlicher Erkrankungen auseinanderzusetzen, geschweige denn, die Möglichkeit einer solchen Erkrankung gar jemals ernsthaft auf sich selbst zu beziehen. Dann kommt es im Falle des tatsächlichen Betroffenwerdens zum unvermittelten Schock, zur Panik und zu entsprechendem Vermeidungsverhalten der Ärzte. Eine 48jährige Frau berichtete, nachdem eine Brust amputiert werden mußte, rückblickend zur Frage, wie der Krebs damals entdeckt wurde:

Das habe ich selbst geahnt. Ich habe sofort gedacht, daß das was Böses ist, weil das so groß war. Das war furchtbar, so als ob alles unter mir wegging, mir wurde schwarz vor Augen – also es war schlimm in dem Moment.

Es ist notwendig, daß Ärzte den Menschen nicht erst in einer solchen Situation beistehen. Auch die sogenannte »barmherzige Lüge« von Ärzten wäre in den meisten Fällen nicht nötig, wenn den Menschen ganz generell in ihrem Leben ein höheres Maß an Aufgeklärtheit über das Wesen von Lebensgefahren ermöglicht würde. Davon sind wir noch sehr weit entfernt.

Jeden Morgen frisch auf den Tisch:
Für 50 Pfennig Aids und Krebs

Es gehört zu den wesentlichen Merkmalen des gesellschaftlichen Wissensvorrats über Vorsorge, Früherkennung, Behandlung und die Folgen von Krebserkrankungen, daß das hochspezialisierte Einzelwissen der Fachleute kaum integrierend zusammengeführt wird. Hier sind Initiativen und Institutionen notwendig, die sich um eine solche Integration kümmern könnten.

Für den Nicht-Arzt ist es daher äußerst schwierig, abgesicherte und geordnete Informationen zu diesen Fragen zu erhalten, die doch offensichtlich lebenswichtig sein können. Es scheint einen unsichtbaren, aber sehr wirksamen, politisch interessengebundenen Widerstand gegenüber echter präventiver Medizin und einem offenen Informationsfluß über Gesundheit und Krankheit zu geben.

Obwohl etwa jeder vierte Mensch an Krebs erkrankt und fast jeder Mensch zumindest durch den Kontakt mit an Krebs erkrankten Mitmenschen mit diesem Thema konfrontiert wird, erfahren die jungen Menschen an den Schulen fast nichts darüber, und die Erwachsenen scheinen in ihrem Alltag weitgehend der Informationspolitik der Massenmedien ausgeliefert zu sein. Dabei ist, wie in unserer Gesellschaft nicht anders zu erwarten, ein erheblicher schichtenspezifischer Unterschied hinsichtlich der Zugänglichkeit gut geordneter Informationen zu vermerken.

Die Medizinpsychologen Fritz Muthny und Michael Bechtel analysierten die Medizinberichterstattung in großen Publikumszeitschriften. Bestimmte Illustrierte (*Spiegel* und *Stern*) brachten chronische Krankheiten wie z. B. Krebs häufiger mit Aggression, Ärger und Mißtrauen der Patienten in Verbindung; eine Illustrierte (*Neue Welt*) mit einer anders zusammengesetzten Leserschaft betonte demgegenüber eher positive Emotionen wie Erleichterung, Freude und Hoffnung. In *Spiegel* und *Stern*, also in Zeitschriften mit vergleichsweise höherem Bildungsniveau der Leserschaft, wurde im allgemeinen korrekter und kritisch-reflektierender berichtet, als dies in der Boulevard-Presse der Fall war. Doch die Boulevard-Presse scheint auch bei Angehörigen der gehobeneren sozialen Schichten, gerade

wenn es um Sterben und Tod geht, eine makabre Faszination auszuüben. Tag für Tag wird hier das Sensationsbedürfnis angeheizt
und dadurch zugleich Konfusion gestiftet.

In der Nachttischschublade eines Verwaltungsangestellten, der
an den Folgen eines Prostatakarzinoms gestorben war, fanden seine
Angehörigen einen dicken Stapel säuberlich ausgeschnittener Zei-
tungsberichte. Hier eine Auswahl der dazugehörigen Schlagzeilen:
 – *Die große Angst vor dem Krebstest*
 – *Tabakrauch und Alkohol, ein tödliches Gespann*
 – *Buche und Eiche lösen Krebs aus*
 – *Blut aus Ringfinger verrät Krebsgefahr*
 – *Ein gnadenloses Zuviel an Therapie*
 – *Zauberkugeln gegen Krebs*
 – *Lachen schützt vor Krebs und Aids*
 – *Arbeit im Sitzen: Gefahr für Darmkrebs*
 – *Warum Sonne vor Darmkrebs schützt*
 – *Darmkrebs: Dicke sind gefährdeter*
 – *Gebärmutterkrebs infolge Übergewicht*
 – *Hungern läßt den Tumor schneller wachsen*
 – *Wer arm ist, kriegt schneller Krebs*
 – *Mit Liebe gegen Krebs*
 – *Ehe schützt vor Krebs*
 – *Seelische Eigenarten verraten das Krebs- und Infarktrisiko*
 – *Holzstaub verursacht Nasenkrebs*
 – *Unser tägliches Gift*
 – *Ärzte sind schlechte Gesprächspartner*
 – *Krebstherapie: Erfolge oder geschönte Statistik?*
 – *Die Kranken werden kränker*
 – *Pille erhöht Brustkrebsrisiko*
 – *Kein Brustkrebs durch Pille*
 – *Traurige Frauen kriegen öfter Brustkrebs*
 – *Brustkrebs: Weinen Sie den Kummer weg!*
 – *Der Fall Hackethal: Fassen Sie meinen Busen an – der Krebs ist
   weg!*
 – *Mit den Waffen des Geistes den Krebs besiegen*
 – *Beeinflußt die innere Einstellung den Krebs?*

Ich habe lange darüber nachgedacht, was wohl in diesem Mann vorgegangen sein könnte, als er – voller Angst, Ungewißheit und Hoffnung – diese Pseudo-Aufklärung in seinem Kopf zu verarbeiten versuchte. Er hatte im Krankenhaus in all den Wochen viel Zeit zum Nachdenken. Den behandelnden Ärzten im Krankenhaus hatte er nicht einmal mitgeteilt, daß seine Schmerzen unerträglich geworden waren und selbst das starke Schmerzmittel Methadon nicht reichte. Er rief statt dessen mich an, obwohl ich etwa 400 Kilometer von seinem Krankenhaus entfernt lebte und mit der Behandlung dort nichts zu tun hatte, und er bat mich, ihm mehr davon zu besorgen. Er meinte, wenn er dem Krankenhausarzt sagen würde, daß die Schmerzmittel nicht reichten, so könnte der Arzt dies vielleicht als Kritik auffassen und abweisend werden. Sein Informationsbedürfnis versuchte er, wie wir alle erst im nachhinein erkannten, vor allem mit Sammeln von Zeitungsberichten zu stillen. Die Sensationspresse aber verbreitet auf allen Lebensgebieten verwirrende Informationen.

Die wirre und inkonsequente Pseudoaufklärung von Menschen durch die Sensationspresse hat Folgen. Was muß z. B. ein übergewichtiger Mensch fühlen, wenn er die Tageszeitung aufschlägt und ihm die Schlagzeile entgegenspringt »*Dicke kriegen eher Krebs*«? Was denkt jemand, der – wie wohl die meisten von uns – die Sonne liebt, wenn er liest »*Sonne verursacht Hautkrebs*« und dann an anderer Stelle findet, wie wichtig ultraviolettes Licht für die Produktion von Vitamin D sei; und dann noch womöglich die Schlagzeile findet: »*Sonne schützt vor Darmkrebs*«? Diese Halbwahrheiten verfolgen manche Menschen wie Schreckgespenster; sie schüren Angst, ohne Orientierungshilfen zu geben.

Die Aufklärung über gefährliche Erkrankungen, insoweit sie durch die Massenmedien erfolgt, wird von den meisten Menschen als konfus, bedrohlich und widersprüchlich empfunden. Warum aber lassen sich so viele Menschen dies gefallen, obwohl solche Krankheiten jeden treffen können und die Aufklärung – zumindest über Vorsorgemöglichkeiten – die ganze eigene Existenz berührt? Wollen die Menschen aufgeklärt oder unterhalten werden? Muß dies wirklich ein Gegensatz sein?

2. Kapitel
Unheil-Kunde:
Was ist Krebs?

Was Menschen in ihrem Alltag über das Wesen von Krebserkrankungen denken, unterscheidet sich stark von den Theorien, an denen Ärzte und professionelle Naturwissenschaftler ihr Handeln orientieren. Manche Wissenschaftler blicken – wenn sie sich überhaupt jemals dafür interessieren – mit einer überheblichen Haltung auf die aus ihrer Sicht »naiven« Vorstellungen der sogenannten Laien herab. Sie halten ihre eigenen medizinischen Theorien für die einzig richtigen und verbauen sich so von vornherein die Möglichkeit, einen Kranken wirklich zu verstehen und aufgrund dieses persönlichen Verständnisses angemessen zu beraten.

Die vom Phänomen »Krebs« ausgelösten Gedanken und Gefühle von Menschen sind eine ebenso wichtige Realität wie die von der Naturwissenschaft beschriebenen Veränderungen in den Zellen und Molekülen des Organismus. Sie steuern nämlich das Verhalten der Menschen im Umgang mit Krebsrisiken. Es kann auch von seinem Denken abhängen, inwieweit ein Mensch sich Krankheitsrisiken aussetzt, sich also in Lebensgefahr begibt und darin vielleicht umkommt oder aber sich aktiv zu schützen versucht, bei verdächtigen Körperveränderungen rechtzeitig zum Arzt geht und damit vielleicht tatsächlich länger lebt, als wenn er dies nicht täte. In letzter Konsequenz bedeutet dies: Die Dauer eines Menschenlebens kann auch von seinem Wissen, seinen Gedanken und seinen Gefühlen beeinflußt werden.

Die Ärzte können noch so wirksame Behandlungsmethoden entwickeln: Ein Mensch wird nur dann rechtzeitig auf einen Arzt zugehen, wenn er deren Sinn einsieht und Vertrauen entwickelt. So gesehen, haben die Gedanken und Gefühle von Menschen auch eine Wirkung auf die objektiven Erfolge der professionellen Medizin.

27

Ich werde in diesem und in den folgenden Kapiteln einige Unterschiede zwischen dem Alltags-Denken und dem ärztlichen Denken über das Wesen von Krebserkrankungen deutlich machen.

Gerd Nagel, einer der besonders selbstkritischen und zugleich angesehensten deutschen Krebsärzte, mehrjähriger Präsident der Deutschen Krebsgesellschaft, bot seinen Medizinstudenten ein Seminar mit dem Titel »Unheil-Kunde« an. Er sagte:

Man könnte die Krebsmedizin als »Unheil-Kunde« bezeichnen, die Kunst, mit dem Unheil und dem Unheilbaren umgehen zu können.

Auch wenn viele Krebsarten unter bestimmten Voraussetzungen inzwischen heilbar sind, muß sich der Arzt unbedingt immer auch den Gegenpol des Heil-Seins vor Augen führen, um sich nicht in einen verbissenen Kampf gegen das Unheil-Sein zu verrennen. Sich *heil* fühlen zu können, ist der Wunsch vieler Menschen, doch die Heil-Kunde muß auch die Infragestellungen betrachten.

Eine Störung der Ordnung des Lebens

Unter dem Sammelbegriff »Krebs« wird in der Wissenschaft eine Gruppe von über hundert ziemlich verschiedenen Krankheiten mit ganz unterschiedlichen Heilungschancen zusammengefaßt. Sie haben gemeinsam, daß an irgendeiner Stelle des Organismus (äußerlich sichtbar oder tief im Innern und unsichtbar) Körperzellen unkontrolliert (»bösartig«) zu wuchern beginnen, eine Geschwulst bilden, in gesundes Gewebe eindringen und dann dieses Gewebe allmählich zerstören. Manche dieser Veränderungen im Körper können sehr gefährlich werden, wenn sie schnell ablaufen oder an Stellen des Körpers stattfinden, die für die Funktion des gesamten Organismus lebenswichtig sind, z.B. im Gehirn. Bei sehr langsamem Wachstum von Krebszellen spürt der betreffende Mensch vielleicht erst nach Jahrzehnten die ersten Auffälligkeiten.

Wenn einige Zellen einer solchen Geschwulst (Primärtumor) nach einiger Zeit (oft erst nach Jahren oder Jahrzehnten) in die Flüssigkeitsbahnen des Körpers hinein geraten, nämlich in ein Blutgefäß oder in ein Lymphgefäß, so können sie an andere Stellen des Körpers geschwemmt werden, sich dort festsetzen und hier zu sogenannten Tochtergeschwülsten (*Metastasen*) heranwachsen.

Jetzt schon zeigt sich der Sinn der *Früherkennungsuntersuchungen*. Wird ein Primärtumor (z. B. ein Hautkrebs, der wenige Millimeter groß und ganz flach ist) aus dem ansonsten gesunden Körpergewebe herausgeschnitten, *bevor* einzelne Zellen davon in ein Blutgefäß vordringen konnten, so ist der von diesem Krebs befallene Patient mit großer Wahrscheinlichkeit vollständig und endgültig geheilt. Die Operation ist in vielen Fällen einfach und fast schmerzlos. Hautkrebs ist für die Vorsorge und Früherkennung besonders gut geeignet, da die Haut ganz einfach betrachtet und beobachtet werden kann. Jeder kann Unregelmäßigkeiten und Veränderungen frühzeitig wahrnehmen.

Hat der betreffende Mensch jedoch Angst vor den Ärzten, da er sich mit seinen Sorgen nicht verstanden fühlt, und »verschleppt« er durch immer weiteres Aufschieben des Arztbesuches die fachgerechte Diagnose, so kann sich diese Angst auf die Dauer tödlich auswirken. Nämlich dadurch, daß Krebszellen in die Blutgefäße eindringen, mit dem Blut im Körper verteilt werden, an unberechenbaren Stellen hängen bleiben und den Organismus mit Tochtergeschwülsten (Metastasen) allmählich immer mehr schädigen.

Wenn wir sagen, Krebszellen seien »entartet«, so meinen wir damit: sie sehen nicht mehr so aus wie die übrigen Zellen des Körpers und funktionieren auch nicht mehr so. Sie vermehren sich unkontrolliert. Ihre Gefährlichkeit liegt darin, daß sie in gesundes Gewebe eindringen bzw. daß sie Tochtergeschwülste an anderen Stellen des Körpers bilden können. Ein Krebs ist im Frühstadium nicht immer von gutartigen Tumoren zu unterscheiden. Da eine Früherkennung aber sehr wichtig ist, muß der Arzt im Zweifelsfalle den Tumor operieren, um unter dem Mikroskop feststellen zu können, ob es sich um eine gutartige oder eine bösartige Veränderung der Körperzellen handelt.

Von Krebs (einem *Karzinom*) im engeren Sinne sprechen wir nur, wenn der Tumor vom sogenannten Epithelgewebe ausgeht. Das Epithel ist das regelmäßige Zellgewebe, welches die äußere Oberfläche des Körpers als Haut und die inneren Hohlräume des Körpers als Schleimhaut auskleidet, beispielsweise in der Gebärmutter, in den Brustdrüsen, im Darm, in der Blase und der Prostata, an den Stimmbändern.

Geht ein bösartiger Tumor nicht vom Epithelgewebe aus, sondern von anderen Körpergeweben wie z. B. den Knochen, den Muskeln, dem Fettgewebe, so spricht man nicht von Karzinom, sondern man wählt andere Begriffe. Ein *Sarkom* kommt vor bei Tumoren in Knochen, Muskeln, Knorpeln und dem Fettgewebe. Von *Leukämie* (Blutkrebs) spricht man bei bestimmten Entartungen von blutbildenden Organen.

Die Bösartigkeit oder Gutartigkeit eines Tumors ist also für den Laien nicht immer sogleich am medizinischen Begriff erkennbar. Auch der Begriff *Tumor* bedeutet für den Arzt zunächst nichts weiter als »Schwellung«, »Vergrößerung«. Ebenso wie ein Krebs der Haut im Frühstadium nicht immer sicher von einem gutartigen Hauttumor zu unterscheiden ist, so können Symptome, die den Verdacht auf einen Krebs im Körperinneren aufkommen lassen, ebenso vieldeutig sein.

Nehmen wir das Beispiel des Stimmbandkarzinoms: Die Stimmbänder sind elastisch, und sie können im Zusammenhang mit dem Ausströmen der Luft aus den Lungen wie eine Violinen-Saite in Schwingungen geraten, so daß wir eine Stimme bekommen, die wir bewußt zum Sprechen und Singen einsetzen können. Wenn Zellen, die die Stimmbänder des Kehlkopfes überziehen, bei einem Menschen entarten und bösartig zu wuchern beginnen, wird seine Stimme irgendwann heiser. Wird die Heiserkeit nicht beachtet, weil sie z. B. mit einer »Dauererkältung« verwechselt bzw. erklärt wird, dann kann sich der Tumor vergrößern, im weiteren Verlauf z. B. die Luftröhre einengen und Tochtergeschwülste setzen.

Die vielen verschiedenen Krebsarten unterscheiden sich nicht nur durch ihren Entstehungsort im Körper, sondern auch durch die Art, wie sie sich im Anfangsstadium bemerkbar machen. Während ein winziger Stimmbandtumor von einem halben Millimeter Durchmesser bereits erhebliche Symptome verursachen kann (wobei nicht zu vergessen ist, daß eine Heiserkeit meist harmlosere Ursachen hat und nur der Arzt die Klärung herbeiführen kann), ist ein Krebs in der Brust zunächst nur durch eine besonders feine Röntgentechnik diagnostizierbar, die sogenannte Mammographie, bzw. ist als Knoten tastbar, wenn er deutlich größer als ein halber Zentimeter geworden ist. Hat er diese Größe erreicht, so ist er im Durchschnitt bereits etwa zehn Jahre alt. Ein Karzinom im Dickdarm kann sich durch – mit dem bloßen Auge im Anfangsstadium nicht immer sichtbare – Blutspuren im Kot bemerkbar machen. Für deren frühzeitige Erkennung gibt es wiederum spezielle Teststreifen, die jedermann in der Apotheke kaufen kann. Ein Karzinom in der Bronchialschleimhaut kann zu Husten führen.

Ein tastbarer Knoten in der Brust kann aber auch ganz harmlose Ursachen haben wie z. B. eine Verkalkung. Auch Blut im Stuhl kann harmlos sein, etwa als Folge von Hämorrhoiden, und Husten wird viel seltener durch ein Bronchialkarzinom als durch harmlose Erkältungskrankheiten und die allgemein bekannte Raucherbronchitis verursacht. Auch Symptome wie Blässe, Ermüdbarkeit und Gewichtsabnahme, die oft bei Krebserkrankungen auftreten, sind unspezifisch. Sie können auch durch alle möglichen anderen Krankheiten ausgelöst werden.

Krebserkrankungen sind also in den meisten Fällen nur mit Hilfe genauer Fachkenntnisse von harmloseren Erkrankungen unterscheidbar. Hier zeigt sich, daß ein frühzeitiger Gang zu einem Arzt/einer Ärztin schlimmere Krankheitsfolgen verhindern könnte.

Die Krebserkrankung eines Menschen hat meist ihren Anfang darin, daß in einer einzigen von ca. 40 Billionen Körperzellen ein Schaden in einem ganz bestimmten Molekül auftritt, nämlich der Desoxyribonukleinsäure (DNS). Diese Erbsubstanz des Zellkerns steuert mit den auf ihr befindlichen Genen unter anderem die ständig ablaufende Erneuerung der Körperzellen und damit der Gewebe unseres Körpers. Zu den Geweben gehören das Bindegewebe, die Knochen, die Muskeln, alle Organe wie Leber, Niere, Hoden; auch die vielen Milliarden roten und weißen Blutkörperchen werden alle paar Wochen erneuert. Die sogenannte *Leukämie* ist eine außer Kontrolle geratene Veränderung der Zusammensetzung der weißen Blutkörperchen. Sie geht mit einer Erkrankung der Lymphknoten, der Milz oder des Knochenmarks einher und führt schließlich zu einer tiefgreifenden Störung des gesamten Organismus.

Die Erbsubstanz in den Kernen jeder einzelnen unserer 40 Billionen Körperzellen kann durch die verschiedensten Einflußfaktoren geschädigt werden. Die geschädigte Erbsubstanz kann, da sie normalerweise im Organismus das Programm der Zellfunktion und des kontrollierten Wachstums darstellt, ein unkontrolliertes selbständiges Wachstum auslösen, nämlich eine Krebserkrankung. An dieser Stelle sind einige Bemerkungen über die Gestaltungskraft der Natur angebracht.

Unser Gesamtorganismus ist beim Entstehen von Krebszellen nicht gleich der Vernichtung ausgeliefert. Vielmehr hat er gegen die bösartige Entgleisung des zellulären Wachstums verschiedene Vorkehrungen getroffen. Es lohnt, sich damit zu befassen. Man kann nämlich daraus lernen, daß die Entstehung einer Krebserkrankung keineswegs automatisch den Untergang bedeutet, sondern daß die Grenze zwischen *gesund* und *krank*, zwischen *heilbar* und *unheilbar* fließend ist.

So kann beispielsweise bei einem Sonnenbrand die – von den meisten Menschen unterschätzte – ungeheuer starke Energie des Sonnenlichts zu Schäden der Desoxyribonukleinsäure in den Zellkernen unserer Haut führen. Da auch unsere Haut sich ständig von den tieferen Schichten her durch langsame Zellteilung erneuert, kann auch hier eine Entgleisung der normalen Wachstumsvorgänge zu einem unkontrollierten Wuchern führen: dem Hautkrebs.

Wenn die DNS einer Hautzelle durch »Sonnenbrand« geschädigt wurde, so entwickelt sich ein Hautkrebs allerdings keineswegs zwangsläufig. Zunächst können innerhalb der Zellen Reparaturmechanismen in Gang kommen, die die geschädigte DNS gewissermaßen aus dem Verkehr ziehen, bevor sie gefährlich wird. Doch selbst wenn sich als Folge eines DNS-Schadens eine Krebszelle entwickelt hat, muß dies noch nicht der Beginn einer Krebserkrankung sein. Vielmehr verfügt unser Körper über Reparaturmechanismen, die die Erbsubstanz wieder in Ordnung bringen können. Zusätzlich gibt es noch Abwehrsysteme, die entartete Zellen als »fremd« erkennen und sie unschädlich machen. Erst wenn diese Reparatur- und Abwehrsysteme dem unkontrollierten Wachstum »bösartiger« Zellen nicht mehr gewachsen sind, kommt es zu einer Krebsgeschwulst.

Im Lichte der bis hierhin dargestellten vieldeutigen Merkmale von Krebserkrankungen ist die Angst der meisten Menschen vor Krebs gewiß nicht irrational, wie manchmal aus ärztlicher Sicht behauptet wird, sondern sie ist realistisch und oft nur zu verständlich. Leider ist auch nicht jeder Krebs früh erkennbar. Z. B. macht sich mancher Krebs in den tieferen Regionen des Körpers erst dann bemerkbar, wenn er schon weit fortgeschritten ist.

Wollen wir Hilfestellungen für den Umgang mit Krebsängsten geben, so kann es nicht um eine Beschwichtigung dieser Ängste gehen. Wir müssen uns zunächst noch etwas genauer mit einigen Besonderheiten von Krebserkrankungen vertraut machen. Hierzu gehören die Wechselwirkungen von *Schädigung* und *Heilung* im menschlichen Organismus.

Man kann jede Schädigung von Körperzellen zunächst als eine *Verwundung* betrachten. Jede Verwundung an irgendeiner Stelle des Organismus führt aufgrund der Intelligenz des gesunden Gesamtorganismus zunächst zu Vorgängen von Wundheilung, sofern die Wunde nicht zu groß ist. Bei der Wundheilung vermehren sich die Bindegewebszellen relativ autonom und bilden Narbengewebe. Gewebe mit bestimmten Funktionen, wie Haut- oder Muskelgewebe, wird zum Erhalt des Gesamtorganismus durch unspezifisches Bindegewebe ersetzt.

Betrachtet man frisches Narbengewebe unter dem Mikroskop, dann sieht man sehr unregelmäßige Zellen, die scheinbar ungeordnet wirken. Dieses anfängliche »Chaos« führt jedoch letztlich zu einer Reparatur des Defektes, und die Zellvermehrungen hören nach der Heilung der Wunde auf. Diese zunächst scheinbar chaotisch wuchernden Zellen verweisen auf eine höhere Ordnungskraft in den Organisationsstrukturen des Körpers. Sie muß latent auch schon vorher dagewesen sein, aber sie konnte erst durch die Verwundung überhaupt wirksam werden.

Die Störung der gewohnten Ordnung ruft die im Gesamtorganismus schlummernden Gestaltungskräfte der höheren Ordnung auf den Plan. Dabei hat die nackte Lebenserhaltung gegenüber der bisherigen Gewebedifferenzierung den Vorrang. Das Narbengewebe kann aufgrund seiner Struktur nicht die Funktionen des jeweiligen bisherigen Gewebes (z. B. als Muskel mit Kontraktionskräften) erfüllen, es hat aber eine jetzt wichtiger gewordene neue Funktion übernommen, nämlich zu verhindern, daß der Körper ausblutet und stirbt: einem Pflaster vergleichbar, welches der Organismus selbst erzeugt.

Nach bisher vorherrschender Meinung sind wuchernde *Krebszellen* in weit geringerem Maße dieser höheren Ordnung unterworfen als die zumindest zeitweise ebenso stark wuchernden Zellen eines wohlgemerkt ungefährlichen *Narbengewebes*. Das ist auch verständlich; denn das Wuchern von Zellen bei einer Narbenbildung hört nach einigen Tagen auf, wogegen das Wuchern von Krebszellen weit schwieriger von den körpereigenen Kontrollmechanismen gestoppt werden kann. Es bleibt dabei die Frage offen, ob es auch bei der Krebsentstehung eine andere, höhere Ordnung in einem anderen Sinne als beim Entstehen von Narbengewebe gibt.

Solange Ärzte ihr gesamtes Handeln und entsprechend auch das Forschen vorwiegend an der Maxime der Lebenserhaltung orientieren, werden sie auf diese Frage vielleicht keine Antwort finden.

An dieser Stelle erscheint es mir nun lohnend, einen Gedankensprung zu machen und den bis hierhin skizzierten Grundzügen professionell-naturwissenschaftlicher Theorien über Krebserkrankungen einige Sichtweisen von Menschen gegenüberzustellen, die mit ihrem Alltagsverstand versuchen, das Wesen von Krebserkrankungen zu begreifen.

Deutungen und Phantasien von »Laien«

Ein älterer ehemaliger Facharbeiter äußerte folgende Gedanken zu seinem Prostatakarzinom:
Sehen Sie, ich bin jetzt 81 Jahre alt, und ich war 55 Jahre verhei-

34

*ratet. Und da ist meine Frau vor fünf Jahren gestorben. Und zwölf
Jahre war sie krank. Da hab ich nichts von meiner Frau gehabt, hab
sie ins Bett getragen und wieder raus und so weiter. Meine Frau war
richtig feinfühlig, bis dorthinaus. Und ich nehme an, daß die Ent-
haltsamkeit sehr viel mitgespielt hat, daß ich es mit der Prostata
gekriegt hab. Ich kann mich erinnern, ich habe einen guten Bekannten, der ist über neunzig geworden. Der hat gesagt:»Laß dir das
sagen, immer up to date sein sexuell. Dann haut das schon hin.
Wenn du'n Winter ausläßt, dann läßt du auch nach.« Daran muß
ich oft denken.
Wenn ich meiner Frau untreu gewesen wäre, dann wäre sie längst
vorher schon gestorben. So sensibel war die. Und das habe ich bei-
behalten, als wenn sie noch lebte.*

Dieser Krebsbetroffene versuchte, einen plausiblen Grund für
das Prostatakarzinom in seinem Leben zu finden und dadurch seine
Krebserkrankung besser zu verstehen. Er brachte das Prostatakarzinom mit seinem sexuellen Verzicht in Verbindung, den er viele
Jahre lang aus Liebe zu seiner kranken Frau – gewissermaßen als
ein Opfer aus Solidarität – geleistet hatte. Mit dieser Vorstellung
gelang es ihm vielleicht, sich zu trösten und mit der Krebserkrankung auch gute Gedanken zu verbinden, neue Denkmöglichkeiten
zu erkunden und den eigenen Horizont zu erweitern, statt in der
gewohnten Ordnung einfach weiterzudenken.

Ist dies vielleicht eine erste und vage Antwort auf die offene
Frage, ob Krebs (in einem anderen Sinne als das normale Narbengewebe) als eine Störung der Ordnung gewohnter Lebensvorgänge
letztlich auf eine andere Ordnung verweisen könnte, die sich uns
erst dann erschließt, wenn wir offen sind für völlig neue Horizonte?
Oder hat sich hier lediglich eine Schuldzuweisung in das Denken
eingeschlichen?

Es lohnt, den subjektiven Lebensphilosophien von Menschen
aufgeschlossen zuzuhören. Ich habe nicht vor, die Leserin/den Leser von einer bestimmten Sichtweise (»Krebs als gestörte Kommunikation zwischen Zellen« – »Krankheit als Weg« – »Krebs als
Chance«) zu überzeugen. In allen weiteren Kapiteln wird eine (nur
auf den ersten, oberflächlichen Blick) archaisch anmutende, bild-

hafte Denk-Kultur von Menschen immer wieder mit der begriffli-
chen, durch wissenschaftliche Methoden verfeinerten Theorie-Kul-
tur der professionellen Medizin in ein Spannungsverhältnis geraten. Ich bin sicher, daß sich aus diesem Spannungsverhältnis ganz
von selbst einige weiterführende Impulse für den zukünftigen Umgang mit Krebserkrankungen ergeben können.

*Wenn man das Wort »Krebs« hört, dann schaltet irgend etwas
ab, und man denkt gleich an's schlimmste.*

Diese Aussage eines jungen Architekturstudenten verdeutlicht,
daß es gar nicht so einfach ist, überhaupt herauszufinden, was ein
Mensch über Krebs denkt, da schon beim Auftauchen dieses Wortes »irgend etwas abschaltet«. Das geordnete Denken wird durch
die plötzlich gleichfalls wachwerdenden Gefühle durcheinanderge-
bracht. So wie Krebs auf der Ebene von Zellstrukturen und Molekülen eine Störung der Ordnung bedeutet, finden wir auch auf der
Ebene seelischer Vorgänge erhebliche Störungen des geordneten
Zusammenspiels von Denken und Fühlen.

Dennoch: Jeder Mensch entwickelt langfristig in seinem Denken
eigene (»subjektive«) Theorien über Krankheiten, über die Fragen
nämlich, wie eine Krankheit entsteht, wie man ihr gegebenenfalls
vorbeugen kann, wie man sich bei ersten verdächtigen Symptomen
am besten verhält, welche Behandlungsmöglichkeiten es gibt und
ob sich die Mitmenschen vielleicht anders als bisher verhalten werden, wenn sie erfahren, daß man ausgerechnet an Krebs erkrankt
ist.

Solche subjektiven Krankheitstheorien von Menschen unterscheiden sich in wesentlichen Punkten von den wissenschaftlichen Theorien der professionellen Forscher. Sie liegen nicht immer bewußt und abrufbereit vor. Manchen Menschen wird erst
im Verlauf eines Gesprächs klar, was sie über Krebserkrankungen
zu denken gewohnt sind. Die subjektiven Krankheitstheorien
sind nicht stabil, sondern sie ändern sich mit neuen Erfahrungen.
Sie können unvereinbare Vorstellungen und Widersprüche enthalten, also inkonsistent und bruchstückhaft sein. Der wichtige
Unterschied zwischen professionell-wissenschaftlichen Theorien
über Krebserkrankungen und den subjektiven Theorien von

Menschen über Krebs besteht darin, daß in den subjektiven Krankheitstheorien die *Gefühle* eine entscheidende Rolle spielen. In der Wissenschaft sind Gefühle verpönt, wenn es um Theorienbildung geht. Die Wissenschaftler stehen bis heute unter dem Druck, ihre Theorien »objektiv« zu entwerfen, und »Objektivität« wird meist mit einer Unabhängigkeit von Gefühlsregungen gleichgesetzt. An dieser Gepflogenheit möchte ich mit diesem Buch rütteln. Manche Wissenschaftler, die mit Menschen zu tun haben, befassen sich zuwenig mit der Begrenztheit von Wahrnehmungsmöglichkeiten, und sie merken nicht, daß ihre theoretischen Modelle der Wirklichkeit nur scheinbar objektiv sind.

Ein sogenannter Laie hat gegenüber den Wissenschafts-Profis die Freiheit, seine Gefühle so zu erleben, wie sie sich von selbst einstellen, und sie mit seinem Denken in Verbindung zu bringen. Ängste können dabei auch das Denken zeitweise völlig blockieren, und ein mangelndes Wissen kann den einen oder anderen Menschen zu voreiligen (Fehl-)Schlüssen verleiten, gerade dann, wenn Ängste sein Denken durcheinanderbringen.

Ich möchte nun einige Menschen zu Wort kommen lassen, die wenig Kontakt mit der professionellen Medizin haben, also aus der Sicht von Ärzten »Laien« sind. Dabei interessiert mich überhaupt nicht, ob diese Äußerungen von Laien über Krebs aus ärztlich-naturwissenschaftlicher Sicht »stimmen«. Vielmehr möchte ich deutlich machen, daß jeder Mensch, wenn er seine Vorstellungen zu Krebserkrankungen äußert, dies aufgrund eines ureigenen Erfahrungshorizontes tut, den ihm niemand zum Vorwurf machen kann. Nach meiner Meinung hat kein professioneller Naturwissenschaftler bzw. Arzt das Recht, eine bestimmte Laienvorstellung über Krebs als »irrational« abzuwerten, solange er nicht versucht hat, dem betreffenden Laien wirklich zuzuhören.

Krebs ist eben heimtückisch, der ist nicht erfaßbar. (74jähriger Frührentner)

Wenn ich Krebs habe, dann muß ich abschließen, dann muß ich sagen, man hat fast keine Chance. Man müßte sagen: es ist aus! (74jähriger technischer Zeichner)

Auf meine Frage: »Wenn ein Mensch Krebs bekommt, was passiert da bei ihm nach Ihrer Meinung? Was verändert sich?« antwortete eine 69jährige Hausfrau:

Wenn man dem das sagt, dann kriegt er vielleicht einen Mordsschreck.

Der »Mordsschreck« als erstes Merkmal des Denkens an Krebs: Davon ist in den meisten medizinischen Lehrbüchern über Krebs keinerlei Rede.

Ich fragte diese Frau weiter: »Wenn Sie sich mal vorstellen, Sie würden einem zehnjährigen Kind erklären, was eine Krebserkrankung ist, also einem Kind, das gar nicht weiß, was das ist, was würden Sie ihm wohl sagen?«

Ein ganz großes ekelhaftes Viech, und es krallt dich mit allen Fingern, es hat mindestens zehn, und du bist im Nu weg.

Auf die gleiche Frage antwortete mir eine 23jährige Krankenschwester:

Einem zehnjährigen Kind? Das ist bestimmt schwer; denn wenn ich sage, da gibt's eine neue Krankheit, die heißt Krebs, die ist sehr schlimm, denkt das Kind erstmal an das Tier Krebs, ja.

Allgemein, da würde ich erzählen, hör mal, das ist eine schlimme Krankheit, die fast immer tödlich ausgeht, wo man keine großen Therapiechancen hat, und daß die Therapie – das weiß das Kind nicht, das müßte ich dann alles näher erklären, Operation und Tabletten, ja, und daß es immer mehr Menschen bekommen, daß das was sehr Schlechtes und Schlimmes ist. Ja.

Es ist nicht gut, einem Kind so was zu sagen.

»Würden Sie gar nichts tun?«

Es ist nicht gut, unter der Bevölkerung so was auszubreiten, ja.

Je mehr Panik da ist, desto schlechter ist es wahrscheinlich für die Erkrankung. Aber was wollen Sie machen, es ist wirklich was Schlimmes, ja. Das sollte man schon wissen.

»Ja. Sie sagen einerseits, man soll lieber nicht darüber reden, weil man die Leute dann nur verschreckt, aber andererseits...«

Nicht so kraß drüber reden, wie ich zum Beispiel zu Hause mit meiner Familie drüber rede. Die sind alle etwas sensibel, was Krankheiten anbetrifft. Und ich sage halt: Krebs, da hast du keine Chancen. Was ich gesehen habe, das ist schlimm.

»Also, ich höre sehr deutlich heraus, daß Sie sagen: Das, was einem überhaupt einfallen kann, wenn man an Krebs denkt, ist so negativ...«

Ja, daß man möglichst wenig daran rühren soll.

Kurz danach interviewte ich einen 24jährigen Kraftfahrer zum gleichen Thema.

»Und wenn Sie mal einem zehnjährigen Kind erklären müßten, was Krebs ist, was das eigentlich für 'ne Krankheit ist, wie würden Sie das wohl beschreiben? Da muß man dann ja ganz einfache Worte wählen und kommt gerade dadurch vielleicht zum Wesentlichen.«

Ich würde eventuell zu dem Kind sagen, daß es eine schwere Krankheit ist und auch eine schlimme Krankheit, mit der bisher noch kein Mensch fertiggeworden ist. Und dann würde ich hoffen, daß das dem Kind vorerst genügt. Ein Kind von zehn Jahren hat eventuell noch nicht das Vorstellungsvermögen wie ein ausgewachsener Mensch.

Aber wenn das Kind 15 oder 16 Jahre alt ist und dann wieder danach fragt, dann müßte ich ihm das deutlicher erklären.

»Ja, zeigen Sie mal den Unterschied, das finde ich interessant.«

Daß ich dann eventuell sagen würde, gut, der Mensch hat einen bösen Kern, ich weiß jetzt nicht, irgendwie gibt's da noch einen anderen Ausdruck dafür, aber der fällt mir jetzt nicht ein, für den Kernpunkt des Krebses. Ich sag also zu dem Kind, daß das ein böser Kern ist, der in dem Menschen irgendwie drinsteckt und, nehmen wir mal die seelische Belastung, dadurch noch vergrößert wurde, und daß der Mensch sich zuwenig Luft verschafft hat nach außen, daß er eventuell falsch reagiert hat in manchen Situationen.

Und daß das durch diesen Punkt dann zum Ausbruch kommt, und daß bis jetzt noch kein Kraut dagegen gewachsen ist.

»Mhm. Dieses Wort, das Sie da eben suchten, in welche Richtung ging das denn so?«

Ah ja, jetzt hab ich's wieder, das ist 'n Karzinom, sagt man dazu, das die Metastasen ausstreut.

Solange man die Brennpunkte nicht konkret eindämmen kann

und sagen kann, da sitzt der, und den bekämpfen wir jetzt intensiv,
dann geht da eben nichts. Dieser Kraftfahrer hatte sich offensichtlich viele Gedanken über das Wesen von Krebserkrankungen gemacht. Den Unterschied zwischen Primärtumor (»Kernpunkt«, »Brennpunkt«) und Tochtergeschwülsten (Metastasen) hatte er im Prinzip gut verstanden.

Der Kernpunkt bzw. Brennpunkt des Krebses bedeutete für ihn einen bösen Kern, der im Menschen steckt, sich durch seelische Belastung vergrößert und auch dadurch noch weiter vergrößert, daß der Mensch sich wenig Luft verschafft nach außen und »falsch« reagiert. Wir werden in einem späteren Kapitel sehen, daß eine solche Sichtweise zu schweren Beziehungsstörungen zwischen Krebsbetroffenen und ihren Mitmenschen führen kann.

3. Kapitel
Die Angst als ein Zugang zum Leben

Vor einigen Jahren entwickelte ich gemeinsam mit einigen Kollegen an der Universität Heidelberg eine spezielle Befragungsmethodik, mit der wir so genau wie irgend möglich herausfinden wollten, was Menschen über Krebsentstehung, Vorsorge, Früherkennung, die Behandlung und die Folgen von Krebserkrankungen denken. Auch wollten wir wissen, welche Gefühle damit verbunden sind und inwieweit Gefühle wie Angst oder Hoffnung das Denken beeinflussen. In monatelangen Vorarbeiten fügten wir verschiedene psychologische Techniken zu einem ausgeklügelten Befragungsnetz zusammen, dessen Maschen so eng sein sollten, daß uns möglichst nichts Wichtiges entgehen konnte.

Alles, was unsere Befragten sagten, wurde auf Tonband aufgenommen, Wort für Wort vom Tonband abgeschrieben, und so gewannen wir etwa zweitausendfünfhundert Schreibmaschinenseiten mit Originaläußerungen von Menschen der verschiedensten Berufe und Altersstufen über ihre Gedanken zum Thema »Krebs«.

Bei der gründlichen inhaltsanalytischen Auswertung dieses Materials fiel uns nach einiger Zeit auf, daß bei manchen unserer Befragten ein Denkmuster auftauchte, nach dem wir gar nicht gefragt hatten und für welches wir ursprünglich auch keine Auswertungskategorie als »Schublade zum Einordnen« vorgesehen hatten. Wir fügten nachträglich eine solche Auswertungskategorie ein und stellten fest, daß jeder vierte unserer Befragten an irgendeiner Stelle des Interviews, obwohl wir gar nicht danach gefragt hatten, von sich aus dieses Denkmuster ansprach. Es lautete:

41

» Wer sich fürchtet, kriegt's gerade?«

Wenn man sich in die Angst reinsteigert, vielleicht kriegt man es dann (38jährige Altenpflegehelferin).
Die, die soviel Angst haben vor Krebs, kriegen ihn eher (75jährige Rentnerin, frühere medizinisch-technische Assistentin).
Wenn man immer denkt, man bekommt das, dann wird man es schließlich auch bekommen (35jährige arbeitslose Abiturientin).
Wenn ich denk, jetzt bekomme ich Krebs, schon ist er da. Wenn also jemand den Gedanken hat, jetzt bekomme, jetzt habe ich Krebs, dann geht das viel schneller (73jähriger Rentner, früher selbständiger Wagenbauer).

In all diesen Aussagen zeigt sich eine Angst vor der Angst. Diese Menschen meinen offensichtlich, man dürfe gar nicht erst Angst vor Krebs haben; denn durch Angst erhöhe man sein eigenes Krebsrisiko. Vor einigen Jahren behauptete selbst einer der renommiertesten deutschen Journalisten, Gerd Bucerius, in der *Zeit*: *Angst vor Krebs kann Krebs (mit-)erzeugen.* Und in der *Frankfurter Rundschau* fand ich mit Bestürzung die Überschrift: *Auch die Furcht ist ein Risikofaktor.*

Wie ist das offensichtlich verbreitete Denkmuster »Wer Angst vor Krebs hat, kriegt erst recht Krebs« zu bewerten?

Nach meinen Erfahrungen ist nicht so sehr die Angst vor Krebs gefährlich. Dahinter stecken, wie wir noch sehen werden, oft ganz andere Ängste. Wirklich riskant ist die Angst vor der Angst.

Von Angst können wichtige Impulse für Menschen ausgehen, sich mit der nötigen Entschlossenheit und Konsequenz vor Gefahren schützen zu wollen. Solange wir Gefahren nur theoretisch, vom »Hörensagen« kennen, werden wir zwar möglicherweise einiges tun, um für unser eigenes Leben zu sorgen. Doch erst wenn wir wirklich Angst um unser Leben bekommen, werden manche unserer Bemühungen um den Schutz unseres Lebens überhaupt erst so intensiv werden, daß sie tatsächlich unsere Überlebens-Chance verbessern.

Angst vor der Angst erhöht demgegenüber die Wahrscheinlichkeit von Verdrängung. Läßt ein Mensch in seinem Leben die Angst gar nicht erst zu, weil er Angst vor der Angst hat, so kann dies in letzter Konsequenz einen Einfluß darauf haben, wie lange er leben wird. Wer nämlich die eigene Angst zum Tabu macht, verringert dadurch die Möglichkeit, daß ihm überhaupt jemand – zum Beispiel ein Arzt – dabei helfen wird, aus seiner Angst die richtigen Schlußfolgerungen zu ziehen.

Vielleicht wird er nicht mehr näher über Krebs und Krebsrisiken nachdenken wollen. Dann wird er auch vielleicht nicht mehr genug über die Möglichkeiten erfahren, sich vor Krebs zu schützen oder sich im Falle einer eigenen Erkrankung so früh wie möglich, also mit besseren Heilungschancen, untersuchen und behandeln zu lassen.

Ich habe mich seit vielen Jahren mit der Angst vor Krebs befaßt, und ich glaube inzwischen sagen zu können, daß man tatsächlich zwischen »richtigen« und »falschen« Schlußfolgerungen aus der Angst vor Krebs unterscheiden kann. Dazu muß man allerdings die jeweilige persönliche Lebensphilosophie des betreffenden Menschen mit berücksichtigen. Deshalb arbeite ich bei meinen medizinpsychologischen Forschungen nie mit standardisierten Fragebögen, sondern immer mit persönlichen Interviews, bei denen die Befragten ihre eigenen Ansichten, Erinnerungen und Phantasien so frei wie möglich äußern können.

Nun sollen verschiedene Menschen mit ihren persönlichen Antworten auf die Frage zu Wort kommen, welcher Umgang mit der Krebsangst der richtige sein könnte.

Ich glaube, jeder hat davor Angst, aber nicht so, daß ich mich ständig damit beschäftige, denn die Angst davor kann ja dann... das ist ja auch eine gewisse Krankheit. Angst vor Krebs, ja? (40jährige Betriebswirtin).

...

»Können Sie denn sagen, daß Sie sich oft mit solchen Themen beschäftigen? Gedanklich.«

Nein. Mit Absicht nicht. Ich will überhaupt nichts davon wissen.

»Darf ich Sie trotzdem so ganz direkt fragen, was meinen Sie denn, wie groß ist Ihr eigenes Risiko, daß Sie jemals Krebs bekommen könnten, nach Ihrer Meinung?«

Das weiß ich nicht. (leise) *Das weiß kein Mensch, das kann man nicht beantworten. Das weiß ja niemand.*
»Ja, aber haben Sie vielleicht eine Meinung, ob das Risiko eher groß oder eher klein ist.«
1 : 1 Million
»1 : 1 Million?«
Ja. Ich glaube einfach nicht an dieses...!!! Ich höre noch nicht mal gern was von Krankheiten. Ich würde sagen, daß Krebs niemand bekommt, man soll doch den verdammten Gedanken nicht mehr nachgehen. Aber ich glaube nicht an dieses Phänomen Krebs. Ich meine immer, das ist irgendwas anderes.
»Daß das in Wirklichkeit eine völlig andere Krankheit ist?«
Eine völlig andere. Ja. Da ist auch ein richtiges Spukgespenst an die Wand gemalt, um kleine Kinder zu erschrecken. Ich glaube nicht an dieses Ding. Krebsvorsorgeuntersuchungen, ach.
»Ja, wenn Sie sagen, es ist ein Phantom, heißt das, daß es eigentlich was ganz anderes ist?«
Ein Buhmann.
»Ein Buhmann?«
Wenn du nicht brav bist...
»Ah ha, wenn du nicht brav bist, so 'ne Strafe?«
Ja, so ungefähr.
»Und gerade wenn Sie so ein zweifelnder Mensch sind...«
Das ist kein Zweifel, das ist bei mir eine Gewißheit, daß das irgendeine Vogelscheuche ist oder so was (69jährige Hausfrau).
...
»Würden Sie sagen, daß Sie Angst vor Krebs haben?«
Ja. Nicht daß ich ihn kriege, aber das Ungewisse, das ist das Schlimme dabei, wissen Sie? Wenn ich das Bein abgefahren kriege...
»Bitte?«
Wenn ich das Bein abgefahren kriege, das ist dann weg. Unwiderruflich in Sekundenschnelle ist das Ding verschwunden, gell? Wenn ich aber Krebs krieg oder Krebs haben sollte oder das in mir trage, bis es ausbricht, das ist was Ungewisses. Aber ich meine, wenn ich mich jeden Tag damit belasten sollte, dann müßte ich ja krank sein.
»Was machen Sie mit der Angst?«

Bei mir ist das so weggesteckt.
»Weggesteckt?«
Ist weg. Und wenn man mal wieder Zeitung liest oder so, dann denkt man mal dran, aber macht sich keine großen Gedanken darüber. So intensiv, wie wir jetzt das Gespräch geführt haben, das war noch nie der Fall. Ich glaub, wenn ich nachher vom Arzt rauskomme und wir haben unsere notwendigen Einkäufe gemacht und ich bin im Garten heute nachmittag, daß ich da gar nicht mehr dran denke. Das ist ein Thema, wo man mit leben muß, nicht? Aber es muß nicht dauernd da sein. Das schlummert da im Unterbewußtsein, und eines Tages, wenn man sich so unterhält, kommt halt das, was man die ganzen Jahre miterlebt hat und erkannt hat, gelesen hat: dann redet man eben doch (44jähriger Baumaschinenschlosser).
...

Einen 24jährigen Sportstudenten fragte ich:
»Es gibt Menschen, die sagen ganz klar, daß sie Angst haben vor Krebs, und es gibt andere, die sagen, das berührt mich nicht so. Wie mag das wohl bei Ihnen sein?«
Ich glaube, wenn einem bewußt ist, daß es einen selber treffen kann, ich glaube, dann hat man schon eine gewisse Angst davor. Ich glaube schon, daß ich Angst habe, Krebs zu bekommen.
»Was machen Sie mit der Angst?«
Ich glaube, die Angst tritt vornehmlich gerade dann auf, wenn darüber gesprochen wird.
»Ja, was könnte man gegen die Krebsangst tun? Da gibt es ja verschiedene Möglichkeiten. Die einen finden sich damit ab, die anderen sagen, ich tu was dagegen.«
Also vielleicht sich besser selber aufklären über Krebs, sich informieren, was für Arten von Krebs es gibt, durch was Krebs entstehen könnte und wie die Heilungschancen sind. Ich glaube, das kann schon ein bißchen die Angst davor abbauen, wenn man sich befaßt mit irgendwas. Es ist meistens so, daß man dann nicht mehr soviel Angst hat.
...

Hier noch einige weitere Gedanken zur Angst:
Eigentlich habe ich keine Angst, weil ich's mir auch nicht vorstel-

len kann, wie das ist. Und ich sage mir, wenn ich ihn kriege, dann kriege ich ihn halt. Also wenn ich ihn schon kriege, ändere ich auch nichts, indem ich Angst davor habe.

»Und wenn jemand Angst hätte vor Krebs, könnten Sie sich vorstellen, ihm zu helfen, mit solchen Ängsten besser umzugehen?« Ja, kann ich mir schon vorstellen. So, daß das aber vielleicht ganz gut ist, den Gedanken mal zu haben, um sich darauf einzustellen, wenn es tatsächlich passiert. Daß man nicht vor'm Scherbenhaufen steht, wenn alles zusammenfällt, aber daß genauso eben vielleicht konkrete Schlüsse für mich daraus zu ziehen wären, daß ich jetzt gesünder lebe oder eher darauf achte, daß ich mich so verhalte, daß ich das Risiko herabsetze (25jähriger Student der Theologie).

Ich glaube, wenn jemand Krebsangst hat, dann versaut er sich ja das Leben. Er lebt vorher nicht, und wenn er Krebs hat, lebt er hinterher auch nicht. Und was mir so einfällt spontan, ist, sich nicht so wichtig nehmen durch die Angst und irgendwie auch bescheidener zu werden, was die eigene Person und das eigene Leben angeht, und es einfach zu führen, einfach zu leben. Und wenn wirklich alle Stricke reißen, und das gibt's, sich dann halt zu überlegen, was man dann macht (29jähriger Psychologe).

Wenn jemand Angst vor, besonders viel Angst vor Krebs hat, hat er besonders viel Angst vor'm Tod. Und ich sag halt von mir, ich behaupte das jetzt halt mal so, daß ich nicht übermäßig große Angst vor'm Tod habe, so. Das liegt einfach an der Sinnfrage vielleicht, daß ich mich jetzt mehr damit beschäftigt habe. Und wenn man sich so ausgiebig mit der Sinnfrage beschäftigt und die Philosophen sich streiten sieht, dann kommt man zu dem Ergebnis, daß es kein Ergebnis gibt, nicht? Aber ich bin für mich zu einer persönlichen Religion gekommen und habe demzufolge keine besonders große Angst vor dem Tod (22jähriger Musikstudent).

...

»Manche Menschen sagen, daß sie Angst vor Krebs haben.« Ich muß Ihnen sagen, ich bin da sehr positiv eingestellt. Ich gehe gesund auf meinen Füßen, bin lebensfroh, lebensbejahend, und ich habe auch ein Vertrauen zu meinem Arzt, das möchte ich ganz besonders zum Ausdruck bringen (67jähriger Kaufmann).

46

Die Schwierigkeit, miteinander über Angst zu reden

Den zuletzt zitierten Befragten, einen erfolgreichen ehemaligen Manager eines großen Kaufhauses, kann man offenbar nur beneiden; denn die Frage nach einer möglichen Angst vor Krebs beantwortet er mit einem Hinweis auf seine Lebensfreude und sein Vertrauen zu seinem Arzt. Äußerungen dieser Art hören wir leider ziemlich selten.

Wovon hängt es ab, ob ein Mensch mit seinem Arzt überhaupt offen über seine Ängste sprechen kann, damit Vertrauen entsteht?

An der Universität lassen wir angehende Ärzte im Kursus der medizinischen Psychologie sogenannte »Tagesfamulaturen« machen. Die Studenten müssen einen Tag in der Praxis eines niedergelassenen Arztes verbringen und besonders beeindruckende Erfahrungen so genau wie möglich protokollieren. Ich zitiere aus den Aufzeichnungen einer Medizinstudentin:

Die Patientin kam wegen einer akuten Grippe in die Sprechstunde ihrer Hausärztin. Die Ärztin fragte sie, welche Medikamente sie schon eingenommen habe, und beriet dann mit ihr zusammen über die weitere Therapie.

Zwischendurch erkundigte sich die Ärztin über die Familie der Patientin, die sie gut zu kennen schien. Die Patientin erzählte, daß ihr Bruder gerade eine Arztpraxis eröffnet habe und sie selbst jetzt im 7. Semester Medizin studiere.

Als das Gespräch schon fast beendet war, äußerte die Patientin noch ein anderes Problem:

Patientin: »Sie wissen ja, daß meine Mutter an Lungenkrebs gestorben ist. Jetzt habe ich Angst, daß ich das auch bekomme.«

Ärztin: »Rauchen Sie?«

Patientin: »Ja.«

Ärztin: »Dann kann ich Ihnen im Moment gar nichts anderes sagen als: Hören Sie erst einmal auf zu rauchen! Was anderes kann ich Ihnen da wirklich nicht sagen.«

Einen Moment lang schwiegen beide. Dann nickte die Patientin, ein nachdenkliches »mhm« murmelnd, und verabschiedete sich.

Worauf richtete sich in diesem Gespräch die Aufmerksamkeit?

Ich habe den Eindruck, daß sich die Aufmerksamkeit der Ärztin nicht hauptsächlich darauf richtete, die Angst der Patientin mitzuerleben im Sinne eines entlastenden gemeinsamen Teilens der Angst der Patientin, sondern vom ersten Moment an auf den Impuls, bei der Patientin etwas verändern zu wollen. In der Perspektive der Ärztin ging es offensichtlich sogleich darum, der Patientin eine Möglichkeit der *Kontrolle* von Angst an die Hand zu geben. Diese ärztliche Absicht kann, so gut sie gemeint sein mag, ein offenes Gespräch über Ängste aber auch erschweren. Im Englischen drückt man das offene Reden über Gefühle meist mit dem Begriff »to share« aus. Das »Mitteilen« bedeutet auch »Teilen«. Dies kann bereits als solches eine deutliche Entlastung für den, der Angst hat, bedeuten.

Die Patientin in diesem Fallbeispiel war eine Medizinstudentin, und die beobachtende Berichterstatterin des Arzt-Patient-Gesprächs war ebenfalls eine Medizinstudentin. Diese Studentin äußerte in der nachfolgenden Diskussion dieses Arzt-Patient-Gesprächs im Kurs der medizinischen Psychologie, sie habe das Verhalten der Ärztin gut gefunden. Die Ärztin habe sich klar, ehrlich und logisch stimmig verhalten.

Was wir hier also vor uns haben, ist eine wichtige Modellsituation in der beruflichen und persönlichen Entwicklung zweier Medizinstudentinnen, die ihren Umgang mit Angst betrifft. Die erste Medizinstudentin, die hier Patientin war, erfuhr, daß ihre Angst sogleich mit einer ärztlichen Belehrung über Kontrollmöglichkeiten beantwortet wurde. Die zweite Medizinstudentin, hier Beobachterin, betrachtete das erlebte ärztliche Verhalten als vorbildlich für sich selbst im wörtlichen Sinne.

Mir ist hierzu in der letzten Zeit zunehmend aufgefallen, daß ich, wenn es um den Umgang mit Angst ging, für meine Studenten bisher weit weniger als Vorbild geeignet war, als ich es früher zu sein glaubte. Als Leiter von medizinpsychologischen Kursen an der Universität war ich nämlich jahrelang von der Vorstellung ausgegangen, ich müsse als Lehrer angehender Ärzte während der Unterrichtsveranstaltungen möglichst immer alles »im Griff« haben, und zwar sofort – ganz besonders meine eigene Angst bei kritischen

Gruppensituationen mit den Medizinstudenten. Erst nachdem ich selber einmal in einer besonders schwierigen Situation meinen Tränen freien Lauf gelassen hatte, obwohl die Medizinstudenten zusahen, begriff ich, daß auch ich bis dahin zu denen gehört hatte, die in der Klinik die schwierigen Gefühle mit einem Tabu belegten.

Nicht nur die meisten Patienten, sondern ebenso die meisten Ärzte und Psychologen verstecken ihre eigenen Ängste viel zu oft. Therapeuten, die in besonders belastenden Bereichen arbeiten, schützen sich vor dem eigenen »Ausgebranntsein« häufig gerade dadurch, daß sie den belastenden Erlebnisbereich, zum Beispiel die Angst, zum *Forschungsgegenstand* machen und irgendwelchen Menschen irgendwelche Fragebögen vorlegen, die dann mit immer raffinierter werdenden Computerprogrammen ausgewertet werden, und die Anonymität ist zugesichert!

Durch diese Form der Intellektualisierung wird die emotionale Problematik einerseits »im Griff behalten«; andererseits ermöglicht eine solche Distanzierung vielleicht tatsächlich für manchen Arzt eine Hilfe für das Umgehen mit Angst zumindest in Andeutungen. Und auch die Arbeitsfähigkeit des Arztes kann zeitweilige Distanzierungen erfordern. Ein tägliches Mitleid im Sinne von Mit-Leiden kann nämlich ab einer bestimmten Dauer und Intensität unerträglich werden.

Für die Frage, wann die *Kontrolle* oder das *Aushalten* von Angst positiv oder negativ zu bewerten sei, fehlen uns in der Medizin allgemein die Kriterien, besonders bei lebensbedrohlichen Erkrankungen. Wie ich am Beispiel der beiden Medizinstudentinnen zeigen wollte, wird zu wenig die Frage gestellt, ob und wo angehenden Ärzten eigentlich ausreichend dabei geholfen wird, mit menschlichen Ängsten in einer Weise umzugehen, die nicht automatisch bedeutet, sie gleich unter Kontrolle zu bringen, also schnell *beherrschen* zu wollen.

Angstlösende Medikamente können sehr hilfreich sein, wenn sie nach einem offenen Gespräch mit dem Arzt bewußt als Überbrückung einer besonders schweren Zeit genommen werden. Ich versuchte jedoch gerade aufzuzeigen, wie schwierig solche offenen Gespräche sind. Auf manchen Krankenstationen werden den Patienten Psychopharmaka gegeben, ohne daß die Patienten überhaupt darum wissen. Psychopharmaka, die das Bewußtsein dämpfen, können dann zu einer furchtbaren Methode werden, Menschen in entscheidenden Etappen ihres Lebens in einen Zustand von Gleichgültigkeit zu versetzen. Ich halte es für völlig ungerechtfertigt und letztlich inhuman, einem Menschen Psychopharmaka zu geben, ohne ihn deutlich über die Konsequenzen aufgeklärt zu haben. In der gegenwärtigen Medizin ist ein überdimensionales Abwehrsystem gegenüber menschlichen Ängsten entstanden.

Auch wenn viele Menschen offensichtlich dazu neigen, das Erleben von Angst zu vermeiden und Angst von ihrem Bewußtsein fernzuhalten, darf nicht vergessen werden, daß jede angstvermeidende Abwehrhaltung in gleichem Maße, wie sie die Angst fernhält, auch Reifungs- und Entfaltungsmöglichkeiten von Menschen verhindert. Angst kann nämlich auch als ein Antrieb zur Wandlung verstanden werden. W. A. Schelling drückte dies so aus:

Die Angst übernehmen zu können und sich ihre verwandelnde Kraft angedeihen zu lassen, scheint eine wichtige Potenz des Menschen zu sein. Jeder hat hier genügend Erfahrungen bei sich und bei anderen: Gelingende Auseinandersetzung mit der Angst öffnet den Raum für die Entwicklung von neuen Fähigkeiten und Erfahrungen. Freilich gibt es keine Auseinandersetzung, keine Überwindung, die nicht ihrerseits wiederum Angst auslösen würde. Das allmähliche Aufgeben einer inneren Haltung, die durch Angstschranken abgeschirmt war gegen die Möglichkeit einer Veränderung, wird mit neuer Angst verbunden sein. Wenn dieser Prozeß aber gelingt, dann wird er den Betroffenen zu neuen Erfahrungen und zu einer größeren Erlebnisintensität hinführen.

Etwas einfacher formulierte S. Kierkegaard diesen Gedanken:

Wer daher gelernt, sich zu ängstigen nach Gebühr, der hat das Höchste gelernt.

4. Kapitel

Spekulationen über die Ursachen

Eine wichtige Hilfe für den Umgang mit Krebsängsten besteht sicherlich darin, die oft chaotischen Gedankenfetzen im Kopf zu *ordnen* – oder dies zumindest zu versuchen. Dabei ist die Frage nach den Krebsursachen besonders wichtig. Viele Menschen finden es erleichternd, wenn sie hierzu eine Antwort finden.

In der Wissenschaft weiß man zwar einiges über Risikofaktoren und Mechanismen der »Entartung« von normalen Körperzellen zu Krebszellen, doch leider gibt es noch keine allgemeingültige Theorie über die Krebsursachen. Selbst für mich als Fachmann in der Krebsmedizin ist es immer wieder überraschend zu erleben, wie vielfältig die Denkmodelle der verschiedensten Krebsforschergruppen in der Welt sind. Diejenigen Denkmodelle, die in der Öffentlichkeit bekannt werden, sind nur selten typisch für den Wissensstand der professionellen Krebsforschung.

Wie können Menschen, die wenig Zugang zum professionell-wissenschaftlichen Stand der Erkenntnis haben, mit ihrem Bedürfnis umgehen, mehr über Krebsursachen wissen zu wollen?

Wenn ich Krebs habe, liege ich nur im Trend.

Dies sagte mir eine verbittert wirkende 45jährige Frau, die einen ungewöhnlich schnell (*inflammatorisch*, wie die Ärzte es ausdrückten) wachsenden Krebs an ihrer Brust entdeckt hatte.

Eine Ärztin aus der Universitäts-Frauenklinik hatte mich angerufen und mich gebeten, mit dieser Patientin zu sprechen. Sie sei sehr aggressiv, voller Groll gegen ihre Ärzte, die anscheinend zu Anfang die ersten Hinweise der Patientin auf Verhärtungen in der Brust nicht ernst genug genommen hatten, und es sei derzeit kein Arbeitsbündnis mit ihr zu erreichen. Sie habe wohl nur noch ungefähr ein halbes Jahr zu leben, doch unter den Ärzten sei unklar, inwieweit die Patientin das wisse. Es habe ein Gespräch zwischen dem Chefarzt und der Patientin gegeben. Über den Inhalt wisse niemand etwas Genaueres. Auf den klinikinternen Anforderungsbogen »Facharztuntersuchung Medizinpsychologe« schrieb die Stationsärztin nach einer ausführlichen Darstellung der Tumordiagnose und der bisherigen Behandlung:

»Zur Zeit besteht das Problem, daß Frau R. einerseits die Ärzte wegen möglicherweise falscher Therapie angreift, andererseits aber auch unsere Hilflosigkeit merkt. Mit Dank für die Hilfe + Gruß«

Ich bekam ein mulmiges Gefühl und sagte das auch der Stationsärztin am Telefon. Wollte man wieder einmal die Psyche eines Menschen an den »Psychospezialisten« abschieben?

Kaum saß die Patientin mir in meinem Sprechzimmer gegenüber, brach die angestaute Wut aus ihr heraus wie die Lava aus einem explodierenden Vulkan, und ein pausenloser Redeschwall von einer halben Stunde Dauer drückte mich an die Wand. Meine Versuche, durch Fragen und Einwürfe irgendeinen Einfluß auf das Gespräch auszuüben, ignorierte sie völlig. Ich spürte nur noch einen Wunsch: Möge diese Frau endlich aufhören und nicht wiederkommen! Trotzdem ließ ich sie reden. Ich merkte, daß sie es unbedingt brauchte, sich gerade gegenüber einem Arzt aus dem Krankenhaus Luft zu machen, in dem so viel passiert war, was sie wütend gemacht hatte.

Der Krebs sei eine Folge der allgemeinen Umweltvergiftung. Die Ärzte kümmerten sich nicht um Umweltschutz und hätten die ersten Hinweise der Patientin auf Veränderungen in der Brust nicht ernst genommen. Jetzt wolle man, ohne sich wirklich auf sie als Mensch einzulassen, nur an ihr herumschneiden, sie mit Strahlen- und Chemotherapie traktieren, obwohl das alles längst zu spät sei und den Krebs nicht aufhalten könne. Sie wolle mit den Ärzten des Universitätskrankenhauses nichts mehr zu tun haben, werde alle weiteren Eingriffe ablehnen und sich höchstens noch von einem anthroposophischen Arzt ein Mistelpräparat spritzen lassen...

Nachdem ich mir alles angehört hatte, sagte ich:

»Ich komme mir jetzt, ehrlich gesagt, wie ein Mülleimer vor, in den Sie alles hineingeworfen haben, was Sie in der letzten Zeit wütend gemacht hat. Ich habe mehrfach versucht, auch etwas zu sagen, aber Sie konnten mir nicht zuhören. Ihnen ging es wohl nur darum, Ihre ganze Wut loszuwerden. Was soll ich jetzt mit all der Wut anfangen, die Sie mir entgegengeschleudert haben? Zeitweise hatte ich nur noch den Wunsch, Sie so schnell wie möglich wieder loszuwerden, weil ich das, was hier heute stattfand, nicht als ein weiterführendes Gespräch empfinden konnte. Wenn Sie wirklich ein Gespräch mit mir haben wollen, bleibt nur die Möglichkeit, daß wir es ein andermal noch einmal neu versuchen. Sie können in der nächsten Woche wiederkommen.«

Als sie eine Woche später wieder in meinem Sprechzimmer erschien, wirkte die Patientin wie verwandelt. Sie sagte:

Es hat mir sehr gut getan, endlich einmal einem Arzt gegenüber meine Wut ausdrücken zu können. Die Krankheit hat mich mit der Frage konfrontiert, warum ausgerechnet ich Krebs bekommen habe. Die Frage nach dem Sinn des Lebens stellt sich mir jetzt so intensiv wie noch nie zuvor. Früher habe ich den Sinn des Lebens oft im Reisen gesucht und in der Liebe. Mein großes Harmoniebedürfnis findet aber mit meinem Mann keine Erfüllung. Meinen Beruf als Designerin kann ich wegen der Erkrankung nicht mehr ausüben, da ich den rechten Arm nicht mehr richtig bewegen kann.

Besonders die Umweltverschmutzung deprimiert mich, und ich habe Schuldgefühle, weil ich dazu auch selbst beigetragen habe. Zum Beispiel habe ich verbrauchte Batterien einfach in den normalen Hausmüll geworfen und damit zur Vergiftung der Erde beigetragen.

Alle möglichen Leute haben mir geraten, trotz der Krebserkrankung »positiv zu denken«. Das ist aber nicht möglich. Denn wer wirklich die Augen aufmacht, muß doch erkennen, daß fast die ganze Umwelt vergiftet ist. Meine Krebserkrankung ist deshalb überhaupt nicht verwunderlich.

Nach einer Pause fuhr sie leise fort:

Mit Chemotherapie und Strahlenbehandlung will ich nichts mehr zu tun haben. Ich habe inzwischen einen Arzt gefunden, der mich in den Arm genommen hat und meine körpereigenen Abwehrkräfte mit natürlicher Mistel- und Sauerstofftherapie wieder aufzu-

bauen versucht. Ich glaube daran. Ich versuche, wieder Kontakt zur reinen Natur zu finden, auch wenn es diese kaum noch gibt, und ich nehme die Kräfte der Natur wieder viel bewußter als früher wahr. Dadurch kann ich auch den Sinn des Lebens wieder stärker spüren.

Dann erzählte sie mir noch, daß sie oft an das Meer fahre und dort Mineralien und vom Wasser geschliffene bunte Glasscherben sammle. Diese Splitter setze sie mit einer einfachen Bleiverglasungstechnik so zusammen, daß daraus Lampenschirme und durchsichtige Fensterdekorationen entstehen, in denen das Sonnenlicht eingefangen wird und in den verschiedensten Farben bunt strahlen kann. Zum nächsten Gespräch brachte sie mir einige Photos solcher selbstgebastelter Lampen und Fensterbilder mit.

Aus Scherben etwas Schönes, Leuchtendes zu gestalten: diese *Transformation* erinnert mich an den Musiktherapeuten Nicolas Buzasi. Er baut mit Krebspatienten aus Schrott originelle Musikinstrumente und bringt diese Instrumente dann gemeinsam mit den Krebsbetroffenen zum Klingen.

Die Patientin weckte durch ihre offene, fordernde und kreative Art zunehmend mein Interesse. Sie wurde wieder freier. Nach ihrer anfänglichen pauschalen Ablehnung der Chemotherapie entschied sie sich nach einigen Wochen doch wieder für einen weiteren Behandlungsversuch im Universitätskrankenhaus. Im achten Gespräch nach einigen Wochen kamen wir erneut auf ihr schlechtes Gewissen und die damit einhergehenden Gedanken zu sprechen, den Krebs durch ihre Beteiligung an der Umweltverschmutzung selbst mitverursacht zu haben. Für die Patientin wurde das alles allerdings ganz belanglos. Als viel wichtiger betrachtete sie nun ihre Erkenntnis, daß die unbefriedigende Beziehung zu ihrem Mann jahrelang dazu geführt habe, daß ihre Lebensintensität und damit auch ihre Abwehrkräfte weit geringer seien als eigentlich möglich. Sie sagte:

Wenn ich mit ihm zusammen bin, fühle ich mich wie begraben. Ich will mich aber lebendig fühlen, solange ich noch leben darf. Ich will mich von ihm trennen, selbst auf die Gefahr hin, daß ich allein sterben muß.

Außerdem habe sie sich lange in ihrem Leben geschämt, eine

Deutsche zu sein angesichts der grauenhaften Vernichtungen, die in diesem Jahrhundert von Deutschen ausgingen. Alle möglichen Schuldgefühle machten ihr jetzt zu schaffen. Die Inhalte der Schuldgefühle wirkten auf mich weniger wichtig als die Tatsache, daß sie Schuldgefühle hatte.

Diese krebsbetroffene Frau interessierte sich offensichtlich zwar für die Ursachen von Krebserkrankungen, jedoch nicht so sehr für die Frage, was man heutzutage aus naturwissenschaftlicher Sicht über Krebsursachen weiß. Vielmehr versuchte sie immer wieder, eine Lebensbilanz zu ziehen und die Entstehung ihrer Krebserkrankung auf dem Hintergrund ihres eigenen Lebenslaufs zu begreifen. Die dabei aufkommenden Schuldgefühle waren eine Zeitlang ziemlich quälend. Das Sprechen darüber ermöglichte ihr dann aber, nicht bei den Schuldgefühlen stehenzubleiben, sondern zu neuen Einsichten zu gelangen, beispielsweise zu der Einsicht, daß man selbst aus einem Scherbenhaufen noch etwas Sinnvolles gestalten kann.

Je mehr ich das ausgeprägte Umweltbewußtsein dieser Patientin auf mich wirken ließ, um so mehr wurde mir zugleich klar, daß ausgerechnet eine ökologisch orientierte Vorstellung über Krebsursachen dann, wenn ein Mensch selber von Krebs betroffen ist, zunächst zu einem ganz besonders trostlosen Lebensgefühl führen kann.

Doch allmählich fand die Patientin einige Ansätze zu einem neuen Umweltverständnis. Daß Scherben (Müll, Abfall) in eigene Kunstwerke eingebaut werden können und daß also der ursprünglich pauschal als krebserzeugend betrachtete Müll dieser Welt bei genauerer Betrachtung zumindest teilweise auch in einer ganz neuen Weise *transformiert* werden kann: diese Erkenntnisse waren nicht nur für die Patientin wichtig. Auch ich selbst wurde zu neuem Nachdenken angeregt. Wurde doch auch die früher utopisch anmutende biblische Veränderungs-Parole »Schwerter zu Pflugscharen« in einigen Ländern in die Tat umgesetzt! Wirksam wurde diese Metapher, die eine Möglichkeit der Transformation von todesbezogenen zu lebensbejahenden Seinsinhalten verdeutlicht, allerdings erst, als sich viele Menschen mit der gleichen Zielsetzung zusammenschlossen.

Gedanken zur »Krebsumwelt«

Während ich mich als Arzt jederzeit durch Gespräche mit Kollegen, durch Fachzeitschriften, neue Bücher und Teilnahme an Ärztekongressen in einer geordneten Weise über den neuesten Stand der Krebsforschung informieren kann, haben die meisten Menschen solche Möglichkeiten nicht. Sie sind auf die täglich einander widersprechenden Zeitungsmeldungen, Illustriertenberichte und ihre eigenen Phantasien angewiesen. Mehr Wissen bedeutet dabei keineswegs mehr Sicherheit. Den meisten Menschen hilft niemand, sich im Wirrwarr der Schreckensmeldungen zurechtzufinden. Deshalb sind diejenigen Menschen, die sich besonders für Krebs interessieren und entsprechend besonders viele Informationen über Krebsursachen aufnehmen, nicht automatisch besser für eine bewußte eigene Lebensgestaltung gerüstet. Denn die Ursachen und Zusammenhänge von Krebserkrankungen sind nicht ausreichend geklärt.

So verwundert es auch nicht, daß in Europa die politischen Bewegungen, die eine militärische Abrüstung anstrebten, in den letzten Jahren viel wirksamer waren als die ökologischen Bewegungen, die eine Verringerung der nicht minder lebensgefährlichen Umweltgifte zum Ziel hatten. Denn die Ursachen der militärischen Bedrohungen waren anscheinend klarer auszumachen, als es diejenigen der nicht minder bedrohlichen »Krebswelt« sind.

»Und meinen Sie denn«, so fragte ich einen technischen Kaufmann, »daß es grundsätzlich möglich ist, Krebs zu verhüten, also dafür zu sorgen, daß weniger Menschen Krebs bekommen?«

Da muß wieder eine andere Welt geschaffen werden. Da müssen wir sicherlich nochmal von vorne anfangen. Ich weiß nicht, ob die Höhlenmenschen auch schon Krebs hatten. Ich meine, daß wir nicht bemüht sind, gesund zu leben; und daß man das gar nicht abstellen kann, Auto, Heizwerke. Und ob Sie Wurst essen oder sonstwas essen, es sind Stoffe drin, Frischhaltestoffe und was weiß ich. Ob das gesund ist?

»Also ich verstehe Sie so, daß Sie meinen, viele Reize in der Umwelt...«

*Die ganze Umwelt ist nicht dazu angetan, daß der Krebs be-
kämpft wird, im Gegenteil, die Umwelt sorgt dafür, daß wir Krebs
haben.*

»Würden Sie denn sagen, daß der einzelne Mensch eine Möglichkeit hat, sich trotz dieser schwierigen Umwelt vor Krebs zu
schützen?«

*Das ist sehr, sehr schwierig und sehr, sehr begrenzt. Gut, er kann
sagen, ich rauche nicht mehr. Das ist das einzige, aber was soll da
sonst noch sein? Ich geh nicht mehr raus, ich geh nicht mehr auf die
Straße, ich trinke kein Wasser mehr, oder ich trinke nichts mehr, ich
esse nichts mehr? Na, dann kann er gleich sagen ... Der einzelne
kann gar nichts machen. Er kann aufhören zu rauchen, aber weiter
weiß ich nichts.*

»Sie meinen, man kann sich deswegen nicht vor Krebs schützen,
weil die Risiken überall sind?«

*Sind überall. In der ganzen Umwelt, ob nun im täglichen Leben,
im Essen, wenn man rausgeht, im Laufen, im Arbeiten und am Arbeitsplatz, überall ist Krebsgefahr.*

»Ich dachte gerade, man könnte ja auch hier in Heidelberg in den
Odenwald fahren, da gibt's doch noch gute Luft, oder?«

*Gut, dann sind Sie oben, da müssen Sie doch auch was essen,
oder wollen Sie da nicht essen? Dann essen Sie wieder was, und das
ist wieder auf Frischhalten gemacht und dies und jenes, und solches
Zeug ist überall drin. Und Obst und was Sie essen, ist gespritzt, und
Kartoffeln, die Sie essen, sind gespritzt. Ich schätze, daß überall was
dabei ist, wovon man Krebs kriegen kann. Vielleicht kommt man
mal auf den Gedanken, daß der Körper so behandelt wird, daß er
immun wird gegen all diese Stoffe, vielleicht kommt man dazu, daß
man so den Krebs bekämpfen kann. Da werden Tabletten eingenommen, dann kann man ruhig sein, dann macht das nichts mehr
aus, das alles, was in der Luft ist und was dazu beiträgt, daß man
Krebs kriegt.*

»Das wäre wirklich aufregend, wenn wir das erfinden könnten.«

*Der Mensch müßte angepaßt werden. Er paßt sich ja an, genauso
wie die Fliegen und Motten sich anpassen, wenn die das Anti-Flie-
gen-Spray »Psy 9« oder wie das Zeug heißt, auf den Pelz gebrummt*

kriegen, nicht? Und nach 'ner Weile macht das den Fliegen gar nichts mehr aus, die können es schon wieder aushalten, die haben sich umgestellt. Und so müßte es mit den Menschen gehen, wissen Sie. Der Mensch muß eine Behandlung kriegen, daß er immun dagegen wird ... Versuchen, gesund zu leben, versuchen ... aber versuchen Sie es mal hier, wenn Sie rausgehen – mit einer Gasmaske zu laufen, oder wie? Oder essen Sie mal nichts mehr, trinken Sie mal nichts mehr.

Nach diesem Gespräch nahm ich mir die Zeit, meine Gedanken in Ruhe zu ordnen. Mein Gesprächspartner war kein Krebspatient, sondern er war aus irgendeinem anderen Anlaß in die Praxis seines Hausarztes gekommen. Mit diesem Arzt für Allgemeinmedizin verstand ich mich gut, und der Arzt hatte mir erlaubt, in seinem Wartezimmer Patienten anzusprechen, um sie im Rahmen meines Forschungsprojekts für dieses Buch dafür zu gewinnen, ihre Ansichten über Krebs zu erzählen.

Dieser Befragte hier war ein gebildeter und erfolgreicher Kaufmann. Mit seinen 69 Jahren stand er in einem Alter, in dem man sich normalerweise nicht einfach irgendwelchen modischen gesellschaftskritischen Parolen anschließt, sondern auf eine lange eigene Lebenserfahrung zurückblicken kann.

Ich fragte mich: Welch ein Lebensgefühl wird wohl mit dieser Sichtweise verbunden sein? Wie kann ein Mensch glücklich sein und in Frieden alt werden, wenn er solche Gedanken hat? Was tun die Ärzte, um einem solchen Menschen zu helfen, ein Gefühl für seine Gesundheit und ein Engagement für eine gesündere Lebenswelt zu entwickeln? Ist es überhaupt vertretbar, daß fast alle Ärzte den größten Teil ihrer Energie auf Krankheitsbehandlung beschränken, statt sich auch um Gesundheitsförderung und gesundheitspolitische Arbeit zu kümmern?

Einige Tage später ging ich wieder in die Praxis meines Kollegen, um mir in seinem Wartezimmer einen weiteren Gesprächspartner für mein Forschungsprojekt zu »angeln«. Übrigens: Natürlich führte ich diese Gespräche nicht in Gegenwart anderer Patienten im Wartezimmer, sondern in einem ungestörten Nebenraum. Wer ein solches Gespräch oder auch das mitlaufende Tonbandgerät nicht akzeptieren wollte, wurde selbstverständlich sofort in Ruhe gelassen.

Diesmal traf ich einen 44jährigen Baumaschinenschlosser. Er fand mein Anliegen interessant und ließ auf meine Frage »warum kriegen nach Ihrer Meinung die einen Menschen Krebs und die anderen nicht?« seinen Gedanken freien Lauf:

Also, es mag mit an der Erbmasse liegen. Ich glaube auch, daß viel am Essen liegt, ich meine, einer, der das ganze Jahr gespritzte und gedüngte Sachen ißt, ich glaub kaum, daß der so gesund leben kann wie einer, der, so wie ich mit meinem Garten, in dem nichts gespritzt wird, ißt und lebt.

Und ich glaube auch, daß viel zusammenhängt, wenn man verheiratet ist, mit der Familie, daß wenn man sich gut versteht und sehr wenig Streit hat, daß man da ganz anders lebt, wie wenn ich jeden Tag heimkommen muß und die Gegend vollschreie, oder werde angeschrien, nicht, und es klappt halt nicht, gell? Und ich glaub, es gibt tausend Einflüsse, die das bewerkstelligen und das verursachen können. So wie ich das von meiner Warte aus sehe, steht das in den Sternen, aber das können Auslöser sein. Ich glaub auch, wenn ich unser Gespräch zurückverfolge über den Krebs, daß jeder das in sich trägt. Ich glaub aber auch, daß der Punkt da sein muß, der das auslöst durch irgendwas. Ich glaub, daß es jeder von uns in sich hat. Nur der Brennpunkt fehlt noch, wo es explodiert.

Dieser Maschinenschlosser zeigte genau wie der vorhin zitierte Kaufmann eine starke Skepsis gegenüber der allgemein verbreiteten unnatürlichen Ernährungsweise. Aber er setzte, anders als der Kaufmann, dem Ausgeliefertsein die eigenen Möglichkeiten entgegen.

Noch stärker auf das Positive hob ein ehemaliger Geschäftsführer eines großen Warenhauses ab.

Es wird ja viel gemeckert, aber wenig anerkannt. Bei mir im Leben war das so: Ich habe viel gemeckert, ich habe aber auch gelobt. Es hat sich wohl die Balance gehalten. Es gibt ja viele verantwortliche Herren, ob das bei Ihnen in der Wissenschaft oder bei uns in der Wirtschaft ist, die nur meckern, und das ist grundsätzlich falsch. Und das ist auch so ein Mittel gegen Krebs, nicht wahr, wenn Sie das

Positive herausstellen. *Sie glauben nicht, was das den Leuten Kraft und Mut gibt, nicht wahr, und einen neuen Lebensquell, das Beste zu erreichen in den Aufgaben, mit denen man betraut ist.* Wenn Sie *meckern, nicht wahr, dann sind die Leute schlecht gestimmt, sie haben keinen Spaß an der Arbeit, es kommt nichts dabei heraus, man kann sie nicht fördern und, und, und. Das sind auch sehr wichtige Fragen.*

Eine 41jährige Lehrerin beantwortete demgegenüber meine Frage nach den Ursachen von Krebs mit dem Hinweis auf Ungerechtigkeiten aufgrund unterschiedlicher Lebensbedingungen in verschiedenen sozialen Schichten.

Da müssen sehr viele Faktoren zusammenwirken, oder da müssen psychisch belastende und körperlich labile Veranlagungen in Kombination mit psychophysisch labilen Bedingungen, schlechten Lebens-, Wohn-, Arbeitsverhältnissen zusammenwirken. Einer bestimmten sozialen Schicht anzugehören – aber das müßten Sie vielleicht besser anhand der Fachliteratur prüfen, ob es da nachweislich Zusammenhänge gibt, ich weiß das nur von anderen Krankheiten. Ich denke beispielsweise an komplexe Krankheiten, und ich denke gerade an Schizophrenie, wo Habermas Ende der 60er Jahre mit Zahlenmaterial belegt hat, daß die weitaus höchste Häufigkeit von Schizophrenie in der sogenannten Unterschicht auftritt. Ich könnte mir aufgrund des Zusammenwirkens von problematischen Bedingungsfaktoren, die einen Menschen krankmachen – was mich kränkt, macht mich krank, und das kann sehr vielschichtig sein –, vorstellen, daß man da ähnliche Korrelationen findet.

»Zu wenig Körpergefühl und so«

Nach meinen Erfahrungen versuchen viele Menschen, die Entstehung einer Krebserkrankung mit irgendwelchen Auffälligkeiten im Leben des betreffenden Erkrankten in Verbindung zu bringen. Da die Mechanismen der Krebsentstehung so unklar sind, geht man von seinen eigenen Wahrnehmungen und Phantasien aus und sucht nach Besonderheiten in der jeweiligen Lebensgeschichte, die vielleicht als Auslösefaktoren in Frage kommen könnten. Einen 55jährigen Hausmeister, dessen Tochter an Gebärmutterkrebs erkrankt war, fragte ich: »Haben Sie irgendeine Idee, woran es gelegen haben könnte, daß gerade Ihre Tochter Krebs bekommen hat?«

Tja, also, das weiß ich auch nicht, es kann vielleicht sein, weil sie die Spirale in der Gebärmutter drin gehabt hat, und die Spirale ist ja unter Narkose eingesetzt worden. Daß es vielleicht damit zusammenhängt oder daß vielleicht alles irgendwie zu eng ist – Kinder hat sie ja keine und der Arzt hat ja auch gesagt, sie hätte einen furchtbar engen Muttermund, daß es vielleicht irgendwie durch Scheuern oder sonst irgendwie – ich kann mir's echt nicht erklären, wieso.

Ein 50jähriger Bau-Aufsichtsbeamter des Fernmeldedienstes spekulierte folgendermaßen über die Ursachen der Krebserkrankungen seiner Schwiegermutter und seines Schwiegervaters:

Es ist schlecht zu sagen. Ob es vielleicht – ich habe da schon oft gedacht, ob es vielleicht mit dem Spritzmittel und den Sachen, die sie im Feld verwendet hat, zusammenhängt. Sonst hat sie ganz normal gelebt und nicht geraucht und nicht getrunken. Ich habe mir das alles so durch den Kopf gehen lassen – sie hat ja wohl die Tomaten gespritzt, selbst gespritzt, mit der Hand noch, mit der Spritze, und dann auch den Kunstdünger verwendet und – ob das damit zusammenhängt?

Mein Schwiegervater hat ja auch Krebs gehabt, Lungenkrebs. Und der ist mal da oben am Wald mit seinem Wagen heruntergefahren und da versagte die Bremse, und dann hat er die Deichsel da in den Brustkorb gekriegt. Und zwei, drei Jahre später hat er dann Lugenkrebs gekriegt.

»Und Sie meinen, das könnte zusammenhängen?«

Das war schon vor dreißig Jahren. Es könnte auch der Ausschlag mit sein, daß es durch Stoßen oder Tritte oder Verletzungen ... Aber ich möchte sagen, nach meiner Ansicht sind die Umwelt und die Abgase das Schädlichste. Vielleicht auch noch das Rauchen.

»Also, daß Krebs praktisch so ganz von selber entsteht, würden Sie nicht denken?«

Das würde ich nicht denken. Aber so schwerwiegende Sachen

könnten doch schon – bei der Lunge so ganz starke Quetschungen
oder irgendwie, daß da Zellen zerstört werden, und daß das irgend-
wie eine Auslösung ist von einem Krebs.

Hier zeigt sich schon: Die verschiedensten Gedanken und persönlichen Lebensphilosophien über gesundes bzw. ungesundes Leben
fügen sich zu einem Netz von ungesicherten Hypothesen zusammen.
Im folgenden möchte ich einen längeren Auszug aus einem Gespräch mit einem 25jährigen Theologiestudenten wiedergeben.
Seine Schwester war an Krebs erkrankt, und davon ausgehend, betrachteten wir seine grundsätzlichen Gedanken über Krankheitsent-
stehung. Dieses Gespräch zeigt besonders deutlich, wie sehr die Vorstellungen eines Menschen über Mechanismen der Krankheitsent-
stehung davon abhängen können, was er allgemein über erwünschte
oder unerwünschte Lebensweisen denkt.

»Haben Sie schon mal eine Idee gehabt, woran es gelegen haben
könnte, daß gerade Ihre Schwester diese Krankheit entwickelte?«

Überlegt habe ich mir das schon. Jetzt zur Zeit mache ich ein
Seminar bei Herrn Professor Stierlin, und ich denke über somatische
oder familientherapeutische, nein, familienbezogene Ursachen
nach, aber – das weiß ich nicht. Ich hatte früher gedacht, das hätte an
einem Unfall liegen können, den sie mit dem Fahrrad hatte, wo sie
auf den Bordstein geschlagen ist mit dem Kopf, aber – das muß nicht
die Erklärung sein. Also, in der Familie ist sie die, die am unselbstän-
digsten ist – ich denke schon, daß sie vielleicht die in der Familie ist,
die eine recht schwierige Stellung hatte. Daß da die gesamte Fami-
liendynamik viel mehr Einfluß hat, als das jetzt so deutlich war.

»Haben Sie denn schon mal überlegt, weshalb die einen Menschen
Krebs kriegen und die anderen nicht?«

Ja, schon. Ich meine, da gibt's so viele Überlegungen, ob das mit
Ernährung oder Umweltverschmutzung zusammenhängt, mit
Streßfaktoren. Dann eben diese psychosomatischen Faktoren von
Familie oder Umwelt, die sich vielleicht über das psychische Befin-
den ausdrücken.

»Und die psychischen Faktoren, was wären das für welche?«

Ich bin mir selber nicht ganz sicher, ob Streß zu den psychischen
Elementen zählt oder mehr zu Faktoren, die von außen kommen,

aber sonst würde ich sagen, Menschen, die vielleicht weniger Aner-
kennung bekommen von Natur aus oder stärkere Umbruchsitua-
tionen erleben.

»Die Beispiele, die Sie gebracht haben, sind ja auch schwer inter-
pretierbar, also da kann man sagen, Umbruch ist etwas, das einem
zustößt, oder man kann sagen, man hat auch selbst einen Anteil
daran.«
Ich habe eher an das, was auf einen zukommt, gedacht.
»Daß man dem ausgeliefert ist?«
Ja, daß sich die Umstände so stark ändern, daß man ziemlich viel
Energie dafür verwenden muß.
»Und dann überfordert ist?«
Ja.
»Über diese Frage, inwieweit Streß schädlich ist oder nicht, strei-
ten sich übrigens auch die Wissenschaftler. Außerdem weiß keiner
so recht, wie man zwischen Umwelt- und Personeneinflüssen unterscheiden kann.«
Zum Streß habe ich an Unternehmer oder solche Leute gedacht,
die laufend in der Gegend herumfliegen oder mit dem Auto oder
dem Zug... und die ihre Entschädigung meistens mit Geld bekom-
men und sich dafür vielleicht Krebs oder überhaupt vielleicht
Krankheiten einhandeln, das ist ja nicht immer nur Krebs, auch
Herzinfarkt oder sonstwas. Und die Wirtschaft hat dann Erwar-
tungen an die Kirche. Sie sagen: Laß die Wirtschaft machen, da
muß man halt arbeiten, und daß der Mensch nicht draufgeht, dazu
ist die Kirche da.
»Also, daß die Kirche Reparaturaufgaben übernehmen soll?«
Ja.
»Das wäre ja vergleichbar mit der Vorstellung, daß auch die Medizin hauptsächlich für Reparaturen zuständig sein soll, nur auf
anderem Gebiet. Und was müßte getan werden, damit weniger
Menschen krank werden?«
Ja, das sind verschiedene Elemente. Ich würde sagen, mit der
Umwelt und der Nahrung müßte man wohl anfangen. Anfangen
kann zum Beispiel heißen, nicht mehr substanzloses Mehl, nur noch
das weiße Pulver da, zu verwenden — und dann die Umweltver-

schmutzung, die sich ja auch einschränken läßt. Das hat natürlich zur Folge, daß das Geld eben woanders eingesetzt wird als da, wo man es zur Zeit einsetzt. Und das hängt dann vermutlich vielleicht auch wieder mit dem Menschenbild überhaupt zusammen, das in unserer Gesellschaft vorherrscht. »Wenn wir die Ärmel hochkrempeln, dann schaffen wir schon alles.« Ich bezweifle eben, daß, wenn man wieder ordentlich anpackt und schaut, daß die staatstragenden Elemente wie die Wirtschaft wieder funktionieren, daß dann alles von alleine besser wird. Ich denke eben, daß man vielleicht schon auf der wirtschaftlichen Seite von anderen Prioritäten ausgehen müßte.

Auch ein 22jähriger Musikstudent sah die Ursachen einer Krebserkrankung ziemlich allgemein in einer Lebensweise, die er als entgegengesetzt zu seinen Vorstellungen über eine ideale Welt beschrieb:

Ich könnte mir schon vorstellen, daß man um so anfälliger für Krebs wird, je mehr man sich von der natürlichen Lebensweise entfernt. Zu wenig Körpergefühl und so. Das ist aber wohl bei jeder Krankheit so.

Eine Verkäuferin drückte ihre psychosomatische Krebstheorie folgendermaßen aus:

Wenn man dauernd vom Pech verfolgt ist, ist man doch dauernd niedergeschlagen, und so meine ich, so wird man eher krank...

Wenn Menschen glauben, daß bei der Entstehung einer Krebserkrankung seelische Faktoren eine Rolle spielen, so kann dies einerseits zu mehr Verständnis führen, andererseits aber auch Schuldzuweisungen mit sich bringen, die die weiteren Begegnungen zwischen Krebsbetroffenen und ihren Mitmenschen eher erschweren statt erleichtern. So meinte eine 69jährige Hausfrau:

Die ihn haben wollen, haben ihn alle Male sofort. Die lassen sich bemitleiden, und auf einmal ist's passiert. Manche Menschen möchten ganz gerne bedauert werden, dauernd, und bemuttert werden. So irgendwie stelle ich mir das vor, ich weiß es nicht genau.

Als letztes Beispiel für eine subjektive psychosomatische Krebstheorie sei ein 24jähriger Installateur zitiert.

An und für sich ruht der Krebs in jedem irgendwie drin. Und bei dem einen kommt's eventuell durch die stärkere seelische Belastung heraus, wenn der Mensch sich nicht nach außen hin Luft verschaffen kann. Irgendwie ist das eine logische Erklärung für mich, denn – ich kann es mir nicht erklären, wieso ausgerechnet die eine Person Krebs kriegt, und die andere Person kriegt's nicht. Eventuell kommt es davon, daß man die seelischen Belastungen in sich hineinfrißt. Ich zum Beispiel explodiere auch mal, wenn mir was nicht paßt, dann sag ich auch mal meine Meinung. Aber es gibt auch Menschen, die sich dann immer sagen, ja, es ist schon okay, und die fressen dann eben das ganze Problem in sich hinein. Und eventuell kommt bei so einem Menschen eher der Krebs heraus als bei einem anderen Menschen, der mal sagt, gut, jetzt steig mir halt mal in die Tasche, jetzt brüll ich auch mal jemand an, oder...

5. Kapitel
Gibt es eine
»Krebspersönlichkeit?«

Die Frage, ob das Risiko für Krebserkrankungen durch seelische und soziale Besonderheiten, zum Beispiel durch eine zu starke Unterdrückung von Gefühlen, erhöht sein kann, wird viel diskutiert, ist aber außerordentlich schwierig zu klären.

Da die wissenschaftliche Krebsforschung inzwischen viele verschiedene Faktoren der Entstehung und Vermehrung von Krebszellen im Körper aufdecken konnte, zu denen Umweltgifte wie Tabakrauch, Teer oder Asbest, Strahlenbelastung, bestimmte Tumorviren, auch genetische und Immundefekte gehören, macht es wenig Sinn, seelische Faktoren so zu untersuchen, als könnten sie als alleinige Ursache einer Krebsentstehung in Frage kommen. Immer ist von »multifaktoriellen« Denkmodellen auszugehen. Wenn man seelische Faktoren in ihrer möglichen Bedeutung für die Entwicklung von Krebserkrankungen studieren will, muß man gleichzeitig auch andere mögliche Risikofaktoren untersuchen, wie zum Beispiel die Frage, welche derjenigen Menschen, die in eine entsprechende wissenschaftliche Studie einbezogen werden sollen, Raucher sind und welche nicht. Wer regelmäßig stark raucht und noch dazu hochprozentigen Alkohol trinkt, hat ein deutlich erhöhtes Krebsrisiko. Vielleicht gehen diese Verhaltensmuster bei manchen Menschen noch zusätzlich einher mit bestimmten psychologischen Persönlichkeitsmerkmalen. Für den professionellen Krebsforscher ist aus derlei Gründen ein psychologisches Persönlichkeitsmerkmal wie zum Beispiel »Unterdrückung von Gefühlen« viel zu allgemein.

In den vergangenen Jahrzehnten haben weltweit viele Ärzte und Sozialwissenschaftler mit den verschiedensten Methoden versucht, Krebserkrankungen ganzheitlich als ein Geschehen zu begreifen, das Leib und Seele betrifft. Manche dieser Forschungen wurden – zum Teil wohl auch durch mißverständliche Darstellungen in den Massenmedien – in der Bevölkerung so wahrgenommen: Die psychosomatische Forschung habe herausgefunden, bestimmte Lebensereignisse und seelische Eigenschaften seien eine *Ursache* von Krebserkrankungen. Eine solche einseitige und lineare Ursache-Wirkungs-Beziehung kann man jedoch heute nicht mehr ernsthaft vertreten. Eher macht es Sinn, nach *Wechselwirkungen* zwischen körperlichen und seelischen Vorgängen zu fahnden.

Manche Forscher versuchten, krebsbetroffene Personen hinsichtlich ihrer Lebensgeschichte und verschiedener Persönlichkeitsmerkmale mit solchen Personen zu vergleichen, die als gesund galten oder eine andere Krankheit als Krebs hatten. Hierzu führten die Forscher ausführliche persönliche Interviews durch, zum Teil ergänzt durch Fragebögen, andere verwendeten psychologische Tests. Folgende »Merkmale« wurden in verschiedenen Studien häufiger bei Krebsbetroffenen als bei anderen Personen gefunden: verminderter Gefühlsausdruck – vor allem von Ärger und Wut –, Selbstaufopferung und Selbstbeschuldigung, verminderte Selbstwahrnehmung und erhöhter Altruismus, starrer, konformer [*selbst-losigkeit*] Lebensstil, Autoritätsgläubigkeit, Religiosität und Moralität, gehemmte Sexualität, Neigung zu Hoffnungslosigkeit und Verzweiflung. Leider wurden dabei oft Wirkungen mit Ursachen verwechselt. Bei genauer Betrachtung kommt man nämlich zu der Schlußfolgerung, daß solche »Merkmale« eher die seelischen *Folgen* von Krebserkrankungen sein dürften als deren *Ursachen*.

Krebsbetroffene auch noch in psychopathologische Schubladen einzuordnen ist ein typisches Ergebnis einer längst überholten medizinischen Betrachtungsweise, in jeder Hinsicht nach Krankhaftem zu suchen, statt auf Fähigkeiten von Menschen zu achten.

Reinhold Schwarz, der sich als Arzt und Soziologe an der Universität Heidelberg seit vielen Jahren wissenschaftlich mit der möglichen seelischen Bedingtheit von Krebserkrankungen befaßt hat, wertete alle bekannten Studien vergleichend aus und kam zu dem Schluß:

Wir kennen kaum ein (auch signifikantes) Ergebnis, für das nicht ein (ebenfalls signifikantes) Gegenergebnis zu finden wäre.

Viele Krebsbetroffene weisen also *nicht* die oben genannten Persönlichkeitsmerkmale auf und weichen in keiner Weise von der sogenannten Normalität ab. Daraufhin verstiegen sich wieder andere Autoren zu der grotesken Behauptung, gerade die Normalität sei ein Zeichen für die »Überangepaßtheit« der »Krebspersönlichkeit«.

Wie läßt sich diese Verwirrung erklären? Betrachten wir zur Veranschaulichung die Beobachtung verschiedener psychosomatischer Forscher, daß Krebskranke, wenn sie über ihr bisheriges Leben befragt werden, häufiger als sich gesund fühlende Menschen über durchgemachte Verlusterlebnisse und seelische Belastungen berichten. Diesen Forschungsansatz nennen wir *retrospektiv.* Der Forscher versucht, anhand eines lebensgeschichtlichen Rückblicks seiner Befragten Aufschlüsse über Besonderheiten ihrer Persönlichkeit zu gewinnen. Nun ist es wohl nicht verwunderlich, daß Menschen, die an Krebs erkrankt sind und unter dem Eindruck der aktuellen Krankheitsbedrohung über ihr bisheriges Leben nachdenken, eher als sogenannte Gesunde Erinnerungen an unangenehme Lebensereignisse haben werden und auch vorsichtiger ihre Gefühle zeigen.

Der Heidelberger Psychosomatiker Hans Becker ging der Beobachtung nach, daß viele Krebsbetroffene sich die Frage stellen: »*Warum gerade ich?*« Das weitere Nachdenken kann dazu führen, die Erkrankung auf früher erlittene seelische Belastungen als Ursache zurückzuführen und dadurch – selbst wenn dies mit unangenehmen Schuldgefühlen einhergeht – das Erkenntnisvakuum mit einem Inhalt zu füllen.

Um noch deutlicher zu machen, wie sich solche rückblickenden Sinngebungsversuche nach und nach zu einer psychosomatischen Theorie formieren können, möchte ich aus dem autobiographischen Roman »Mars« einen Krebsbetroffenen zitieren, der unter dem Pseudonym Fritz Zorn mit diesem Roman sehr bekannt wurde und dazu beigetragen hat, die psychosomatische Sichtweise von Krebserkrankungen zu verbreiten.

Fritz Zorn: »Natürlich habe ich auch Krebs«

Ich bin jung und reich und gebildet; und ich bin unglücklich, neurotisch und allein. Ich stamme aus einer der allerbesten Familien des rechten Zürichseeufers, das man auch die Goldküste nennt. Ich bin bürgerlich erzogen worden und mein ganzes Leben lang brav gewesen. Meine Familie ist ziemlich degeneriert, und ich bin vermutlich auch ziemlich erblich belastet und milieugeschädigt. Natürlich habe ich auch Krebs, wie es aus dem vorher Gesagten eigentlich selbstverständlich hervorgeht.

Fritz Zorn starb 1976 im Alter von 32 Jahren an Krebs. Nachdem er seine Diagnose erfahren hatte, entschloß er sich, die Entwicklung seiner Krankheit in Zusammenhang mit seiner Lebensgeschichte autobiographisch darzustellen. Das Pseudonym verwendete er, um seine Familie zu schützen, auf die er ausführlich einging.

Fritz Zorn sah einen entscheidenden Grund für die Entstehung seiner Krankheit in seinem Elternhaus. Er wuchs in einer Zürcher Millionärsfamilie auf. Die Atmosphäre in seinem Elternhaus schildert er als scheinbar harmonisch. Kontroverse Themen wurden oft von vornherein als nicht existent angesehen, Diskussionen und Meinungsbildungen unterdrückt. Rückblickend sah Fritz Zorn dies als die Ursache dafür an, kaum Vorlieben oder Gefühle entwickelt zu haben. Seine Familie schildert er als von der Außenwelt abgegrenzt: Man baute sich eine irreale Scheinwelt auf und belächelte die äußere Wirklichkeit.

Schon während seiner Schulzeit spiegelten sich seine inneren Probleme in seinem Verhalten wider. Über den Körper wurde fast nie gesprochen, und er fühlte sich unbeholfen beim Umgang mit seinem Körper. Der Sportunterricht war ihm verhaßt. Aus innerer Unsicherheit heraus fiel es ihm sehr schwer, Freundschaften zu seinen Mitschülern zu knüpfen. Am Ende der Schulzeit traten erste De-

69

pressionen auf, die im Laufe seines Studiums der Romanistik chronisch wurden. Um diese Probleme zu verdrängen, legte er sich einen Kompensationsmechanismus zu:

Ich gab mich immer heiter und gelassen, stand immer über allem und hatte mit nichts Probleme. Ich war ein lässiger Typ, und es fehlte mir nichts. Nichts konnte mich ärgern, und nichts konnte mich niederschlagen; ich hatte immer ein Lächeln auf den Lippen, denn ich wollte das Abbild eines Nicht-Frustrierten verkörpern. Je deprimierter ich im Grunde meines Herzens war, desto mehr lächelte ich nach außen. Je schwärzer innen, desto weißer außen. Mein gespaltenes Ich klaffte immer weiter auseinander.

Durch sein nach außen hin fröhliches Wesen wurde er bei seinen Mitstudenten immer beliebter. Trotzdem gelang es ihm nicht, intensivere Freundschaften oder gar Liebesbeziehungen einzugehen.

Während meiner Studienzeit hatte ich mir, als es mit meinen Beziehungen zu Frauen nie hatte klappen wollen, oft eingeredet, daß ich eben homosexuell sei, oder hatte vielmehr Angst davor gehabt, daß ich homosexuell sein könnte. Ich hatte nicht daran gedacht, daß ich, selbst wenn dem so gewesen wäre, mit einem Mann ebenso wenig eine Liebesbeziehung hätte haben können wie mit einer Frau.

Nach der Aufnahme des Lehrerberufs isolierte er sich immer mehr von seiner Umgebung. Seine Depressionen verstärkten sich, und es kamen Schlafstörungen und Visionen hinzu. In dieser Phase begann für Fritz Zorn, wie er es im nachhinein sah, die »Einläutung des Unterganges«. Seine Depressionen traten für ihn offen zutage, und sein körperliches Allgemeinbefinden verschlechterte sich.

Obwohl ich noch nicht wußte, daß ich Krebs hatte, stellte ich intuitiv bereits die richtige Diagnose; denn ich betrachtete den Tumor als »verschluckte Tränen«. Das bedeutete etwa soviel, wie wenn alle Tränen, die ich in meinem Leben nicht geweint hatte und nicht hatte weinen wollen, sich in meinem Hals angesammelt und diesen Tumor gebildet hätten, weil ihre wahre Bestimmung, nämlich geweint zu werden, sich nicht hatte erfüllen können.

Fritz Zorn erkrankte tatsächlich an einem malignen Lymphom im Halsbereich. Nach der Diagnose beschrieb er sich als weniger unglücklich im Vergleich zu vorher, da sein Leben nun einen Sinn bekam: die Überwindung des Krebses mit Hilfe der seelischen Gesundung. Er begab sich in psychotherapeutische Behandlung und versuchte, seine Persönlichkeit tiefer zu ergründen. Er fühlte sich zu der abschließenden Mission aufgerufen, als Schriftsteller zu zeigen, daß Krebsursachen als ein gesellschaftliches Problem zu betrachten seien. Die Gefahr bestehe darin, daß man seine Persönlichkeit nach innen kehre, um den von der Gesellschaft gesetzten Maßstäben gerecht zu werden.

Ungelöste Probleme der Forschung

So plausibel und eingängig die rückblickende Lebensbetrachtung von Fritz Zorn auch auf manchen Menschen wirken mag: Für die wissenschaftlichen Krebsforscher stellt sich die Frage, ob diese psychosomatische Theorie der Krebsentstehung verallgemeinert werden darf. Woher will man die Gewißheit nehmen, daß sich bei einem Menschen, der ähnliche Lebenserfahrungen macht wie Fritz Zorn, ebenfalls ausgerechnet eine Krebserkrankung entwickeln wird? Wenn überhaupt von der Anfälligkeit für Krankheiten aufgrund seelischer Belastungen die Rede ist, darf nie vergessen werden, daß viele Menschen trotz seelischer Belastungen nicht krank werden. Und wenn es nun doch zu einer körperlichen Krankheit kommt, muß es ja nicht immer gleich Krebs sein! Belastende Lebensumstände können zwar auf die Dauer das Risiko verschiedener Erkrankungen erhöhen, doch Vorhersagen zu einer bestimmen Erkrankungsart sind wissenschaftlich gesehen fast immer unhaltbar.

Da die retrospektiven Lebensbetrachtungen, wie gesagt, zu widersprüchlichen und damit unbrauchbaren Ergebnissen geführt haben, könnte ein Forschungsansatz weiterführen, der folgendermaßen aussieht:

Man untersucht gesunde Menschen in regelmäßigen Abständen hinsichtlich ihrer Persönlichkeitsmerkmale und seelischen Belastungen. Ferner erfaßt man weitere Risikofaktoren wie zum Beispiel das Rauchverhalten oder sonstige Schadstoffbelastungen, zum Beispiel am Arbeitsplatz. Man führt regelmäßige Krebsfrüherkennungsuntersuchungen durch und zählt dabei aus, ob von denjenigen Personen, welche die als krebsspezifisch betrachteten Persönlichkeitsmerkmale aufweisen und ein (festzulegendes) Ausmaß an seelischen Belastungen durchgemacht haben, mehr an Krebs erkranken als von denjenigen Personen, die in psychologischer Hinsicht unauffällig geblieben sind. Einen solchen Forschungsansatz nennen wir *prospektiv*; man spricht auch von *Vorhersage- oder Längsschnittstudien.*

Wer sich eine eigene Meinung über die Theorie, Krebserkrankungen könnten seelisch bedingt sein, bilden möchte, ist gut beraten, sich nun die folgenden forschungsmethodischen Probleme vor Augen zu führen.

Die vielen verschiedenen Krebsarten haben alle eine unterschiedliche Wachstumsgeschwindigkeit. Die meisten Krebsarten wachsen jahrelang im Verborgenen langsam heran, bis sie überhaupt erkennbar werden. Wenn man einen Brustkrebs durch Mammographie erstmals diagnostizieren kann, hat er oft bereits eine Größe von etwa einem halben Zentimeter Durchmesser, was bedeutet, daß er schon ein längeres Wachstum hinter sich hat. Wir wissen nicht, ob ein solcher Krebs regelmäßig oder in Schüben gewachsen ist. Am Beispiel von Hautkrebs konnte der Dermatologe E. Paul von der Nürnberger Universitätsklinik durch Auswertung von Fotoalben vieler Patienten nachweisen, daß die Krebsentwicklung oft in unberechenbaren Schüben, also nicht kontinuierlich abläuft.

Wie soll man aber Beziehungen zwischen seelischen Belastungen und der Krebsentwicklung aufdecken können, wenn man überhaupt nicht feststellen kann, wann die ersten Krebszellen entstanden sind und in welchen Zeiträumen sie sich mehr oder weniger stark vermehrt haben? Die entscheidende Frage der zeitlichen Abfolge, nämlich wann einerseits die psychischen Risikofaktoren wirksam waren und wann genau andererseits die Krankheit begann, kann beim gegenwärtigen Stand der Forschung fast nie beantwortet werden.

In prospektiven Studien muß man sich im übrigen auf eine Tumorart konzentrieren; die verschiedenen Tumorarten (zum Beispiel

Brustkrebs oder Dickdarmkrebs) sind nämlich in unterschiedlichem Maße erkennbar, haben unterschiedliche Risikofaktoren und wachsen unterschiedlich schnell.

Würde man sich beispielsweise auf den Versuch beschränken, über einen auch nur zehn Jahre währenden Zeitraum schließlich etwa zweihundert brustkrebserkrankte Frauen diagnostizieren zu können, so müßte man, wie der Arzt und Psychologe Uwe Koch ausgerechnet hat, eine Eingangsstichprobe von 40000 bis 50000 gesunden Frauen für eine solche Längsschnittstudie zu gewinnen versuchen und diese regelmäßig psychologisch und medizinisch überwachen. Die Kosten einer solchen Studie wären gigantisch, und auch die seelischen Belastungen der Studienteilnehmerinnen wären nicht zu unterschätzen. Wer möchte wohl gerne zehn Jahre lang in dem Bewußtsein leben, regelmäßig von Krebsforschern als eine mögliche Krebskandidatin beobachtet zu werden? Die Studie als solche könnte seelische Belastungen von der Art erzeugen, die zu erfassen sie anstrebt. Zu bedenken ist auch noch: Was im Leben des einen Menschen als eine seelische Belastung erscheint, zum Beispiel der Verlust eines Ehepartners, kann im Leben eines anderen Menschen unter Umständen durchaus eine andere Bedeutung haben, im Extremfall sogar das Ende eines chronischen Konflikts mit sich bringen und eine Befreiung sein.

Vor einigen Jahren veranstaltete die Deutsche Forschungsgemeinschaft in Heidelberg ein Experten-Rundtischgespräch über »psychologische und soziale Faktoren bei der Entstehung von Krebserkrankungen«. Dabei sollte geklärt werden, ob ein Förderschwerpunkt zu dieser Frage gegründet werden könne. Nach ausführlicher Diskussion kamen die anwesenden Experten zu dem Schluß, daß die hier zu lösenden Aufgaben derart komplex sind und derart aufwendige Forschungsarbeit mit einer unerschwinglichen Kostenhöhe erfordern würden, daß in absehbarer Zeit in Deutschland ein entsprechendes Forschungsprogramm nicht realisierbar sei.

Eine der bisher aufwendigsten Studien wurde im Jahre 1989 von Alan B. Zonderman und seinen Mitarbeitern vom renommierten National Institute of Health der Vereinigten Staaten von Amerika veröffentlicht. Diese Forschergruppe untersuchte im Rahmen einer großangelegten repräsentativen Erhebung an über 9000 Erwachsenen erstmals über zehn Jahre lang die Zusammenhänge zwischen Depressionen und der Häufigkeit von Krebserkrankungen und Krebssterblichkeit; bei einer Teilstichprobe von fast 4000 über 55jährigen Personen wurde der Untersuchungszeitraum auf fünfzehn Jahre ausgedehnt. Das Ergebnis: Die gründlich erhobenen Maße für depressive Symptome ließen keinerlei Rückschlüsse zu auf die Entwicklung von Krebserkrankungen.

Ein neues Forschungsprogramm: Psychoneuroimmunologie

In der jüngsten Zeit entwickelt sich eine Forschungsrichtung, die ein gänzlich neues Verständnis von Zusammenhängen zwischen psychischen Vorgängen und der Entwicklung von Krebserkrankungen eröffnen könnte: die Psychoneuroimmunologie. Die Grundannahmen dieser Forschungsrichtung sehen etwa folgendermaßen aus:

Seelische Vorgänge *(Psyche)* stehen über das Nervensystem *(Neuronen)* und im Blut fließende körpereigene Regulatormoleküle *(Hormone)* mit dem körpereigenen Abwehrsystem *(Immunsystem)* ständig in Verbindung. Das körpereigene Abwehrsystem wiederum ist bei bestimmten Arten entstehender Krebszellen ebenso wie bei in den Körper eingedrungenen Viren in der Lage, diese als Fremdkörper zu erkennen und rechtzeitig abzutöten, bevor sie sich zu einer großen Krebsgeschwulst oder als Metastasen (Tochtergeschwülste) vermehren können. Dafür verfügt das Immunsystem über spezielle Zellen, unter anderem die körpereigenen sogenannten »natürlichen Killerzellen«. Sie kommen ständig mit dem Blut in die Gewebe. Ihr Vorhandensein und ihre Aktivität sind mit Labormethoden meßbar. Die Hamburger Forscher Karl-Heinz Schulz und Andreas Raedler betonen, daß die *Wechselwirkungen* zwischen psychischen Belastungen und immunologischen Funktionen derart kompliziert sind, daß beim gegenwärtigen Stand der Forschung eindeutige Ursache-Wirkungs-Modelle kaum Sinn machen.

74

Dies möchte ich am Beispiel von zwei Forschungsergebnissen illustrieren, die auf den ersten Blick gegensätzlich wirken, bei genauerer Betrachtung jedoch einander ergänzen.

Bei bestimmten psychischen Belastungen, zum Beispiel bei Abschlußexamina von Studenten, fand das Forscher-Ehepaar J. Kiecolt-Glaser und R. Glaser von der Columbus-University in Ohio, daß die gemessene Aktivität der natürlichen Killerzellen abnahm. Dies kann als eine streßbedingte zeitweilige Schwächung von körpereigenen Immunfunktionen gedeutet werden. Mögliche weitere Einflußfaktoren wie zum Beispiel das Ernährungs- und Schlafverhalten oder gleichzeitige Erkrankungen, die ebenfalls Immunfunktionen verändern können, wurden miterfaßt, und eine Beeinflussung von dieser Seite konnte nicht festgestellt werden. Umgekehrt gelang es, durch Entspannungstraining sowohl die subjektiv empfundene Streßbelastung zu senken als auch die Aktivität der natürlichen Killerzellen wieder zu steigern, was, vereinfacht ausgedrückt, als eine Erholung von Immunfunktionen gedeutet werden kann.

Die kalifornische Psychologin Margaret Kemeny fand andere Zusammenhänge von Streß und Immunfunktionen. Zwei bis vier Stunden nach einem Erdbeben stellte sie fest, daß bei den von ihr untersuchten Menschen der Anteil natürlicher Killerzellen um durchschnittlich 30 % höher war als sonst. Nach sechs Wochen war der Anteil an natürlichen Killerzellen wieder auf das vorherige Niveau gesunken. Der durch das Erdbeben ausgelöste Streß führte also nicht zu einer Herabsetzung, sondern zu einer Erhöhung des Anteils von natürlichen Killerzellen im Blut. Dies ist ein typisches Beispiel für die allgemeine Beobachtung, daß Streß nicht grundsätzlich schwächend wirkt, sondern auch vitalisierend sein kann. Der Grundgedanke der *Abhärtung* beruht auf dieser Erfahrung.

Forschungen dieser Art befinden sich noch in den Kinderschuhen. Es werden derzeit lediglich elementare Aspekte möglicher Zusammenhänge zwischen psychischen Vorgängen, Immunfunktionen und der möglichen Krebsentstehung untersucht, wobei auch Tierexperimente herangezogen werden.

So studierten die Krebsforscher L. Sklar und H. Anisman die mög-

75

lichen Zusammenhänge zwischen Streß und dem Krebswachstum. Dazu transplantierten sie Mäusen und Ratten besonders schnell wachsende Tumorzellen. Eine Teilgruppe dieser Tiere wurde von den Versuchsleitern durch elektrische Schocks gestreßt, hatte aber die Möglichkeit, dieser Streßbelastung durch Flucht zu entkommen. Eine andere Teilgruppe der Tiere erhielt dasselbe Ausmaß elektrischer Schocks und hatte keine Möglichkeit zur Flucht. Bei denjenigen Versuchstieren, die der Streßbelastung entfliehen konnten, wuchsen die transplantierten Tumore langsamer als bei denjenigen, die der Streßbelastung nicht entfliehen konnten. Doch auch dieses Ergebnis sollte nicht vorschnell verallgemeinert werden: Menschen »funktionieren« weitaus komplizierter als Ratten und Mäuse! Experimente dieser Art konfrontieren uns auch mit einer beängstigenden Brutalität mancher Forschungsansätze, deren Relevanz für die Humanmedizin in Frage gestellt werden kann.

Die bis hierhin dargestellten Versuche der Wissenschaft, Zusammenhänge zwischen psychischen Vorgängen und der Krebsentstehung aufzudecken, zeigen insgesamt:

1. Es gibt bisher keinen Anhaltspunkt dafür, daß die Entstehung einer ersten Krebszelle aus einer gesunden Körperzelle direkt etwas mit psychischen Phänomenen zu tun haben könnte. Die Entstehung einer ersten Krebszelle ist vielmehr als ein »Betriebsunfall« bei den täglich milliardenfach stattfindenden natürlichen Zellteilungen anzusehen. Das Risiko eines solchen Betriebsunfalls kann unter anderem durch Schadstoffe erhöht werden, die in den Körper gelangen. Dies allerdings ist zu einem Teil verhaltensbedingt, wie zum Beispiel die Schadstofferhöhung im Körper beim Rauchen und beim Ernährungsverhalten.

2. Das weitere Wachstum einer entstandenen Krebszelle zu einer Krebsgeschwulst und zu Tochtergeschwülsten kann davon abhängen, ob das körpereigene Abwehrsystem schnell genug und wirksam genug funktioniert. Im günstigen Fall kann das körpereigene Abwehrsystem bei bestimmten Tumorarten mit dafür speziell ausgerüsteten Immunzellen (zum Beispiel den »natürlichen Killerzellen« im Blut) die entstandenen Krebszellen so schnell abtöten, daß keine Krebserkrankung entsteht.

3. Bestimmte Funktionen des körpereigenen Abwehrsystems stehen mit dem Nervensystem in Verbindung. Veränderungen im psychischen Geschehen, also im Gehirn, können – über das Nervensystem und spezielle Botenstoffe, die Hormone – im Prinzip auch bestimmte Funktionen des Immunsystems beeinflussen.

4. Damit ist es prinzipiell denkbar, daß die Entwicklung bestimmter Krebserkrankungen, wenn einmal Krebszellen entstanden sind, nicht völlig unabhängig von psychischen Geschehnissen ist.

5. Dieses Denkmodell beruht vorerst auf vereinzelten wissenschaftlichen Beobachtungen. Es lassen sich noch keine begründeten Schlußfolgerungen für die Lebensführung ableiten.

Ich bin dafür, das mißverständliche und vielleicht sogar manchen Menschen unangemessen diskriminierende Wort »Krebspersönlichkeit« ganz aus unserem Wortschatz zu streichen.

Im Sommer des Jahres 1990 lud die Deutsche Krebshilfe zu einer weltweit ersten Fachtagung über »Psychoneuroimmunologie und Krebs« unter Leitung der Krebsforscher Walter Gallmeier und Claus Bahne Bahnson nach Tutzing ein. Spezialisten aus zwölf Ländern tauschten miteinander aus, welche Indizien es für den angenommenen Einfluß der Psyche, also des Nervensystems, auf dem Wege über das Immunsystem auf die Entwicklung von Krebserkrankungen geben könnte.

Während der überaus spannenden Diskussion stellte ich diesen Kollegen die Frage: »Haben Sie in Ihrem eigenen Leben irgendwelche Schlußfolgerungen aus Ihren Forschungen gezogen, um sich selbst vor Krebs zu schützen?«

Die Reaktion verblüffte mich. Niemand sagte etwas! Erst als ich nach zwei Tagen erneut diese Frage stellte, antwortete ein Tagungsteilnehmer, der Immunologe Raz Yirmiya von der University of California aus Los Angeles:

Ja, ich habe für mich eine Möglichkeit gefunden, von der ich glaube, daß sie meine Körperfunktionen im Gleichgewicht hält. Ich überlasse mich jeden Tag mindestens eine halbe Stunde lang der Musik. Ich spüre, daß mir das gut tut.

Wir sind weit davon entfernt, aus den bisherigen Forschungser-

77

gebnissen zum Thema »Krebs und Psyche« eindeutige Schlußfolgerungen ziehen zu können. Gut, daß bei dieser Diskussion der Wissenschaftler in der abgeschirmten Evangelischen Akademie in Tutzing kein Journalist von der Boulevardpresse anwesend war. Sonst wäre uns vielleicht am nächsten Tag die Schlagzeile entgegengesprungen: »*Wissenschaftler rät: Musik schützt vor Krebs!*«

6. Kapitel

Leben ist lebensgefährlich: Kann ich mich vor Krebs schützen?

Wenn Ärzte versuchen, das Gesundheitsverhalten beziehungsweise das Risikoverhalten von Menschen zu beeinflussen, kommt es immer wieder zu fundamentalen Mißverständnissen. Davon soll nun die Rede sein.

Die Probleme beginnen schon damit, daß die Begriffe *Vorsorge* und *Früherkennung* ganz unterschiedliche Bedeutungen haben können. Während man in der professionellen Medizin deutlich zwischen Vorsorge im Sinne *primärer Prävention* (Krankheitsverhütung) und Früherkennung im Sinne *sekundärer Prävention* (Früherkennung bereits begonnener Erkrankungen) unterscheidet, verwenden viele Menschen den Begriff *Vorsorge* sowohl für Maßnahmen der Krankheitsverhütung als auch der Krankheitsfrüherkennung.

In unserer Befragung von nicht selbst an Krebs erkrankten Patienten aus Allgemeinpraxen in Baden-Württemberg wollten meine Heidelberger Arbeitsgruppe und ich unter anderem von diesen wissen, ob und wie es nach ihrer Meinung möglich sei, Krebserkrankungen zu verhüten, also dafür zu sorgen, daß weniger Menschen an Krebs erkranken. Jeder dritte antwortete, die »*Vorsorgeuntersuchung*« *beim Arzt* sei eine Möglichkeit, sich selbst im täglichen Leben vor der Entstehung einer Krebserkrankung zu schützen. Durch sorgfältige weitere Analyse unserer Interviews fanden wir heraus, daß über die Hälfte unserer Befragten nicht zwischen Vorsorge und Früherkennung im medizinischen Sinne unterschied.

Die objektiv falsche Vorstellung, eine Krebsfrüherkennungsuntersuchung könne die Entstehung einer Krebserkrankung verhindern, kann gefährliche Folgen haben. Im Falle eines Krebsbefundes bei der »Vorsorgeuntersuchung« würde ja genau das Gegenteil dessen eintreten, was der betreffende Mensch erwartet hatte und was ihn zum Arztbesuch motivierte. Wenn es sich dann im Freundes- und Bekanntenkreis eines Menschen herumspricht, daß bei ihm »trotz der Vorsorge« eine Krebserkrankung diagnostiziert wurde, und wenn gleichzeitig die Vorstellung bestand, die »Vorsorge« (-untersuchung) schütze vor der Krebserkrankung, kann das Vertrauen in die gesamte Präventivmedizin aufgrund solcher Mißverständnisse nachhaltig erschüttert werden.

Zum besseren Verständnis der Möglichkeiten und Grenzen von *Vorsorge* sind noch einige weitere Klärungen notwendig. Da die Entstehung von Krebszellen im Körper viele verschiedene Ursachen haben kann, ist es prinzipiell nicht möglich, sich völlig vor einer möglichen eigenen Krebserkrankung zu schützen. Man kann nur sein Risiko vermindern, indem man sich über Risiken gut informiert und eigenes Risikoverhalten ändert.

Eine Möglichkeit besteht darin, bekannte krebsfördernde Stoffe zu meiden (Fachleute sprechen von *Expositionsprophylaxe*). Nur wenige »harte Daten« der Krebsforschung ermöglichen eindeutige Verhaltensempfehlungen. Eine andere Möglichkeit könnte darin liegen, das eigene Abwehrsystem im Sinne einer *Resistenzerhöhung* zu stärken. Dieser Weg ergibt sich plausibel aus der bereits im vorigen Kapitel dargestellten Möglichkeit des körpereigenen Abwehrsystems, entstandene Krebszellen zumindest teilweise zu erkennen und – wenn auch in begrenztem Maße – auszuschalten; hier ist derzeit noch ein großes Forschungsdefizit zu beklagen.

Nach einer Auswertung epidemiologischer Studien durch das Bundesministerium für Forschung und Technologie werden in diesen Studien allgemein 60 bis 90 % aller Krebserkrankungen auf Umwelteinflüsse zurückgeführt. Solche Ergebnisse werden allerdings oft mißverstanden, da der Begriff der »Umwelt« nicht immer gleichsinnig benutzt wird. Oft ist nicht nur die *Makroumwelt* gemeint, der der einzelne Mensch quasi unausweichlich ausgeliefert ist, etwa aufgrund geophysikalischer Strahlungen, der Verunreinigung der Atemluft oder der Nahrungsmittel, sondern auch die *Mikroumwelt*, die zumindest großenteils vom einzelnen Menschen selbst gestaltet werden kann, zum Beispiel durch gezielte Auswahl und Zubereitung von Nahrungsmitteln, Vermeiden zu starker Sonnen- bzw. künstlicher UV-Lichtexposition der Haut oder durch die Entscheidung für oder gegen das Rauchen.

Die Verantwortung für die notwendige Verringerung von Krebsrisiken in der Makroumwelt wird oft zwischen Politikern und Bürgern hin- und hergeschoben. Viele Menschen, die sich von immer wieder neuen Krebsrisiken aufgrund der steigenden Umweltbelastungen erschlagen fühlen, verlieren das eigene Engagement für eine saubere Umwelt und entwickeln eine resignative Haltung. So schrieb eine Leserin im *Hamburger Abendblatt* zu einem Bericht »Jeder vierte stirbt an Krebs«:

Als eine von zehn Grundregeln wird die »richtige Ernährung« genannt. Damit wir uns richtig, das heißt gesund ernähren, muß doch wohl als erstes unsere Regierung die Voraussetzungen dafür schaffen, zum Beispiel durch ein Verbot von Pestiziden in der Landwirtschaft und beim Obstanbau. Reines Trinkwasser gehört auch dazu, ebenso wie Fleisch von artgerecht gehaltenen Tieren. Die derzeitige Situation ist doch gerade für Familien mit Kindern ein Alptraum.

Besonders bemerkenswert ist, daß viele Menschen sogar die Bemühungen von Gesundheitserziehern und Gesundheitspolitikern nicht mehr ernst nehmen. Sie können die ewiggestrige und prüde, lebensfern wirkende Zeigefingerpropaganda nicht mehr ertragen und schenken auch ganz neuen Entwicklungen keine Aufmerksamkeit mehr. So lehnt der Hamburger Sexualwissenschaftler Gunter Schmidt die neuen Bestrebungen der Weltgesundheitsorganisation, sich stärker um Gesundheitsförderung statt um Krankheitsvermeidung kümmern zu wollen, rundweg ab:

Es ist gerade die fortschrittliche, moderne präventive Medizin, die den Menschen mit Verhaltensvorschriften zu Leibe rückt, Verhaltensnormen produziert. Weitgehend unbemerkt, hat die Weltgesundheitsorganisation (WHO) 1985 für die Region Europa ein gesundheitspolitisches Konzept vorgelegt – »Gesundheit 2000« –, in dem, wie sie selbst formuliert, die Weichen völlig neu gestellt werden. Ausgehend davon, daß Gesundheit mehr ist als die Abwesenheit von Krankheit, wird ein positiver Gesundheitsbegriff propa-

giert, die Menschen sollen »ihre physischen, geistigen und emotionalen Fähigkeiten voll zum Einsatz bringen können«, ihr »Gesundheitspotential entwickeln und ausnutzen, um ein gesellschaftlich und wirtschaftlich erfülltes Leben zu führen«. Um das zu erreichen, hat »die Förderung von Gesundheit« und «die Verhütung von Krankheit« Priorität vor der heilenden Medizin. Die Klarheit dieser Prioritätensetzung ist nicht neu, viele fortschrittliche Mediziner und Gesundheitspolitiker kämpfen seit Jahrzehnten um eine solche Sichtweise. Sie klingt vernünftig und ist es auch, einerseits; andererseits legitimiert diese Strategie den Eingriff der Gesundheitspolitik in alle gesundheitsrelevanten oder als solche erachteten Bereiche, erhebt soziale Kontrolle des einzelnen zum Programm. So fordert die WHO zur Erreichung ihres Zieles ganz ausdrücklich die »Änderung der Lebensweisen« und die Umstellung auf eine »gesundheitsbewußte Lebensführung«.

Das hier gemeinte Problem ist offensichtlich. Sobald seitens des Gesundheitssystems »Forderungen« an den einzelnen gerichtet werden, regt sich Widerstand. Werden die Aktivisten und Institutionen des Gesundheitssystems demgegenüber bescheidener und beschränken sich nur noch auf Orientierungshilfen, so sieht Gunter Schmidt ein weiteres Problem für den geplagten Bürger:

Die Wissenschaftler, wetterwendisch wie der junge Aprilmorgen, halten ihn in Trab mit immer neuen Bulletins über das richtige Leben, Verlautbarungen, die sich oft widersprechen. Nichts ist verläßlich in Gesundheitsfragen, klagt Klaus Theweleit: »Während ein Kongreß noch das Salz verdammt, ist der nächste schon in Vorbereitung, der klarmachen wird, welch großer Fehler es war, jahrelang sich ungesalzen zu vernichten.« So kreist unser staatlich geförderter Hypochonder um sich selbst von Bulletin zu Bulletin, um seine Checklisten upzudaten.

Die Schadstoffe der Woche

Unter dieser sarkastischen Überschrift schrieb der Chef-Wissenschaftsjournalist der *Zeit*, Hans Schuh, zum gleichen Thema: *Bleihaltiges Benzin ist gefährlich, haben Mediziner und Umweltschützer jahrelang gepredigt und schleunigst ein Verbot gefordert. Doch kaum ist das verbleite Normalbenzin von den Zapfsäulen verbannt, da belehren uns Presse, Funk und Fernsehen, daß nun der Teufel durch Beelzebub ausgetrieben wurde: Statt supergiftiger Bleiverbindungen sollen uns künftig vermehrt krebserregende Benzoldämpfe um die Nase wehen. Da Benzole vor allem aus Ottomotoren, aber kaum aus Dieselmotoren kommen, drängt sich die Frage auf: Welches Aggregat ist dann der größere Krebserreger – der immer noch viel gekaufte Benziner ohne Katalysator oder der in Verruf geratene Diesel?* »*Bleifreies Benzin erhöht Krebsgefahr*« verkündete *die Süddeutsche Zeitung Anfang März auf ihrer Frontseite. Das Hamburger Abendblatt witterte Krebsgefahr durch das neue Benzin, und auch Die Zeit sah eine umweltpolitische Illusion schwinden, dafür* »*den neuesten Schadstoff der Woche beschert: Bleifreies Benzin*«.

»*Da ist wohl einiges schief gelaufen*«, *grummelte ein Beamter des nordrhein-westfälischen Umweltministeriums. Für Verwirrung gesorgt hatten sein Chef, Minister Klaus Matthiesen, und viele Journalisten, die in der Eile falsche, zumindest mißverständliche Zusammenhänge konstruiert hatten. Um es vorweg zu nehmen: Nicht das bleifreie Benzin sorgt künftig für höhere Benzolwerte. Hauptursache hierfür ist vielmehr ein erzwungener Umstieg für viele Autofahrer von bleihaltigem Normal- auf verbleiten Super-Kraftstoff als Folge einer falschen und inkonsequenten Verkehrs- und Umweltpolitik. Mit dem bleifreien Benzin wurde der Sack geschlagen, gemeint waren aber die Esel in Bonn. Diese haben es versäumt, rechtzeitig den Katalysator und eine Senkung des Benzolgehaltes im Benzin zur Vorschrift zu machen.*

Wer sich also, wie Hans Schuh, die Mühe macht, widersprüchlichen »Orientierungshilfen« für eine risikoärmere Lebenswelt genauer nachzugehen, kann, wenn er Glück hat, von der anfänglichen Verwirrung tatsächlich zu klareren Erkenntnissen gelangen.

Hinsichtlich der primärpräventiv orientierten Aufklärung über Krebsrisiken haben das Gesundheitssystem und ebenso die Massenmedien also eine wichtige Pflicht, nicht nur Einzelinformationen über Möglichkeiten des Gesundheitsschutzes zu vermitteln, sondern diese Informationen in einen verständlichen Zusammenhang zu stellen, damit der einzelne nicht nur ständig verunsichert wird, sondern konkrete Orientierungsmöglichkeiten bekommt. Wie schwierig die Gratwanderung vieler Menschen zwischen dem Wunsch nach Orientierungshilfen einerseits und dem Überdruß gegen eine verwirrende Verrücktmacherei andererseits sein kann, sollen Zitate meiner eigenen Gesprächspartner verdeutlichen.

Nach dem, was Sie da hören, ist alles krebserregend, also da müßt ich mir doch bald mal einen Glaskasten bauen, müßt mich reinhocken, aber ich weiß nicht, wo ich die Luft herkriegen soll zum Atmen. Die ist auch krebserregend, also ist es doch praktisch ein Wunder, daß die Menschheit noch nicht an Krebs gestorben ist (55jähriger Hausmeister).
...
Was ich persönlich tun kann, kann ich nicht nur individuell bestimmen. Umweltbelastungen werden zumindest nach einigen Berichten, die ich in den Medien verfolgt habe, auch eine Rolle spielen. Und solange gesetzgeberische Maßnahmen immer noch weitgehend zugunsten der Umweltverschmutzer entscheiden, bin ich in der Richtung schon sehr stark eingeschränkt. Andere psychosozial belastende Faktoren kann ich auch relativ wenig beeinflussen. Und wenn mir im Grunde lediglich bleibt, mein Vorsorgeverhalten darauf zu beschränken, regelmäßig die sogenannten Krebsuntersuchungen, also Vorsorge- oder Früherkennungsuntersuchungen wahrzunehmen, oder vielleicht, was ich auch getan habe vor sieben Jahren, das Rauchen einzustellen, um die Gefahr von Lungen- oder Halskrebs auszuschließen, dann habe ich damit immer noch nur einen Bruchteil der Risikofaktoren ausgeschaltet. Also ich denke mir, daß ich auf den Großteil der Faktoren einen sehr geringen Einfluß habe. Soweit ich mich über öffentlich zugängliche Quellen informiert habe, versuche ich, den Risikofaktoren Rechnung zu tragen, mich danach zu richten. Aber ich lese nicht jedes Buch, was

darüber erscheint, und nicht jede Postille und nicht jeden angstma-
chenden Artikel, und ich mach mich auch nicht verrückt mit dem
Thema, sonst könnte ich nämlich gar nicht mehr leben. Ich denke
an das Lied von Arik Brauer:
> *»Der Mensch stirbt nicht vom Gift*
> *der Mensch stirbt nicht vom Tod,*
> *er stirbt vor lauter Todesangst,*
> *er stirbt, wenn man ihm droht«*
(41jährige Lehrerin).

Wie kann man sich gezielt und sachlich informieren, ohne sich ständig »verrückt« machen zu lassen? Ich selbst sammle seit Jahren von Berufs wegen Forschungsberichte aus Fachzeitschriften und Meldungen aus der allgemeinen Presse zu den Themen dieses Buches, und ich muß gestehen: Bestimmt 90 % der neuesten Meldungen über Krebsrisiken vergesse ich sofort wieder, weil sie mich verwirren. Das fast einzig Verläßliche, was ich immer wieder darin finde, ist ihre Widersprüchlichkeit!

In diesem Zusammenhang muß auch unbedingt das Problem der Ausbeutung primär präventiver Bedürfnisse durch kommerzielle Geschäftemacher angesprochen werden, die Schutzmaßnahmen fraglicher Wirksamkeit empfehlen, wie zum Beispiel eine teure Anti-Krebsdiät, Geräte gegen sogenannte Erdstrahlen oder auch psychologische Trainingsprogramme, die angeblich die Entwicklung einer »Krebspersönlichkeit« verhindern sollen. Ärzte scheinen sich zu Stellungnahmen hierzu selten aufgerufen zu fühlen. An präventivmedizinischen Institutionen, die sich um solche lebenswichtigen Aufgaben kümmern sollten und interessierten Menschen zum Beispiel durch regelmäßige und gut verständliche Übersichten helfen könnten, mangelt es.

»Essen muß man ja irgendwas, nicht?«

Manche Ernährungsgewohnheiten erhöhen offensichtlich das Risiko, daß normale Körperzellen geschädigt werden können und sich auf die Dauer zu Krebszellen verändern können. Beispielsweise können häufig getrunkene zu heiße Getränke und sehr heiße Speisen die Speiseröhre und den Magen gefährlich schädigen. Die Entstehung des Mundhöhlen-, Kehlkopf- und Speiseröhrenkrebses kann zumindest indirekt durch starken Alkoholkonsum gefördert werden, insbesondere dann, wenn der betreffende Mensch noch zusätzlich stark raucht. Wer beispielsweise täglich mehr als zwei Liter Bier oder vier Gläser Wein trinkt, hat ein achtzehnmal höheres Risiko, an Speiseröhrenkrebs zu erkranken als jemand, der dies nicht tut. Wer zusätzlich täglich über zwanzig Zigaretten raucht, hat ein über vierundvierzigmal erhöhtes Risiko. Wissenschaftlich spricht man von *Synergismus*: Die beiden Risiken Alkoholkonsum und Tabakrauch schaukeln einander auf. Man nimmt an, daß Alkohol die Aufnahme von krebserzeugenden Substanzen aus dem Tabakrauch steigert.

In vielen wissenschaftlichen Veröffentlichungen wird angegeben, die Auswahl und Zubereitung von Nahrungsmitteln habe einen Anteil an den bisher bekannten Krebsursachen von ungefähr 35 %. Man nimmt an, daß eine zu fettreiche Kost Tumoren der weiblichen Brust und des Darms beschleunigen können. Wer zuwenig Ballaststoffe zu sich nimmt (wie faserreiche Vollkornprodukte, Naturreis, frisches Gemüse, Salate, Hülsenfrüchte), kann das Darmkrebsrisiko erhöhen, unter anderem dadurch, daß bestimmte Stoffe im Darminhalt bei Mangel an Ballaststoffen zu lange im Darm verweilen und die Zellen der Darmwand schädigen können. Als bedenklich werden solche Nahrungsmittel angesehen, die durch Verschmutzung aus der Luft mit polyzyklischen aromatischen Kohlenwasserstoffen, durch Pestizide oder Aflatoxine (Stoffwechselprodukte von Schimmelpilzen) verunreinigt sind. Räuchern, Pökeln und starkes Rösten von Speisen gelten ebenfalls als bedenklich.

Der Laie kann die meisten solcher Verunreinigungen nicht selbst erkennen, zumal die Schwellenwertbestimmung sogar für Wissenschaftler schwierig ist. Einigkeit unter den meisten Wissenschaftlern besteht derzeit in folgenden sehr allgemein gehaltenen Ernährungsempfehlungen:

1. Der Anteil gesättigter und ungesättigter Fette sollte auf maximal 30 % des Kaloriengehalts der Nahrung vermindert werden.

2. Die präventive Bedeutung von Obst, Gemüse und Vollkornprodukten, besonders als Träger von Ballaststoffen, wird betont.
3. Der Verzehr von gepökelten und stark gesalzenen Nahrungsmitteln sollte eingeschränkt werden.
4. Alkoholische Getränke sollten nur in mäßigen Mengen aufgenommen werden.
5. Höhere Vitaminzufuhr sollte nicht in Form von Pillen, sondern durch höhere Zufuhr vitaminreicher und faserreicher Lebensmittel angestrebt werden.

Nachdem wichtige Publikumslieblinge der deutschen Bevölkerung an einer Krebserkrankung verstorben waren, nämlich die Gründerin der Deutschen Krebshilfe, Mildred Scheel, und der Quizmaster Hans Rosenthal, rückten einige Sensationszeitungen die Entstehung des Magen- und Darmkrebses in den Mittelpunkt und gipfelten in der Behauptung:

Hättest Du Dich richtig ernährt, dann hättest Du keinen Krebs bekommen.

Solche Behauptungen sind voreilig. Sie können auch dazu führen, daß mancher Krebsbetroffene auf diese Weise in Schuldgefühle hineingetrieben wird, da er nun glauben soll, er habe seine Krebserkrankung selbst durch Fehlernährung verschuldet. Der Krebsforscher Dieter Schmähl vom Deutschen Krebsforschungszentrum in Heidelberg wies darauf hin, daß die Annahme, 35% aller Krebserkrankungen seien ernährungsbedingt, global zu verstehen ist und keineswegs für alle Lebensräume unserer Erde gültig ist. Beispielsweise sei zu bedenken, daß in manchen asiatischen Ländern das Kauen der Betelnuß zusammen mit einer Rohtabakumwicklung und einem Leim, der die beiden Komponenten zusammenhält, für die übergroße Anzahl der in Asien sehr häufigen Mundhöhlenkarzinome verantwortlich ist. In Asien machen diese Krebsarten 30% aller Krebserkrankungen aus im Vergleich zu 1% in Zentraleuropa. Ein weiteres Beispiel ist das in manchen Gegenden Chinas oder Indiens in sehr hohem Prozentsatz auftretende Speiseröhrenkarzinom, welches wahrscheinlich durch das Essen und Trinken extrem heißer Speisen oder Getränke mitverursacht wird. Pauschale Prozentangaben über Krebsrisiken aus der weltweiten Forschung dürfen also nicht so mißverstanden werden, auch bei uns seien diese Nahrungsmittel derart gefährlich, daß sie 35 % aller Krebsfälle erklärten. Ich halte solche Klarstellungen für außerordentlich wichtig. Dieter Schmähl, ein 1990 verstorbener führender Fachmann für toxikologische Krebsforschung, hielt es aus diesen Gründen für »unverantwortlich«, die Bevölkerung mit Hinweisen über Krebserzeugung durch unsere Normalkost zu verunsichern. Wenn man überhaupt eine Empfehlung abgeben wolle, so könne sie nur sehr allgemein sein: Man solle der Zufuhr einer *ausgewogenen* vitamin- und eiweißreichen sowie schlackenreichen Kost das Wort reden und besonders auf die Vermeidung von Übergewicht achten.

Berichtenswert ist an dieser Stelle die schnell bekannt gewordene Vegetarierstudie des Deutschen Krebsforschungszentrums in Heidelberg. Sie kam durch eine Anfrage des Westdeutschen Vegetarierverbandes zustande, dessen Vorstand sich darüber sorgte, daß mit einem hohen Gemüseverzehr auch ein zunehmend hoher Nitratverbrauch einhergehe. Nachweislich gehören Nitrate, die möglicherweise mit bestimmten Düngemitteln in das Gemüse gelangen, zu den Risikostoffen für die Entwicklung von Krebserkrankungen.

Über einen Zeitraum von zehn Jahren betreute eine Forschungsgruppe insgesamt 1904 Vegetarier. Rainer Frentzel-Beyme, Epidemiologie und Biometriker am Deutschen Krebsforschungszentrum, berichtete im nachhinein:»Dabei war es gar nicht so einfach, die Leute aufzustöbern und zu gewinnen. Denn Wert legten wir auch auf die Lebensumstände, auf Alter, Gewicht, Gewohnheiten und Lebensführung. All diese Faktoren spielen bei der Ernährung eine große Rolle.«

Von den 1904 überwiegend vegetarisch ernährten Bürgern gab es im Beobachtungszeitraum 225 Todesfälle, davon entfielen 58 auf die Folgen von Tumorkrankheiten. Von den 111 verstorbenen Männern starben 26 an einer Krebserkrankung, von den 114 Frauen waren es 32. Verglichen mit der Allgemeinbevölkerung waren sowohl die Sterberate als auch die Häufigkeit chronischer Erkrankungen bei Vegetariern deutlich niedriger. Dies betrifft vor allem auch Herz-Kreislauf-Erkrankungen, die bei Vegetariern deutlich seltener registriert wurden als bei den »Allesfressern«. Rainer Frentzel-Beyme interpretiert die Ergebnisse wie folgt: *Ich halte es jedoch für falsch, dafür ausschließlich Ernährungsgewohnheiten verantwortlich zu machen. Bei Vegetariern findet man generell eine andere Einstellung zum Leben. Viele von ihnen leben bewußter, schenken ihrem täglichen Essen mehr Aufmerksamkeit und stehen dem Nikotin und Alkohol kritischer gegenüber. Ein bewußter Umgang mit sich selbst und mit den Lebensvorgängen – auch in der Arbeitswelt – hat möglicherweise einen verbesserten Schutz gegenüber Krebserkrankungen zur Folge.*

Für Otto Normalverbraucher stellt sich, egal ob er nun Vegetarier ist oder nicht, immer wieder die Grundsatzfrage, wie er eigentlich erkennen kann, welche Nahrungsmittel aufgrund unzureichender Umweltpolitik verunreinigt, also gefährlich sind und in welchen Gegenden es überhaupt noch möglich ist, unbefangen einfach da zuzulangen, wo Lebensmittel angeboten werden. *Was will man da groß machen in der Ernährung? Wir wissen nicht, was in unseren Nahrungsmitteln alles drinsteckt. Das haben wir ja gar nicht in der Hand. Ich esse gern Kartoffeln, aber wenn ich sehe, was die für Dünger da reinschmeißen, damit die Kartoffeln schön groß werden, also ich weiß nicht, und essen muß man ja irgendwas, nicht? Meine Frau guckt unheimlich darauf, daß auf Packungen steht: ohne Konservierungsstoff. Wenn da draufsteht: mit Konservierungsstoff, dann essen wir es nicht so gern. Wir sind ja doch heute viel weiter als früher. Die müssen ja alles kennzeichnen, Hexamotil oder was da alles drin ist, nicht wahr, das muß ja draufstehen, das kann man ja meiden* (62jähriger Konstrukteur im Reparaturdienst).

Dieses Zitat zeigt, wie wichtig es ist, zwischen »verrücktmachenden« Warnungen und abgesicherten konkreten Empfehlungen zu unterscheiden. Wichtig zu wissen ist beispielsweise, daß angeschimmelte Lebensmittel grundsätzlich nicht verwendet werden sollen, da der Schimmel krebsfördernde Stoffe absondert. Wichtig ist dabei ferner zu wissen, daß der sogenannte Kulturschimmel bei Käse nicht bedenklich ist. Beim Verzehr von Nüssen kann es sinnvoll sein, auf Frische zu achten, da man ihnen den Schimmel nicht immer ansieht.

Gepökelte Fleischwaren sollte man möglichst nicht bei großer Hitze braten oder über Feuer grillen. Denn durch Braten oder Grillen von Pökelwaren bei hohen Temperaturen können sich Nitrosamine bilden: Dies sind Substanzen, die sich im Tierversuch als hochgradig krebserzeugend erwiesen haben. Durch Anbrennen von Fett können krebserzeugende Substanzen (polyzyklische aromatische Kohlenwasserstoffe) entstehen.

Bei folgendem Hinweis aus der Broschüre »Bewußter leben« der Bundeszentrale für gesundheitliche Aufklärung möge der Leser/die Leserin einmal darauf achten, ob dies als »Verrücktmacherei« empfunden wird oder als Orientierungshilfe für ein bewußteres und Sicherheit vermittelndes Verhalten:

Aufpassen beim Grillen mit Holzkohle.

Polyzyklische aromatische Kohlenwasserstoffe in größeren Konzentrationen entstehen beim Grillen mit Holzkohle durch herabtropfendes Fett, das sich in der Glut zersetzt. Mit dem Rauch schlagen sich diese Stoffe auf dem Grillgut nieder. Wer häufig im Freien grillt, sollte folgende Regeln beachten:

1. *Nicht zu fettes Fleisch verwenden.*
2. *Kein Pökelfleisch verwenden.*
3. *Als Brennstoff eignet sich am besten Holzkohle (nicht Papier, Reisig, Tannenzapfen o. ä.).*
4. *Ein Grill mit seitlich gestelltem Glutbrett ist von Vorteil, da kein Fett in die Glut tropfen kann.*
5. *Grillgut erst dann auf den Rost legen, wenn die Holzkohle gut durchgeglüht ist (geringe Rauchentwicklung).*
6. *Glut während des Garens mit Alufolie abdecken, Grillgut nach dem Garen zum Aromatisieren über offener Glut nachgrillen.*

Vorsicht bei Räucherwaren, die Sie im Ausland kaufen, wenn Ruß an den Händen zurückbleibt. Dies könnte auf einen hohen Gehalt an polyzyklischen aromatischen Kohlenwasserstoffen (Benzpyren) hinweisen. Speisen nicht zu heiß herunterschlucken (Reizung der Schleimhäute vermeiden).

Was machen nun die angesprochenen Menschen mit den Empfehlungen für ein risikoverminderndes Ernährungs- und Trinkverhalten?

Empfehlungen zur Verringerung des Alkoholkonsums werden durchaus von manchen Menschen als hilfreich angesehen, wenn sie ohnehin selbstkritisch mit sich umgehen und von Zeit zu Zeit die eigenen Lebensgewohnheiten kritisch hinterfragen. Wer jedoch zum Alkoholismus neigt, wird diese Neigung wohl kaum aufgrund krebsbezogener Aufklärung abbauen, da Alkoholismus bekanntermaßen besonders schwer zu beeinflussen ist. Appelle zur Verhaltensänderung werden in vielen Fällen die betreffenden Menschen, die sich als alkohol*abhängig* erleben, lediglich noch weiter in Konflikte und Schuldgefühle verstricken.

Angesichts der psychischen Abhängigkeit vieler Menschen von diesen Konsumgütern stellt sich die Frage nach der weiteren Fürsorgepflicht des Gesundheitssystems bis hin zur Frage, ob man im Extremfall nicht gar von unterlassener Hilfeleistung sprechen kann, wenn das Gesundheitssystem diese Probleme weitgehend dem sogenannten Markt, also letztlich den Profitinteressen der Industrie überläßt. Anstatt zum Beispiel systematische Früherkennungsuntersuchungen bei Risikogruppen für Mund-, Rachen- und Kehlkopfkarzinome (nämlich Alkoholikern und starken Rauchern) in Betracht zu ziehen, sollten die Anstrengungen mehr auf wirksamere Methoden der primären Prävention gerichtet werden. Anstelle von Verboten und einem Wecken von belastenden, aber nicht weiterführenden Schuldgefühlen bei Rauchern und Trinkern sollten verstärkt Anreize zur Abstinenz entwickelt werden, insbesondere sollten zielgruppenspezifisch vor allem die Jugendlichen beeinflußt werden, damit sie gar nicht erst zu Rauchern werden.

Da das Rauchen ebenso wie der Alkoholkonsum in begrenztem Maße durchaus Genuß im wörtlichen Sinne bedeuten kann, sollten diese Verhaltensweisen seitens des Gesundheitssystems nicht einfach pauschal verteufelt werden, sondern ernstgenommen werden.

Ein 55jähriger Hausmeister aus Nordbaden brachte seine persönlichen Schlußfolgerungen hierzu folgendermaßen auf den Punkt:

Ei ne, ich sag zu meiner Frau, komm, mer trinke mal wieder e Gläsle Weißwei, dann kriege mer kein Magekrebs. Des is mei Spruch, weil ich das mal irgendwo gelese hab, wenn mer regelmäßig sei Weißwei trinkt, daß man dann kein Magekrebs kriegt. Sag ich, komm, mer trinke Weißwei, daß wir kei Magekrebs kriege.

Und eine ähnlich satirische Stellungnahme zum Thema »Wenn Krebsvorbeugung immer verwirrender wird« steuerte der Journalist Roland Stimpel als Feature zum Weltkrebskongreß 1990 in Hamburg bei:

Abwarten, Tee trinken oder Tee wegschütten?

Die Ratschläge häufen sich, wie der Krebs zu vermeiden sei: Nicht rauchen, keinen Dieselqualm einatmen und keinen Alkoholdunst. Keine Flugreise (wegen der Radioaktivität oben), kein Wildbret mit Preiselbeeren und Pilzen (wegen der Radioaktivität unten), und Butter darf auch nicht mehr aufs Brot. Bleiben lassen soll man vieles – aber was kann man aktiv tun, um dem Krebs vorzubeugen? Hier sind die Ratschläge seltener. Auf's Land ziehen wegen der gesunden Luft? Falsch, sagt die Kanadierin Shirley Fincham: Farmer hätten besonders oft Lippenkrebs, woran der Getreidestaub schuld sei. Fünfmal täglich Gemüse essen, wegen des Vitamin C, empfiehlt Finchams Landsmann Antony Miller. Gurken zum Morgenkaffee, Auberginen zum Feierabend-Cognac und Radieschen zum Bier in der Kneipe? Eine Diät, die nach ein paar Wochen selbst Vegetarier ins Steakhouse treiben könnte.

Jetzt aber kommt aus Polen ein bekömmlicher Tip: Nicht abwarten – Tee trinken. Das empfehlen Witold Zatonski und Krysztof Przewoniak aus Warschau. Nach ihrer Statistik ist die Bauchspeicheldrüse eines Polen, der viel schwarzen Tee trinkt, viermal sicherer vor dem Krebs als die des Tee-Verächters von nebenan. Das sei den Polyphenolen zu verdanken, die in besonderen Mengen im Tee herumschwimmen und die Nitrosamine und aromatischen Kohlenwasserstoffe am Erregen von Krebs hindern würden.

Aber Vorsicht: Mal ist der Tee mit krebserregenden Schwermetallen verseucht, und kommt er vom Schwarzen Meer, ist er ein Fall für die Atommülldeponie. Und auch ohne Umweltschadstoffe könne schwarzer Tee Krebs erregen, räumen Zatonski und Przewoniak ein – Darm, Gallenblase, Prostata. Der Tee taugt also bestenfalls zu dem Versuch, den Krebs von der Drüse in tiefere Bauchregionen zu lenken.

Przewoniak weiß aber auch, daß das Teetrinken in seiner Heimat vor allem unter Bessergestellten üblich ist. Und denen bleibt der Krebs wohl nicht wegen ihres Teekonsums erspart, sondern wegen ihrer gesünderen Lebensweise. Sie rauchen und trinken nicht so viel, und am Arbeitsplatz sind sie nur selten Giften ausgesetzt. Karriere machen gegen den Krebs? Im Prinzip ja. Wenn man da nur nicht so viel Streß hätte, mobil sein müßte auf der Autobahn zwischen stinkenden Lastwagen, Kontakte pflegen auf Cocktailempfängen und bei Arbeitsessen.

»Alles Unglück auf der Welt kommt daher, daß die Menschen nicht still im Zimmer sitzen können«, sagte der Philosoph Blaise Pascal schon vor dreihundert Jahren. Auch der Krebs, scheint es. Doch halt: Es gibt auch Doktoren, die empfehlen viel Bewegung gegen den Krebs...

A propos Essen, Rauchen und Lebenslust – eine 64jährige Bibliotheksangestellte erzählte mir, wie sie mit dem Rauchen begonnen hatte und wie sie davon wieder wegkam:

Ja, ich habe eigentlich erst angefangen mit dem Rauchen, da war ich vielleicht doch schon 44 oder 45, ja. Ich hab' dann in der Kantine gegessen, und das Essen war ein solcher Fraß, daß ich hinterher das irgendwie beseitigen mußte, und da hab' ich nach dem Essen eine Zigarette geraucht, so hat sich das eingespielt. Doch ich hab' nie mehr als fünf geraucht am Tag. Aber trotzdem hab' ich mir dann gesagt, ich hatte auch Herzbeschwerden und so, da hab' ich gedacht, na ja, dann läßt du's lieber sein.

7. Kapitel

Genießen und bewußt »sündigen«: Die Lust am Risiko

Im Rahmen meiner Studien über subjektive Krebstheorien habe ich viele Menschen gefragt, ob sie in ihrem eigenen Leben von Zeit zu Zeit im medizinischen Sinne »sündigen«, also etwas tun, von dem sie glauben, daß es eigentlich nicht gesund ist.

Ich lebe so, daß ich alles im Griff behalte, und was ich esse und trinke, da weiß ich genau, was ich tue. Das ist bei mir sehr entscheidend, und es ist auch bei meiner Familie so, es wird in der Richtung alles getan, was man tun kann. Ich habe mich in der Kontrolle. Ich habe mich in der Hand und ich habe mich im Griff.

So sprach ein ehemaliger Geschäftsführer eines Warenhauses. Etwa 25 von 100 befragten Personen äußerten sich ähnlich: Es fiel ihnen kein eigenes Verhalten ein, das mit ihren Vorstellungen über Gesundheit und Vorsorge unvereinbar sei. Genau die Hälfte aller Befragten gab jedoch zu, gelegentlich bewußt etwas zu tun, was gesundheitlich ungünstig oder gar schädlich sein könnte, 19 % hatten keine Meinung, doch nur 8 % sagten, es sei häufig der Fall. Diese kleine Minderheit bezeichnete sich also als stark durch eigenes Verhalten gefährdet. Die beschriebenen »Übertretungen« erschienen meist als bewußtes Sündigen zugunsten der Lebensfreude:

Wenn man nur der Gesundheit lebt und sagt, nicht dies, nicht das, dann ist das Leben ja kein Leben mehr. Also, ich find so, das gehört mit zur Würze des Lebens – also, von mir ausgegangen, ich bin so ein Mensch, ich muß halt mal ein bißchen über die Stränge hauen, also, ich kann nicht kerzengerade sein.

...

Auf der anderen Seite muß ich zum Sündigen wieder sagen, wenn es mir gut tut, dann sündige ich. Das muß man jetzt wieder anders verstehen.

»Ja, dann ist es aber doch nicht gesündigt, oder?«
Das kommt darauf an, welchen Standpunkt man hat.
»Ja, das stimmt.«
Mit mir haben Sie sich auf was eingelassen. Alter Fuchs, wissen Sie, ich habe im Leben zuviel erlebt.
...
Ich kann nur sagen, ich halte mich als Person für relativ widerstandsfähig, psychisch gesehen, und versuche auch, Dingen, die ich weiß, so ein Stück aus dem Weg zu gehen. Esse aber bewußt Schinken, zum Beispiel. Also, wo Umweltschutz, Ökoleute auch schon sagen, daß das nicht gut sei. Weil ich denke, ich hab' genug dagegenzusetzen. Und es schmeckt! Also, so würde ich das für mich als Person sagen.

Noch etwas ausführlicher fügte diese Befragte, eine 31jährige Psychologin, hinzu:

In anderen Kleinigkeiten verhalte ich mich eher inkonsequent, wie ich das mit der Ernährung sagte, weil ich immer wieder denke, selbst wenn bestimmte Ernährungsstoffe z. B. Nitrosamine enthalten, finde ich, daß ein anderer Faktor dabei unberücksichtigt bleibt, nämlich die Lust am Essen, und die ist für mich sehr wichtig. Und ich denk' manchmal, wer weiß, was ich wettmache, wenn ich wirklich mit Lust und Appetit mein Schinkenbrot esse oder andere ihr Bier trinken.

Ein anderer sagte:

Ich kann halt Fett essen und esse es arg gern, das ist, hat mir der Doktor früher schon immer gesagt, ein Fehler. Aber wenn ich halt Lust drauf hab', dann eß ich das, und wenn ich dann grad zwei, drei Tage später zum Arzt muß, dann sagt er halt – da ist zuviel Fett drin. Ei, immer noch besser als zuviel Alkohol.

Es ist bei diesen hier geäußerten Ansichten die Frage, ob ihnen grundsätzliche Lebensentscheidungen zugrunde liegen. Sind diese Urteile in sich logisch und schlüssig, und werden sie vom selben Menschen auch immer wieder gleichermaßen abgegeben? Oder ist es eher so, daß die Menschen durchaus bestimmte Theorien zur Frage der Balance und des gesunden Lebensstils im Kopf haben, daß aber diese Vorstellungen in *Versuchungssituationen* selektiv

95

außer Kraft gesetzt werden, so daß dahinter noch eine ganz andere verborgene »Logik« deutlich wird, die dafür sorgt, daß im richtigen Moment der richtige Gedanke außer Kraft gesetzt wird? Zu dieser inneren Weisheit – falls es eine Weisheit ist – Zugang zu gewinnen ist schwierig, aber möglich.

... Ich glaube, daß ein ängstlicher Raucher, der mit einem schlechten Gewissen raucht, gefährdeter ist als einer, der mit einem guten Gewissen raucht... Wenn ich rauche, versuche ich, mit einem guten Gewissen zu rauchen. Also, daß ich's mir gönne irgendwo. Daß ich jetzt sage, ich rauche und ich habe keine Angst davor. Sonst müßte ich's lassen.

Dieser von mir interviewte Raucher sprach folgendermaßen über seinen an Krebs gestorbenen Onkel, der ein ganz starker Raucher gewesen war:

Der ist auch an Krebs gestorben, – auch'n Raucher – und der wurde dann ein Skelett-Typ, der so verfällt. Aber auch bei dem denke ich, der hat sein ganzes Leben im Grunde genossen. Der hat jeden Tag seine Flasche Wein getrunken und seine Zigaretten geraucht und hat vor'm Fernseher gelegen und war zum Skilaufen und war zwar für die Frau ein Ekel, aber ihm selber ging's gut. Und als er dann den Krebs hatte, da ging's unheimlich schnell. Und die drei Wochen, die waren schwierig, aber das wiegt's halt nicht auf.

Wie kann es einem Menschen gutgehen, der für seine Frau ein Ekel ist? Welch eine systematische Wahrnehmungsabwehr wird hier – sowohl beim Onkel des Befragten als auch beim Befragten selber – deutlich? Oder sollte ich statt des gewollt nicht-wertenden psycholateinischen Begriffs »Wahrnehmungsabwehr« besser von »Abstumpfung« sprechen? Aber ich will ja – möglichst – nicht werten.

Ein berühmter Mensch, der eigenwillig und »ungesund« lebte, war Jean-Paul Sartre. Er konsumierte täglich zwei Schachteln schwarzer Zigaretten, etliche Pfeifen, viel Kaffee, Whisky, schwere, fette Mittagsmahlzeiten zu einer Flasche Rotwein und Amphetamin- und Aspirin-Tabletten, brauchte Narkotika, um nachts überhaupt schlafen zu können, hatte Blutdruckprobleme, Gleichgewichtsstörungen und Absencen beim Schreiben. Dennoch wurde

Jean-Paul Sartre 75 Jahre alt, und auf einer ganz anderen Ebene, als es die meisten professionellen Gesundheitserzieher für wesentlich halten, erreichte er offensichtlich ein Ausmaß von Gesundheit und optimaler Nutzung seiner eigenen Potentiale, über das die meisten Menschen nur staunen können.

Walter Benjamin schrieb einmal, der destruktive Charakter lebe nicht aus dem Gefühl, daß das Leben lebenswert sei, sondern daß der Selbstmord die Mühe nicht lohnt.

Alles regeln zu wollen, was den Menschen von ärztlicher Seite vorgeschlagen wird, alles in den Griff zu bekommen, jedes Risiko genau zu kennen, sich regelmäßig mit Körperfunktionen auch diagnostisch zu befassen, z. B. in Form von Röntgenaufnahmen (sind sie gefährlich?) oder durch Cholesterin-Messungen, wie sie zunehmend empfohlen werden, kann sich so auswirken, als komme es letztlich auf ein Dasein ohne Risiko an. Diese ärztlichen Versuche, menschliche Körperfunktionen zu standardisieren und zu regeln, werden von manchen Menschen als eine Erniedrigung empfunden, so als ob man ihnen die Verantwortung für sich selbst und ihr natürliches Recht auf Risiko bestreite. Risiken machen aber auch produktiv, sie können die Phantasie beleben und zugleich Wachsamkeit, Vorsicht und Verantwortungsgefühl fördern. Gerade Courage kann die Intelligenz wirklich trainieren.

Wer sich nicht in Gefahr begibt, der kommt drin um – lautet ein politisches Lied von Wolf Biermann.

Diesen Gedanken brachte schon Rousseau zur Sprache. In seinem pädagogischen Lehrbuch »Emile« schrieb er:

Wären wir unsterblich, wären wir höchst elende Geschöpfe. Gewiß, es ist hart, sterben zu müssen, aber die Hoffnung, daß man nicht ewig leben wird und daß ein besseres Leben die Leiden im Diesseits beenden wird, ist tröstlich. Würde man uns die Unsterblichkeit auf Erden anbieten – wer möchte wohl dieses traurige Geschenk annehmen? Welche Hilfe, welche Hoffnung und welcher Trost bliebe uns dann gegen die Härten des Schicksals und die Ungerechtigkeit der Menschen? (...) Lebe natürlich, sei geduldig und verjage die Ärzte: Dem Tod wirst du nicht entgehen, aber du wirst ihn nur einmal erleiden, während die Ärzte ihn täglich in deine ge-

quälten Vorstellungen hineintragen, und ihre Lügenkunst, anstatt dein Leben zu verlängern, raubt dir seinen Genuß. Leide, stirb oder genese; vor allem aber lebe, lebe bis zu deiner letzten Stunde. (...) Die Voraussicht, die uns unablässig über uns selbst hinausführt und uns oft dahin bringt, wohin wir nie gelangen werden: sie ist die wirkliche Quelle all unseres Elends. Was für eine Manie bei einem so flüchtigen Wesen wie dem Menschen, immer in eine ferne Zukunft zu blicken, die sich so selten erfüllt, und darüber die Gegenwart zu vernachlässigen, derer er sicher ist. Oh, Mensch, lebe dein Leben in dir selbst, und du wirst nicht mehr unglücklich sein. Bleibe an dem dir von der Natur zugewiesenen Platz in der Reihe der Geschöpfe, und er wird dir durch nichts streitig gemacht werden können. Sträube dich nicht gegen das harte Gesetz der Notwendigkeit und erschöpfe nicht im Kampf dagegen die Kräfte, die der Himmel dir nicht dazu gab, um deine Existenz auszuweiten oder zu verlängern, sondern einzig, um sie zu erhalten, wie und solange es ihm gefällt.

Selbstbestimmung oder arztgerechtes Gesundheitsverhalten: ein Widerspruch?

Wenn wir die Lust am Sich-Ausleben im Hier und Jetzt besser verstehen wollen, kann es sinnvoll sein, sich mit einigen Ergebnissen der Motivationspsychologie vertraut zu machen. Der ungarisch-amerikanische Psychologe Mihaly Csikszentmihalyi befaßt sich in seinem Buch »Das Flow-Erlebnis« mit der sogenannten intrinsischen Motivation von Menschen. Man unterscheidet in der Psychologie zwischen intrinsischen und extrinsischen Motiven. Die *extrinsischen Motive* sind die, die durch von außen vorgegebene Ziele bestimmt werden: Ich arbeite, um Geld zu verdienen, um dann meine Bedürfnisse mit dem verdienten Geld befriedigen zu können. Ein *intrinsisches Motiv* ist demgegenüber eine Kraft, die ein bestimmtes Tun aus sich selbst heraus in Gang hält, unabhängig davon, was ich damit in der Zukunft erreichen will: Ich spiele nur deshalb Klavier und das Kind schaukelt nur deshalb in der Schaukel, weil es uns, während wir es tun, Freude macht.

Die professionelle Gesundheitserziehung geht im wesentlichen von der Annahme aus, daß Menschen das Ziel erreichen wollen, gesund zu sein und lange zu leben. Man glaubt, Menschen wollten ihr Leben auf ein Ziel hin gestalten, und man müsse ihnen nur sagen, was sie zu tun haben, um dieses Ziel (Gesundheit) zu erreichen. Dieses Denkmodell basiert auf einer fragwürdigen Theorie zur extrinsischen Motivation.

Viele Arbeitgeber wiederum halten das System der von außen kommenden Anreize für so selbstverständlich, daß sie oft sogar die Arbeitsbefriedigung selbst für unwichtig erachten. Viele Arbeiter und ebenso auch viele Studenten an den Universitäten lernen, daß ihre Arbeit wertlos sei und daß es letztlich vor allem um die Lohntüte oder um die Noten gehe. Man kommt dann zu der Ansicht, daß das, was man zur Erreichung der Ziele tun muß, als solches nicht befriedigend sein kann.

Viele wohlhabende Leute verstehen mehr vom Geldmachen und -sparen als davon, es zu genießen und auszugeben. Sie versäumen zu leben, weil sie sich immer auf das Leben vorbereiten. Anstatt für das Leben zu verdienen, verdienen sie, um zu verdienen.

Dieser Gedanke von Alan W. Watts hat für professionelle Versuche zur Gesundheitsförderung eine wichtige Bedeutung. Wenn die Ärzte zu sehr betonen, dies und das mußt du tun, unterminieren sie damit möglicherweise die Entwicklung einer intrinsischen Gesundheitsmotivation. Das möchte ich an einem weiteren Beispiel verdeutlichen. Regelmäßig treten Ärzte und Gesundheitspolitiker mit folgender Bemerkung an die Öffentlichkeit:

Man müsse die seit Jahren geringe Beteiligung der Bevölkerung am Krebsfrüherkennungsprogramm dadurch steigern, daß man den Bürger an seiner empfindlichsten Stelle treffe, nämlich am Geldbeutel. Dazu müsse man ein *Malus-System* bei der Krankenkasse einführen, damit diejenigen, die nicht regelmäßig einmal im Jahr zur Krebsfrüherkennungsuntersuchung gehen, bestraft werden in Form eines höheren Krankenkassenbeitrages.

Das ist genau die Logik der extrinsischen Motivationslehre, womit sich Ärzte und Gesundheitspolitiker zu Zensoren der Lebensführung machen und die Selbstbestimmung in Frage stellen.

Viele Menschen empfinden das ärztliche Ziel, durch gesunde Lebensweise das Maximum der möglichen Lebenserwartung zu erreichen, gar nicht als erstrebenswert. Sie verweisen auf die unwürdigen Lebensbedingungen in Altersheimen und stellen sich die Frage, ob sie überhaupt selbst alt werden wollen. Ihr Wunsch ist es, eines Tages mitten aus dem Leben gerissen zu werden. So brauchen sie sich nicht mit dem eigenen Tod auseinanderzusetzen oder gegebenenfalls lange zu leiden. Zu den »Rezepten« für einen solchen schnellen Tod, möglichst nicht als Folge einer Krebserkrankung, sondern zum Beispiel durch Herzinfarkt, gehört ohne Zweifel eine »ungesunde« Lebensweise.

Risikobereitschaft und Faszination

Risiko-Lust kann dazu führen, daß man momentan die Folgen von Handlungen vergißt. Vielleicht ermöglicht sie sogar ein kurzfristiges Erleben von Zeitlosigkeit überhaupt.

Wenn man Kinder sich selbst überläßt, suchen sie, wie wenn sie von einem Naturgesetz gesteuert würden, Situationen auf, die der Motivationsforscher Mihaly Csikszentmihalyi als *Flow-Situationen* bezeichnet. Flow-Situationen sind solche Situationen, bei denen man die Konsequenzen seines Tuns nicht bedenkt, sondern aus dem Moment heraus eine Befriedigung hat und die Zeit vergißt. Wenn das Kind in der Schaukel schaukelt, ist dieses Tun nicht zielbezogen; es ist aus dem Augenblick heraus hinreichend sinnvoll. Kinder suchen solche Situationen von sich aus immer wieder auf. Heute werden viele Kinder in Beton-Gefängnissen sehr unfrei gehalten und leiden insofern, wie Csikszentmihalyi meint, an »Flow-Deprivation«. In anderen Kulturen haben Kinder schon im Pubertätsalter die Aufgaben und die Freiheitsgrade eines Erwachsenen. Bei uns – ohne sinnvolle Gelegenheiten zur Freiheit – sehnen sich viele Kinder nach dem Flow-Erlebnis und flüchten sich in Befriedigungen, die aus medizinischer Sicht als sehr gefährlich und selbstdestruktiv betrachtet werden können, bis hin zum Alkohol, zu Drogen, zur Spielsucht und dem S-Bahn-Surfen. Dabei kann bewußte

Lebensgefahr in unterschiedlicher Intensität anklingen und dadurch das Flow-Erlebnis noch gesteigert werden.

Ein in der abendländischen Kunst und Philosophie besonders oft reflektiertes Thema ist der Sündenfall von Adam und Eva im Paradies. Sie gehorchten nicht der richtungsweisenden Instanz – in dem Fall war das nicht der Halbgott in Weiß, sondern Gottvater persönlich. Vielmehr erlagen sie den Versuchungen der Lebenslust, und dafür wurden sie bestraft. Mit dem Apfel, der Schlange und der Sünde kam, wie junge Leute heute vielleicht sagen würden, »Power« in das Leben von Adam und Eva: Das Leben fing endlich an, interessant zu werden. Der Sündenfall im Paradies: Paradigma eines ersten »Flow-Erlebnisses«, welches gerade durch Überwachung und Strafandrohung überhaupt erst stimuliert und intensiviert wurde?

Kinder greifen fast automatisch nach Faszinierendem. Wenn das Faszinierende (zum Beispiel eine Seifenblase) in das Blickfeld des Kindes tritt und das Kind sich davon magisch angezogen fühlt, erlebt es eine unmittelbare Befriedigung. Die Fähigkeit von Kindern, etwas Neues, Faszinierendes zu be-greifen, bedeutet immer auch eine Übertretung von Bisherigem. Das Be-greifen der Seifenblase ist natürlich völlig ungefährlich, aber es läuft dabei ein psychischer Mechanismus ab, bei dem im Augenblick die Folgen des Verhaltens völlig gleichgültig sind (beim Greifen nach der fliegenden Seifenblase veschwindet der Stolperstein aus dem Gesichtsfeld) und bei dem sich somit Verhaltensweisen einschleifen können, die letztlich im medizinischen Sinne als gefährlich gelten.

Hier nun greift zusätzlich eine mächtige Konsum-Industrie ein: Das Anbieten *illusionärer* Flow-Erlebnisse ist ein profitabler Weg zur Verführung von Menschen. Durch die Zigarettenwerbung beispielsweise werden gedankliche und bildhafte Vorstellungen suggeriert, die erfahrungsgemäß oft als stimulierend empfunden werden und das Bedürfnis nach Flow-Erlebnissen ausnutzen.

Demgegenüber wird in der professionellen gesundheitserzieherischen Informationspolitik ein Bild der Gesundheitsgefahren, vor allem in bezug auf das Rauchen, verbreitet, welches häufig eher abstoßend ist. Es ruft dann Abwehrmechanismen auf den Plan, so daß Menschen, die mit solchen Aktivitäten zur »Gesundheitserziehung« konfrontiert werden, nicht unbedingt geneigt sind, sich länger damit zu befassen, sich die Bilder anzusehen oder sie überhaupt ernsthaft in sich einfließen zu lassen, geschweige denn ihr Verhalten zu ändern.

In der Zigaretten- und Solarien-Industrie hat sich inzwischen eine Ästhetik entwickelt, die geradezu fulminant immer intensiver und raffinierter wird. Es wird dabei eine vollkommene Dissoziation zwischen den langfristigen gefährlichen Konsequenzen des Verhaltens und dem momentanen Genuß angestrebt. Man versucht, das mögliche *Flow-Erlebnis* in der Vorstellung durch kreative Bilder zu intensivieren. Jeder kennt die »Lebenslust« suggerierenden Bilder von *Camel-* oder *Marlboro*-Reklamen.

Das »Schöne« des Augenblicks wird an den Griff zur Zigarette bzw. an das »Sonnen«-Erlebnis (auch im Solarium) gekoppelt und in einer Weise unterstrichen, die zu einem Pseudo-Flow-Empfinden beim Übertreten der eigentlich jedermann bekannten Gesundheitsgebote führt.

Viele Sinnesfreuden unserer Vorfahren sind heute selten geworden, zum Beispiel das Rauschen eines Flusses, der intensive (natürliche) Geschmack einer Frucht oder eines Gewürzes, ein Sonnenaufgang in der Natur, das feine Vibrieren der Blätter eines Baumes im Wind. Bei vielen Menschen in der sogenannten zivilisierten Welt wird der Bedarf an sinnlichen Freuden durch gekaufte Ersatz-Stimulation nur scheinbar gedeckt. So ist, wie bei allen möglichen Tieren und Menschen nachgewiesen werden konnte, ein gewisses Maß an körperlicher Berührung wichtig. In westlichen »hochzivilisierten« Gegenden unserer Erde berührt man einander jedoch nur noch selten. Auch fehlt es an Wärme. Beim Rauchen werden dagegen die Berührungs-Sinne gereizt (man fühlt die Zigarette an den Fingern und im Mund). Man erlebt Feuer (eine Andeutung von Wärme), man schmeckt und riecht etwas.

Eine der Aufgaben von Psychotherapeuten besteht darin, Menschen dabei zu helfen, im »Hier und Jetzt« *bewußter* ihre Bedürfnisse zu erleben. Das dabei eintretende zeitweilige Vergessen von Zukunft kann aber auch ein Risiko bedeuten. Eine große profitorientierte Industrie lauert darauf, diese Lust am Risiko noch viel stärker als je zuvor, jedoch raffinierter und weniger deutlich erkennbar, auszubeuten. Das gilt besonders für die Zigarettenindustrie. Der Nervenkitzel geht weiter.

Es gilt also, jenseits von Kontrolle und Drohung neue Vorstellungen intrinsischer Motivation für Gesundheitsverhalten zu entwickeln. Dabei ist immer zu berücksichtigen, daß für Menschen in dem Moment, in dem sie etwas gern tun und die langfristigen Folgen ihres Tuns ihnen gar nicht mehr wichtig sind, sie sich also vom Augenblick leiten lassen, natürlich wieder das überhand nehmen kann, was im Moment nur Spaß macht, aber langfristig gesehen gefährlich ist. So gesehen befinden sich diejenigen, die Gesundheitsförderung betreiben wollen, in einem Dilemma, welches letztlich unlösbar zu sein scheint. Ich habe gelernt, daß ein *unlösbares Dilemma* zum Stimulierendsten gehören kann, was es gibt, und man sollte die Fähigkeit von Menschen zum Umgang damit nicht unterschätzen.

Eine Aufgabe von Politikern dürfte es sein, Lebensbedingungen zu schaffen, die es mehr Menschen ermöglichen, Flow-Erleben, also Lebenslust, im Alltag zuzulassen. Es darf nicht mehr – wie in der Vergangenheit – die Freude einiger weniger mit der Plackerei der Massen erkauft werden, sagt Csikszentmihalyi. Doch wird wohl auch weiterhin jeder Mensch selbst experimentieren, um herauszufinden, ob mehr Freude in seinem Leben möglich ist. Beim gegenwärtigen unterentwickelten Stand der Gesundheitswissenschaften dürften die meisten Menschen gut beraten sein, sich weder von selbsternannten »Gesundheitserziehern« noch von der Tabak- und Solarienindustrie dirigieren zu lassen. Dazu gehört zuallererst die Fähigkeit, auch unterschwellige Manipulationen zu erkennen. Wie raffiniert die Tabakindustrie inzwischen geworden ist, soll an nur einem Beispiel angedeutet werden, der Werbung für Davidoff-Zigaretten in internationalen Journalen:

Life is like a puff of smoke, a wonderful, inspiring illusion.

Diese Werbung spricht erstmals ganz direkt die Infragestellung des Lebens, die Vergänglichkeit des Lebens, an und hebt das Thema auf eine Ebene von Ironie.

Statistiken zum Zusammenhang von Rauchen und Lungenkrebs

können unterschiedlich interpretiert werden. Von 10 Menschen, die an Lungenkrebs erkranken und sterben, haben 9 geraucht; nur einer ist Nichtraucher gewesen. Unabhängig davon gilt jedoch auch, daß nicht jeder Raucher an Lungenkrebs erkrankt.

Es ist schwierig zu beurteilen, wer besser mit seinem Leben umgeht: derjenige, der bewußt Risikoverhalten zeigt und hofft, daß er Glück haben wird, oder derjenige, der seine Risiken konsequent herabzusetzen versucht. In unserer Leistungsgesellschaft wird den meisten Menschen nahegelegt, Risiken einzugehen, wenn man im Wettbewerb um Gratifikationen Erfolg haben will. *Gesundheitsbezogene* Risiken jedoch solle man vermeiden, sagen die Mediziner.

Zum Rauchen als Risikoverhalten ist noch folgender Aspekt wissenswert, aber wenig bekannt. Rauchen als Gewohnheit kann zwar Ausdruck einer körperlichen und psychischen Abhängigkeit sein. Dieses Suchtpotential wird aber – gerade von Gesundheitserziehern, die nach Erklärungen für ihre mangelnden Erfolge suchen – oft überschätzt. Die meisten, die vom Rauchen wegkommen, schaffen dies aus eigener Kraft, unabhängig von professionellen Anti-Raucher-Programmen. Hans Mohl, der Leiter der Fernsehsendung »Gesundheitsmagazin Praxis«, ließ zu diesem Thema 12 000 Zuschriften von Zuschauern auswerten. Davon berichteten 76 %, daß sie mit der sogenannten »Schluß-Punkt-Methode« erfolgreich waren, also einfach aufgehört haben.

Der US-amerikanische Psychologe Michael P. Carey stellte nach einer Analyse der vorliegenden Forschungsberichte fest, daß lediglich 15 bis 20 % aller Raucher, die sich einem therapeutischen Entwöhnungsprogramm anvertrauten, nach sechs bis zwölf Monaten »clean« waren. Demgegenüber waren 95 % aller erfolgreichen Abstinenzler *in eigener Regie* vom Rauchen weggekommen.

Wenn Raucher darauf verzichten, sich um jeden Preis zum Nichtrauchen zwingen zu wollen, werden sie souveräner und können den richtigen Zeitpunkt abwarten, zu dem sie endgültig erfolgreich mit dem Rauchen aufhören werden.

8. Kapitel

Früherkennung:
Gut gemeint, aber ...

Seit dem Jahre 1971 wird in der Bundesrepublik Deutschland der erwachsenen Bevölkerung ein Krebs-Früherkennungsprogramm angeboten, welches mit großem Aufwand von Ärzten, Kostenträgern und Gesundheitspolitikern organisiert wurde. Es zielt auf solche Krebsarten ab, die bei rechtzeitiger Erkennung besser behandelt und teilweise sogar vollständig geheilt werden können. Da jeder vierte Todesfall auf eine Krebserkrankung zurückgeht und ein Drittel aller Erkrankten trotz der Erkrankung noch viele Jahre weiterlebt, ging man bei der Einführung des Programms davon aus, daß die meisten Menschen sich im eigenen Interesse davon angesprochen fühlen müßten.

Unter folgenden Voraussetzungen ist die Früherkennung von Krebserkrankungen sinnvoll: Es muß sich um Erkrankungsarten handeln, die wirksam behandelt werden können und im Frühstadium durch diagnostische Maßnahmen eindeutig genug erkennbar sind. Wichtig ist, daß die zur Verfügung stehenden Untersuchungsmöglichkeiten zumutbar und praktikabel sein müssen.

Untersucht werden bei *Frauen* ab 20 Jahren die inneren und äußeren Geschlechtsorgane, ab 30 Jahren die Brust und die Haut sowie ab 45 Jahren zusätzlich der Enddarm. Bei *Männern* ab 45 Jahren werden die äußeren Geschlechtsorgane untersucht, die Prostata und der Enddarm sowie die Haut. Damit zählen bei den Frauen 56 % aller bisherigen Krebstodesfälle zu den Zielkrebsen des Früherkennungsprogramms, bei den Männern 23 %. Es können nicht sämtliche Krebsarten in diesem Programm erfaßt werden, da manche Krebsarten nur sehr schwer diagnostizierbar sind, wie zum Beispiel das Magenkarzinom und der Lungenkrebs. Besonders einfach ist die den Patienten nicht belastende Untersuchung des

Stuhls auf sogenanntes verstecktes Blut durch spezielle Teststreifen. Alle Krankenversicherten haben Anspruch auf eine jährliche kostenlose Krebs-Früherkennungsuntersuchung; die meisten Krankenkassen schicken einen Berechtigungsschein einmal im Jahr zu. Das Zentralinstitut für die kassenärztliche Versorgung in der Bundesrepublik Deutschland wertet die Ergebnisse anhand standardisierter Erfassungsbögen der Ärzte regelmäßig aus mit dem Ziel, die Wirksamkeit zu prüfen und eventuelle Verbesserungen zu entwickeln.

Sinn und Nutzen der Krebs-Früherkennung

Am überzeugendsten sind die Erfolge beim Gebärmutterhalskrebs. Dieser kann – wenn er früh erkannt wurde – inzwischen zu etwa 90 % vollständig geheilt werden. Ein Drittel der rechtzeitig aufgedeckten Erkrankungsfälle findet sich bei Frauen unter 30 Jahren. Beim Enddarmkrebs ist die Sterblichkeit leicht gesunken. Beim Prostatakarzinom muß man wissen, daß die Häufigkeit von Erkrankungen insofern von Jahrzehnt zu Jahrzehnt etwas zunimmt, als die allgemeine Lebenserwartung ständig steigt und damit auch typische Alterserkrankungen, zu denen das Prostatakarzinom gehört, häufiger werden. Der Anstieg der Sterblichkeit an Prostatakrebserkrankungen konnte indes etwas gesenkt werden. Beim Brustkrebs werden günstigere Therapieergebnisse vor allem deshalb erzielt, weil immer mehr Frauen regelmäßig selbst die Brust untersuchen, so daß verdächtige Knoten in früherem Stadium entdeckt werden. Auch die Selbstbeobachtung auf möglicherweise verdächtige Hautveränderungen konnte verbessert werden.

Trotz eines ungeheuren Aufklärungsaufwandes beteiligten sich bisher jährlich durchschnittlich nur etwa 30 % der anspruchsberechtigten Frauen und etwa 11 % der anspruchsberechtigten Männer. Im Jahre 1985 wurde die Menge der in der Bundesrepublik unters Volk gebrachten Krebsbroschüren auf etwa 400 Zentner geschätzt! Andererseits: Betrachtet man Zwei-Jahres-Beteiligungsraten, so stellt man fest, daß immerhin jede zweite anspruchsberechtigte Frau zumindest einmal in zwei Jahren zur Krebs-Früherkennungsuntersuchung kommt. Dies ist ein beachtliches Ergebnis.

Ruhiger leben mit Krebs-Früherkennung oder mit »Krebs-Späterkennung«?

Oft wird behauptet, die Angst vor Krebs oder vor der Untersuchung halte viele Menschen davon ab, am Früherkennungsprogramm teilzunehmen. Bei genauerer Betrachtung kommen wir hier aber wieder zu dem bereits früher diskutierten Gedanken, daß Angst keineswegs so pauschal als etwas Negatives betrachtet werden darf. Wer sein Leben liebt und Angst vor gefährlichen Erkrankungen hat, wird möglicherweise viel konsequenter als jemand, der Angst verneint, etwas tun, um seine Chance auf ein längeres Leben gezielt zu erhöhen. Angst kann sowohl zur Krebs-Früherkennungsuntersuchung hinführen als auch von ihr abhalten, je nachdem, welche Gedanken und Erwartungen ein Mensch damit verbindet. Da die Früherkennung bei einigen Krebserkrankungen eindeutig wirksam ist, insbesondere beim Gebärmutterhalskrebs, zeigt sich erneut, daß die Dauer eines Menschenlebens tatsächlich in bestimmten Fällen auch von seinen Gedanken und Verhaltensweisen abhängen kann. Wird ein Gebärmutterhalskrebs rechtzeitig erkannt, so kann er vom Arzt fachmännisch vollständig beseitigt werden. In den Frühstadien wird dabei nicht einmal die Gebärfähigkeit beeinträchtigt.

Nach meinen Erfahrungen geben etwa zwei von drei erwachsenen Menschen an, man könne ruhiger leben, wenn man regelmäßig zur Vorsorgeuntersuchung gehe. Auch von denen, die eine beruhigende Wirkung der Früherkennungsuntersuchung verneinen, kommt dennoch etwa jeder zweite gelegentlich oder regelmäßig zu dieser Untersuchung; die Angst wird also bewußt in Kauf genommen. Bei den Untersuchungen der weiblichen Brust hat sich herausgestellt, daß nur in 3 % aller Verdachtsfälle (gefundene Knoten oder Verhärtungen in der Brust) letztlich eine Krebsdiagnose gestellt werden mußte. Dies bedeutet umgekehrt: In 97 % der Verdachtsfälle, die zunächst naturgemäß zur Beunruhigung oder Angst führen können, ergibt sich schließlich eine begründete Beruhigung mit einem entsprechendem Gefühl von Sicherheit.

Angst ist also ebenso wie Beruhigung kein Alles-oder-Nichts-Phänomen. Beunruhigung kann sich in Richtung auf Beruhigung verändern, wie eine 25jährige Biologiestudentin darstellte, als ich sie fragte:

»Würden Sie denn sagen, daß man ruhiger mit Vorsorgeuntersuchung lebt oder eher ohne?«

Mit.

»Ja, es gibt auch Menschen, die sagen, ich lebe ohne das ruhiger.«

Ja, das sind auch die, die nicht zum Zahnarzt gehen, bis ihnen die Zähne ausfallen. Das sind genau die, die Angst haben davor, was ihnen der Arzt sagen könnte. Aber man denkt ja nicht das ganze Jahr lang an den nächsten Besuch. Also, sind das vielleicht maximal ein, zwei Wochen vorher, wo man sich überlegt, Mensch, das Jahr ist um, ich müßte wieder hin, da hat man vielleicht die zwei Wochen Angst. Aber dann war man da und weiß, es ist nichts, und dann hat man wieder ein Jahr keine Angst beziehungsweise sagt, wenn jetzt nichts ist, wird wohl nächstes Jahr auch nichts sein.

»Mhm. Zumindest finden Sie wohl, daß diese Angst etwas ist, mit dem man auch leben kann.«

Ja.

»Daß man die halt in Kauf nimmt.«

Ja, auf jeden Fall.

»Und dafür insgesamt ruhiger lebt?«

Außerdem glaube ich, daß diese Angst nach dem ersten Mal garantiert wesentlich abnehmen würde, nur kommt dann die Faulheit dazu, ich glaube einfach, daß die meisten Menschen zu faul, zu bequem sind, das zu machen. Daß sie effektiv zuwenig an ihre Gesundheit denken und zuwenig tun, nach dem Motto: Wenn ich krank bin, dann hole ich mir Pillen, und damit ist der Fall erledigt.

Eine 23jährige Krankenschwester äußerte sich etwas drastischer zum gleichen Thema, nachdem sie mir erklärt hatte, daß sie sich durch die Vorsorgeuntersuchungen beruhigt fühle. Ich fragte sie:

»Haben Sie eine Idee, wie das kommt, daß Sie sich beruhigt fühlen im Unterschied zu anderen Menschen, die sich eher beunruhigt fühlen, wenn sie zur Vorsorgeuntersuchung gehen?«

In dem Moment, wo man hinläuft, wird jeder ein komisches Gefühl haben. Und in dem Moment, in dem man rausgeht, aber die Diagnose noch nicht weiß, wird mancher schon ein beruhigteres Gefühl haben, weil er sich selbst auf die Schulter klopft und sagt: Hach, jetzt warst du mal wieder da. Und wenn im Briefkasten dann erscheint: Alles in Ordnung, Befund negativ, dann lebt man doch beruhigter.

»Man hat praktisch ein Gefühl von Sicherheit, das man vorher nicht hatte?«

Wenn man das alle drei Monate machen würde, wäre es vielleicht noch besser als einmal im Jahr.

»Und die Leute, die überhaupt nicht zur Vorsorgeuntersuchung gehen, was sind das wohl nach Ihrer Meinung für Leute? Unterscheiden die sich irgendwie von Ihnen?«

Ja, ziemlich hart sind die mit sich selbst. Die sagen sich, ich bekomme keinen Krebs, und wenn ich's bekomm, dann hab ich's, und dann kann ich nichts dran ändern, ich brauche nicht ständig zum Arzt zu rennen. Auf der einen Seite kein schlechter Standpunkt! Auf der anderen Seite dürfen sie sich auch nicht beschweren, wenn sie Krebs haben.

Ganz einfach drückte es ein ehemaliger Technischer Kaufmann aus:

Ich gehe hin, weil ich wissen will, ob alles in Ordnung ist. Erst dann fahre ich in Urlaub.

Menschen, die sich bei ihren Ärzten aus guter Erfahrung gut aufgehoben fühlen, haben eine deutlich positivere Einstellung zur Krebsfrüherkennung als solche, die schlechte Erfahrungen mit Ärzten gemacht haben oder bei anderen Menschen miterlebten, daß diese ungünstige Erfahrungen mit Ärzten hatten.

In jedem Falle bedeutet die Teilnahme an einer Krebs-Früherkennungsuntersuchung, sich auf das Thema Krebs als existentielle Möglichkeit für die eigene Person einzulassen. In gewisser Weise kann dies eine Förderung von Möglichkeiten bewußteren und intensiveren Lebens bedeuten, da man dazu angeregt wird, sich mit gefährlichen Krankheitsrisiken und der ständigen Bedrohtheit des eigenen Lebens bewußt auseinanderzusetzen. Für mich ist es immer wieder spannend zu erleben, wie vielfältig die Ideen sind, die die Menschen mit diesem Thema verbinden. Durchaus nicht selten habe ich beispielsweise den Eindruck gewonnen, daß viele Menschen lieber einmal im Jahr zum Arzt gehen, um eine Früherkennungsuntersuchung durchführen zu lassen und somit einen Großteil der Verantwortung für die eigene Gesundheit an den Arzt abzugeben, vielleicht sogar, um eine Art »Jahresabsolution« zu bekommen, statt sich um eine gesunde Lebensweise im Alltag zu bemühen. Umgekehrt kann aber durchaus gerade die bewußte Auseinandersetzung mit der Gefährdetheit des Lebens für manchen Menschen ein wichtiger Anlaß sein, auch darüber nachzudenken, was er eigentlich tagtäglich tut, um das kostbare und einmalige eigene Leben zu schützen und zu hüten.

Wie wir im dritten Kapitel schon gesehen haben, bedeuten die Aufforderungen der Ärzte und der Krankenkassen zur Beteiligung an Krebs-Früherkennungsuntersuchungen allerdings eventuell auch einen unerbetenen Eingriff in die persönliche Freiheit, bestimmte Bedrohungen des Lebens aus dem Bewußtsein auszublenden. Da das Früherkennungsprogramm keinen hundertprozentig sicheren Schutz gewährleistet, stellt sich die Frage, ob die potentiellen Patienten und die verschiedenen ihnen begegnenden Ärzte allesamt dasselbe unter »Nutzen« verstehen. Davon kann gegenwärtig wohl kaum die Rede sein.

Ärzte und Gesundheitspolitiker müssen sich damit auseinandersetzen, daß es schwierig ist, allgemeingültige Vorstellungen darüber zu entwickeln, was für die Menschen »richtig« oder »falsch« sei. Die ärztliche Sichtweise vom Sinn und Nutzen der Krebs-Früherkennung deckt nur einen Teilausschnitt des gesamten Lebens ab, das der einzelne Mensch zu bewältigen hat.

Früherkennung und Ethik

In der Ärzteschaft wünscht man sich seit Jahren, daß noch mehr Menschen die Möglichkeiten der Früherkennung wahrnehmen mögen, da die Erfolge der Medizin gerade hiervon abhängen. Manche Ärzte, Gesundheitspolitiker und auch engagierte Publizisten zogen daraus die Konsequenz, an die »Vernunft« der Bevölkerung zu appellieren. Man bezeichnete die Ängste der Bevölkerung als »irrational« und nahm an, sie müßten doch durch rationale Aufklärung »abgebaut« werden können.

Die Vorstellung, Ängste von Menschen hauptsächlich als etwas »Abzubauendes« zu behandeln, vereinfacht das Problem jedoch in unzulässiger Weise und wird dem Denken und Erleben vieler Menschen nicht gerecht. Die meisten Ängste von Menschen in diesem Zusammenhang sind nämlich, wie gesagt, nicht im geringsten irrational, sondern realistisch und verständlich. Es kann ja bei der Früherkennungsuntersuchung wirklich »etwas herauskommen«, und in diesem Fall sind zur Zeit der Untersuchung die Folgen für den einzelnen Menschen tatsächlich ungewiß. Die *statistische* Wahrscheinlichkeit, nach der frühzeitig erkannte Krebserkrankungen häufig bessere Therapiechancen bieten, bedeutet für den einzelnen Menschen keinerlei Gewißheit im Sinne eines Schutzes vor Krebs. Es besteht prinzipiell die Möglichkeit, daß ausgerechnet bei ihm selbst erstens eine solche Krebserkrankung aufgedeckt wird, bei der letztlich jede Hilfe zu spät kommt, und daß zweitens ein Unerkanntbleiben einer Krebserkrankung vielleicht mit mehr subjektiver Lebensqualität einhergehen würde als eine Aufdeckung mit nachfolgender radikaler Therapie. Im Falle eines Krebsbefundes hängt alles weitere vor allem von der Qualität der jeweiligen Arzt-Patient-Beziehung ab. Es reicht also nicht, wenn Ärzte sich mit Appellen zur »Vernunft« an die Bevölkerung wenden. Aus der Sicht der potentiellen Patienten ist es ebenso notwendig, daß die Ärzte glaubhaft machen, daß sie auch im Falle eines Krebsbefundes so schonend wie möglich mit dem Patienten umgehen werden und – was den meisten Menschen ganz besonders wichtig ist – auch zum persönlichen Gespräch, d. h. zu einer einfühlsamen Aufklärung und einer seelischen Unterstützung bereit sind.

Welche der Krebs-Früherkennungsuntersuchungen wirklich dem Wohle des betreffenden Menschen dienen, kann also derzeit zwar für die verschiedenen Krebsarten statistisch abgeschätzt, nicht aber im Einzelfall vor der Untersuchung beantwortet werden. Diejenigen, die sich seitens des Gesundheitssystems darum bemühen, mehr Menschen vom Sinn der Früherkennungsuntersuchung zu überzeugen und sie zum Arztbesuch zu motivieren, müssen sich mit folgenden ethischen Aspekten dieses Lebensthemas auseinandersetzen:

Eine Krebsdiagnose bedeutet auch bei der Früherkennung für viele Menschen eine *schlagartige Änderung eines unbefangenen Lebensgefühls*. Ungefähr jeder zweite sich gesund fühlende Mensch verbindet mit der Krebsdiagnose zunächst Schock, Lähmung, Panik oder Depression. Die meisten Menschen verbinden mit der Krebsdiagnose immer noch eine tödliche Perspektive und haben Ängste bezüglich eines unberechenbaren Verlaufs. Selbst wenn diese Ängste allmählich abklingen können, wird niemand anders als der betreffende Mensch selbst ermessen können, was diese Ängste für sein weiteres Lebensgefühl bedeuten.

Wenn eine Krebsdiagnose frühzeitig gestellt wird, kann dies subjektiv eine Vorverlegung und damit Verlängerung von Erfahrungen *zwischenmenschlicher Hilfe*, aber vielleicht auch *zwischenmenschlicher Abgrenzung und Isolation* bedeuten. In einer Studie ließen wir unsere Befragten frei erzählen, was ihnen zum Verlauf einer von ihnen bei einem anderen Menschen miterlebten Krebserkrankung einfiel. Die Hälfte aller Beschreibungen deutete auf Zunahme sozialer Unterstützung hin; jede dritte Schilderung enthielt jedoch auch Äußerungen über größere Verschwiegenheit und Tabuisierung, die der betreffende Mensch aufgrund seiner Krebserkrankung im Umgang mit seinen Mitmenschen erleben mußte.

Wir finden häufig Mißverständnisse zwischen Ärzten und Laien wie zum Beispiel die aus ärztlicher Sicht falsche Laienvorstellung, Operationen seien gefährlich, da Luft an den Krebsherd kommen könne; durch Operationen könne ein Krankheitsverlauf also vielleicht beschleunigt statt aufgehalten werden.

Ob solche Mißverständnisse geklärt werden, hängt wiederum entscheidend von der Gesprächsbereitschaft der Ärzte und der persönlichen Arzt-Patient-Beziehung ab.

Rationales Denken und intuitives Erleben

Wenn ein Mensch, der zur Krebs-Früherkennungsuntersuchung aufgefordert wurde, schließlich *nichts* tut, so kann dies in manchem Fall etwa so interpretiert werden: Er möchte vielleicht seine persönliche Freiheit aufrechterhalten. Statt der ärztlichen Maxime *»je früher, je besser«* finden wir dann die subjektive Maxime *»je später, je besser«*. Immerhin kann dadurch im subjektiven Wahrnehmungshorizont der Leib (allerdings zum Preis eines existentiellen Risikos) in der vollständigen Verfügungsgewalt der Person selbst bleiben. Gerade die Frühdiagnostik und das für den Laien unberechenbare darauf folgende Geschehen in einem Krankenhaus können aufdeckend und gegebenenfalls auch eindringend sein und so die subjektiv empfundene Integrität und Unversehrtheit des Leibes bedrohen. Bewertet man nun ein Vermeidungsverhalten von Menschen anhand von Zielvorstellungen der professionellen Präventivmedizin, so wird man zur Schlußfolgerung kommen, daß Auffassungen von Krankheitsbekämpfung der Ärzte bzw. Laien in vielen Fällen von völlig unterschiedlichen Lebensphilosophien ausgehen. Beim gegenwärtigen Stand der Kenntnis ist es kaum möglich, die Kriterien für subjektiven Nutzen oder subjektiven Schaden in allgemeingültiger Form, also für jedermann gleichermaßen verbindlich, zu formulieren.

Die Tatsache, daß bei den subjektiven Stellungnahmen von Menschen auch Gefühle eine wichtige Rolle spielen können, darf nicht so mißverstanden werden, emotional-intuitive Stellungnahmen seien einfach nur irrational, ignorant und damit aus ärztlicher Sicht falsch. Es werden ja wichtige Fragen des persönlichen Lebensstils und des subjektiven Körperempfindens, also auch des Selbstbildes berührt, die sich einer rein rational-argumentativen Zugangsweise teilweise entziehen, aber dennoch ein entscheidendes Merkmal des Selbstwertgefühls und des Selbstbestimmungsrechts sein können.

Man folgt einer unausgesprochenen Konvention unserer Zeit, wenn man das in der naturwissenschaftlichen Medizin bevorzugte rational-logische Denken als höherwertig gegenüber dem intuitiven ganzheitlichen Erleben von Menschen betrachtet. Damit wird man dem Körpererleben vieler Menschen jedoch nicht ausreichend gerecht. Wesentlich ist, ob der potentielle Patient trotz seiner Ängste noch die Reichweite seiner Entscheidungen absehen kann.

Aus all diesen Gründen sollten in Zukunft pauschale Appelle zur Krebs-Früherkennungsuntersuchung unterlassen werden. Ärzte haben allerdings eine Verantwortung dafür, die Bevölkerung so realistisch und differenziert wie möglich mit solchen Informationen zu versorgen, die dem einzelnen klare Entscheidungen unter Berücksichtigung der gesamten Reichweite auch für die Lebensqualität ermöglichen. Auch die Massenmedien sollten möglichst ausführlich informieren und die hier dargelegte Dialektik der Pro- und Contra-Argumente erläutern, statt die Gegenposition chronisch herunterzuspielen und alle Menschen gleichermaßen unter Druck zu setzen, regelmäßig zur Krebs-Früherkennungsuntersuchung zu gehen, andernfalls seien sie nicht in Ordnung. Eine Differenzierung der öffentlichen Diskussion in diesem Sinne ist schon lange überfällig.

Diejenigen, die nicht zur Früherkennungsuntersuchung kommen, haben entweder den Sinn und Nutzen noch nicht ganz verstanden und bedürfen dann einer entsprechenden Aufklärung. Oder sie haben sich eindeutig für ein »Nein« entschieden, und dann sollte dies auch respektiert werden. Eine dritte Gruppe der Nicht-Teilnehmer ist erfahrungsgemäß unentschieden: Auch diese sollte man meines Erachtens nicht mit Appellen unter Druck setzen, sondern von Zeit zu Zeit mit überzeugenden und abgesicherten Informationen versorgen.

Wichtig ist, daß die Grenzen des Krebs-Früherkennungsprogramms offener als bisher angesprochen werden. Man sollte auch deshalb von einer pauschalen Werbung abkommen, da selbst innerhalb der Ärztschaft keine eindeutige Übereinstimmung über Sinn und Nutzen des Programms bei den verschiedenen Krebsarten – außer beim Hautkrebs und Gebärmutterhalskrebs – und den verschiedenen Persönlichkeitsmerkmalen der potentiellen Patienten erkennbar ist. Das Gesundheitssystem hat die Pflicht, die empirischen Grundlagen dafür zu schaffen, daß die bisher nur vagen Wahrscheinlichkeitsaussagen zu Therapieerfolgen bei der Früherkennung der verschiedenen Krebsarten verbessert werden. In der Bundesrepublik Deutschland können die gründlichen Analysen des Zentralinstituts für die Kassenärztliche Versorgung in Köln nur als vorbildlich bezeichnet werden.

Viel entschiedener als bisher sollte auch darauf hingearbeitet werden, innerhalb der Ärzteschaft zu einer Übereinstimmung in der Frage zu gelangen, bei welchen Krebsarten erfahrungsgemäß die Frühdiagnostik tatsächlich der Lebensqualität der betroffenen Patienten dient. Bei den bisherigen Erfolgsanalysen hat man hauptsächlich die Überlebensraten und Kosten-Nutzen-Aspekte als Erfolgskriterien untersucht. In Zukunft wird die Lebensqualität als genauso wichtiges Kriterium verstärkt zu untersuchen sein.

Bei Ärzteversammlungen habe ich häufig die Frage gestellt, welche anwesenden Ärzte selber regelmäßig eine Krebs-Früherkennungsuntersuchung bei sich durchführen bzw. durchführen lassen. Dabei machte ich immer wieder die Erfahrung, daß dabei viele Ärzte verlegen grinsen. Von Ärzten hört man das ganze Spektrum von Antworten, das man in der Bevölkerung findet. Auf diesem Hintergrund sind manche Hochglanz-Pamphlete, die pfundweise in ärztlichen Wartezimmern oder aber in ärztlichen Papierkörben landen, erschreckend, wie zum Beispiel folgendes Zitat aus einer Broschüre mit dem Titel »Für Männer: Prostata und Lebensqualität«:

Viele Männer über 60 Jahre, die an einer gutartigen Vergrößerung der Prostata im fortgeschrittenen Stadium oder an einem Prostatakrebs leiden, müssen die Erfahrung machen, was es heißt, nicht rechtzeitig zum Arzt gegangen zu sein. Wären sie 10 Jahre zuvor und dann jedes Jahr regelmäßig zur Vorsorgeuntersuchung

gegangen, dann hätte ihr Arzt die Erkrankung im Frühstadium er-
kannt. Gegenmaßnahmen hätten früher und wirksamer getroffen
werden können. Das alte Sprichwort »wer nicht hören will, muß
fühlen« trifft hier leider in besonderem Maße zu.

Ich bin fest davon überzeugt, daß es angesichts der Vielfalt möglicher Sichtweisen verantwortungslos ist, betroffenen Patienten in
einer derart plumpen Weise, die aus der Zeit Kaiser Wilhelms stam-
men könnte, Schuldgefühle einzuimpfen.

»Jeder kann mit seinem Körper machen, was er will«

Zur Abrundung des Themas »Früherkennung oder Späterken-
nung« möchte ich noch einige Äußerungen meiner Gesprächspartner unkommentiert wiedergeben.

»Können Sie sich erinnern, wie das war, als Sie zum erstenmal zur
Früherkennung gegangen sind, was hat Sie dazu gebracht? Das interessiert mich ganz besonders.«

...Der Krankenschein, sonst hätte ich wahrscheinlich nicht so-
fort daran gedacht. Ich habe die Krankenscheine gesehen, Krebs-
vorsorgeuntersuchung, da dachte ich, mein Gott, bist ja jetzt auch
schon so alt... und hab da angerufen, aber ich wäre selbst damals
wahrscheinlich nicht auf die Idee gekommen. Weil einen keiner
drauf stößt. Aber das war gut, man macht den Briefkasten auf,
sieht: aha, Krebsvorsorgeuntersuchung, am besten meldet man sich
dann gleich an, ja. Dann muß man den Termin auch wahrnehmen
und geht hin.

...

»Manche Leute sagen, ich will mich lieber gar nicht erst in Un-
ruhe bringen, also lebe ich ruhiger ohne Vorsorge. Was würden Sie
selber sagen, wie es bei Ihnen ist?«

Genau, genauso, also bei mir persönlich.

»Sie meinen das letztere?«

Das letztere ja. Obwohl – ich muß gestehen, vor einem Jahr war
ich auch bei der Vorsorge (lacht).

...

»Können Sie sich erinnern, was Sie gedacht haben, als Sie das erste Mal diesen Entschluß gefaßt haben? Also was Sie dazu bewogen hat, hinzugehen?«

Ich weiß nicht. Ja, von meiner Frau habe ich's verlangt, du mußt gehen, und dann, das weiß ich noch, wie sie gesagt hat, dann mußt du auch gehen, und dann bin ich halt auch gegangen, so könnt's gewesen sein. Also, das ist schon Jahre her.

...

»Können Sie sich erinnern, was beim ersten Mal zu diesem Entschluß geführt hat, zur Krebsvorsorgeuntersuchung zu gehen? Jetzt gehen Sie ja regelmäßig.«

Das allererste Mal, das hat meine Frau gemanagt, weil ich mich nicht großartig drum kümmere.

»Wie hat Ihre Frau es denn geschafft, Sie da hinzubringen?«

Die ruft dann einfach beim Arzt an.

»Ach, die macht das für Sie...?«

Oh ja! Bei uns ist das immer so. Bei uns macht das alles die Missis.

»Aha.«

Und da sagt die, gell, daß du Bescheid weißt, ich hab angerufen, du bist um sieben vorne beim Doktor. Da sag ich, m-äh-nsch. Sie: Du gehst um sieben da vor und fertig. Da sag ich: Gut, da geh ich halt da vor, fertig aus (lacht).

»Mhm.«

Sie hat recht, nicht? Ich bin in sowas ein bißl phlegmatisch. Aber sie hat recht gehabt. Das war gut so. Automatisch geht sie immer hin zum Arzt. Die rennt nicht alle 8 Tage zum Arzt, sie geht nur hin speziell wegen ihrer Krebsvorsorge und so weiter. Und Sie wissen, wie's bei Frauen ist, gerade mit der Pille und der Brust und so weiter, nicht?

...

Ein Mann, der an Prostatakrebs erkrankt war, zog folgende Konsequenz aus seiner eigenen Betroffenheit:

Ich spreche mit jedem Menschen, der etwa in meinem Alter ist, und auch mit viel jüngeren, ich rate ihnen dringend, ich nehme da kein Blatt vor den Mund, ich sage... rate ihnen dringend, nicht wahr,

117

daß sie zur Vorsorgeuntersuchung gehen müssen. Und da geniere ich mich nicht. Ich finde das auch als meine Aufgabe, die Leute aufzuklären, damit sie nicht so lange warten, wie ich es getan habe. Denn wäre ich eher hierher gekommen, hätte ich ja diese Krebsgeschichte nicht gehabt. Es gibt zwar auch Leute, die regelmäßig hingegangen sind und trotzdem 'n Prostatakrebs bekommen haben. Nur bei denen ist es so, die haben sich nichts vorzuwerfen. Ich muß mir ja vorwerfen, daß ich nicht rechtzeitig hergekommen bin, ne?

...

Einen 45jährigen Hausmeister fragte ich:
»Und die Leute, die nicht zur Vorsorgeuntersuchung gehen, was hält die wohl davon ab?«
Tja, es gibt Leute, die sagen sowieso, ich brauche keinen Doktor. Die gibt's. Und – was das für Leute sind? Ich weiß auch nicht.
»Also mir ist klar, daß das für Sie schwierig zu beantworten ist, aber ich dachte, vielleicht hätten Sie vielleicht eine Meinung dazu? Hätte ja sein können.«
Nee, ich sag halt, es kann jeder mit seinem Körper machen, was er will. Wenn er zum Doktor geht, ist's gut, doch wenn er nicht geht, wenn er meint, daß er das nicht braucht, ist es jedem selber überlassen.

Neuere Entwicklungen

Sorgfältige Analysen des Epidemiologen Bernd-Peter Robra von der Universität Hannover und des Sozialmediziners Burkard Berghof vom Zentralinstitut für die Kassenärztliche Versorgung in Köln führten inzwischen zu der Beurteilung, daß man in der Vergangenheit zu rigide von der Bevölkerung eine regelmäßige (jährliche) Beteiligung am Krebs-Früherkennungsprogramm gefordert hatte. Für die Untersuchung des Gebärmutterhalses beispielsweise reicht ein Drei-Jahres-Zeitraum aus, wenn in zwei oder drei vorausgegangenen Untersuchungen jeweils negative (also unverdächtige) Abstriche vorgelegen haben. Auch wenn nur alle drei Jahre eine solche intensive Untersuchung des Gebärmutterhalses erfolgt, können fortgeschrittene Gebärmutterhalskrebserkrankungen um 90 % verringert werden.

Die zunehmende Einführung der Mammographie als eine besonders gründliche Untersuchungsmethode der weiblichen Brust könnte die Sterblichkeit an Brustkrebs um 30 bis 50 % senken, wie verschiedene große Studien weltweit gezeigt haben. Die meisten Fachleute sind davon überzeugt, daß das Strahlenrisiko durch eine Mammographie oft überschätzt wird und daß der Nutzen der Mammographie größer ist als die Belastung. Zunehmend wird empfohlen, daß Frauen ab dem Alter von 40 Jahren in ein- bis zweijährigen Abständen eine Mammographie durchführen lassen sollten, weil dies in Kombination mit der Tastuntersuchung durch den Arzt die Brustkrebssterblichkeit senken kann.

Der Trend zu einer flexibleren Durchführung von Früherkennungsuntersuchungen wird vielleicht auch diejenigen Menschen entlasten, die sich bisher nicht zu einem jährlichen Arztbesuch aufraffen konnten.

Inzwischen wurde zusätzlich zum jährlichen kostenlosen Krebs-Früherkennungsprogramm auch alle zwei Jahre eine umfassendere Gesundheitsuntersuchung für alle gesetzlich Krankenversicherten ab dem 35sten Lebensjahr angeboten, wobei die Funktionen von Herz, Kreislauf und Niere sowie eine mögliche Zuckerkrankheit und auch die Cholesterinwerte im Blut abgeklärt werden können. Allein schon der Begriff *Gesundheitsuntersuchung* wird für manchen Menschen motivierender sein als die frühere Einschränkung auf die Krebs-Früherkennung. Auf eine Besserung des Gesundheitsverhaltens wird dieses Angebot des Gesundheitssystems wohl nur dann hinauslaufen, wenn sich daraus partnerschaftliche Beratungsgespräche zwischen Arzt und Patient ergeben.

9. Kapitel

Beachtung von Warnzeichen des Körpers: »Hysterische« Selbstquälerei oder Ausdruck von Lebenslust?

Niemand kann sich besser um dich kümmern als du selbst: Lerne deinen Körper kennen!

Mit diesem Aufruf zieht Ernest Wynder, streitbarer Chef der American Health Foundation in New York, durch die Lande und versucht den Menschen klarzumachen, daß man die Verantwortung für den Schutz des eigenen Lebens so wenig wie möglich anderen überlassen sollte, auch nicht in erster Linie den Ärzten. Durch eine bessere Kenntnis des eigenen Körpers, von der Anatomie bis hin zur genaueren Wahrnehmung auch unscheinbarer Veränderungen, soll die Selbsterkenntnis angeregt werden, daß Krankheiten nicht einfach vom Himmel fallen und sodann von den Ärzten zu kurieren seien, sondern daß es viele Zwischenstufen zwischen *gesund* und *krank* gibt mit entsprechenden Möglichkeiten, schnell und flexibel auf krankheitsverdächtige Signale des Körpers zu reagieren.

Jedem Menschen ein Mini-Medizinstudium? An Schulen und pädagogischen Hochschulen in den Vereinigten Staaten von Amerika hat Ernest Wynder mit seinen vielen Mitarbeitern jedenfalls inzwischen viel Erfolg, auch schon stellenweise in Deutschland und anderen Ländern der Welt. Lehrer lernen zunächst einmal selber, wie der menschliche Körper aussieht und funktionieren sollte, und auch, bei welchen Abweichungen von den normalen Körperfunktionen ein Laie hellhörig werden sollte, bevor sich eine manifeste Krankheit entwickelt hat. Für die Schüler werden unterhaltsame Unterrichtsmedien, zum Beispiel in Comic-Form und als Quiz, entwickelt.

Mir scheint, daß in unserem Lande die Möglichkeiten eines eigenverantwortlichen Umgangs mit dem eigenen Körper weniger durch ein offizielles Gesundheitssystem der Bevölkerung nahegebracht werden, als vielmehr durch die Selbsterprobung von Menschen in Richtung Öko-Bewegung und alternative Gesundheitsläden sowie Selbsthilfegruppen. Dazu gehört auch die fast revolutionäre Veränderung einiger geburtshilflicher Krankenhäuser, wie sie in Frankreich von dem Gynäkologen Frédéric Leboyer unter dem Stichwort »die sanfte Geburt« in Gang gebracht wurde und in Deutschland vor allem von den schwangeren Frauen selbst zunehmend gesucht und gefordert wird. Die starke Zunahme brusterhaltender Operationen bei Brustkrebs gegenüber der früheren radikalen Brustamputation geht ohne Zweifel nicht nur auf die Findigkeit der Ärzte zurück, sondern das rasante Tempo dieser Entwicklung in den letzten Jahren ist sicherlich auch auf das große Interesse und eine entsprechende Nachfrage seitens gutinformierter Frauen selbst zurückzuführen. Das Engagement und die Sachkenntnis der Mitglieder von Selbsthilfegruppen nach Krebserkrankung sind dabei sehr beeindruckend.

Wenn nun auch Ärzte zunehmend wieder die Prävention und Früherkennung entdecken, so stehen in der heutigen Zeit die Chancen für eine gegenseitige Verständigung günstiger denn je zuvor. Bei Frauen scheint die Bereitschaft, über den eigenen Körper Genaueres lernen zu wollen und ihn zu pflegen, allerdings erheblich stärker ausgeprägt zu sein als bei Männern.

Die Selbstuntersuchung der Brust

Wenn sich im Inneren der weiblichen Brust, tief verdeckt vom Fettgewebe, ein Krebsknoten entwickelt, macht er sich anfangs nie durch Schmerzen bemerkbar. Je genauer aber eine Frau ihre Brustdrüsen kennt, desto frühzeitiger kann sie – wenn es ausgerechnet bei ihr tatsächlich einmal zu einer solchen Erkrankung kommen sollte – Warnsignale erkennen und eine rechtzeitige, vielleicht lebensrettende Behandlung ermöglichen, bevor vom Tumor Metastasen in andere Körperteile ausgegangen sind.

Die meisten Krebserkrankungen der Brust werden nicht von Ärzten bei der Früherkennungsuntersuchung, sondern von den Frauen selbst ertastet. Frauen sind, wenn sie sich regelmäßig im Spiegel betrachten und auch selbst berühren, viel besser mit Einzelheiten ihrer Brüste vertraut, als es je ein Arzt sein kann. Wenn sie sich regelmäßig selbst untersuchen, kennen sie nach einiger Zeit jedes Knötchen und wissen, wie es sich gegebenenfalls im monatlichen Zyklus verändert.

Bei der Selbstuntersuchung ist es sinnvoll, auf folgende mögliche Veränderungen zu achten:

– Wichtige Hinweise auf einen Tumor sind Wölbungen, Verhärtungen und Einziehungen an der Brust. Sie können durch Gewebeverdichtungen entstehen, welche die Haut nach außen wölben oder sie in der Umgebung des Tumors einziehen.

– Auch verdächtig ist die stellenweise Bildung einer »Apfelsinenhaut« mit eingezogenen Poren, die sichtbarer werden, wenn man die Haut zusammendrückt.

– Immer ein Warnzeichen ist die Einziehung nur einer Brustwarze; eine beidseitige Einziehung ist meist harmlos.

– Wenn aus einer Brustwarze Flüssigkeit austritt, sollte der Arzt davon einen Abstrich machen. Meist ist dies jedoch harmlos.

– Eine seltene Brustkrebsform, die Paget-Krankheit, macht sich nur durch Juckreiz oder Rötungen im Bereich der Brustwarze bemerkbar.

– Schmerzen treten meist erst spät auf und erfordern einen sofortigen Arztbesuch.

Bei der Selbstuntersuchung vor dem eigenen Spiegel betrachtet die Frau sehr sorgsam die Brüste und achtet auf Veränderungen von Form und Größe sowie auf mögliche Hautveränderungen. Beide Hände werden über den Kopf verschränkt und die Ellenbogen werden hochgehoben. Werden dabei Vorwölbungen oder Einziehungen sichtbar? Die Fingerspitzen der rechten Hand kreisen einmal rund um die linke Brust. Gibt es Verhärtungen? Die rechte Brust wird mit der linken Hand entsprechend untersucht.

Die Brustwarzen werden zwischen Daumen und Zeigefinger so

fest wie möglich, aber nicht schmerzhaft gedrückt. Tritt dabei Flüssigkeit aus? Zuletzt wird auch die Achselhöhle untersucht, indem die Fingerspitzen über die Rippen bis tief in die Achselhöhle tasten, um Schwellungen oder Verhärtungen zu erspüren. Man kann sich die Selbstuntersuchung auch vom Frauenarzt bzw. von der Frauenärztin zeigen lassen.

Die britische Krebsspezialistin Patricia Hobbs betont, in den meisten Fällen sei es sinnvoll, erst im Alter von 40 Jahren mit den regelmäßigen Selbstuntersuchungen zu beginnen.»Wer zu früh anfängt, verliert eventuell den Antrieb, wenn das Alter beginnt, in dem das Risiko für Brustkrebs am größten ist‹, sagt sie.

Weitere Möglichkeiten der Eigendiagnostik

Bei *Männern* zwischen 20 und 40 Jahren ist Hodenkrebs eine besonders häufige Krebserkrankung und besonders gut zu erkennen. Manche Ärzte empfehlen: Etwa alle 6 Wochen sollte man(n) eine Selbstuntersuchung vornehmen; denn bei frühzeitiger Behandlung ist diese Krebsart in den meisten Fällen heilbar. Bei Veränderungen der Hoden wird ein Arztbesuch empfohlen. Erst mit der Zeit gewinnt man(n) die Sensibilität für den Unterschied zwischen dem glatten Hoden und dem daranhängenden weichen Nebenhodengewebe, welches nicht als Tumor zu interpretieren ist.

Weitere Warnzeichen bei Männern sind Schwierigkeiten beim Wasserlassen, besonders in der zweiten Lebenshälfte als schwacher oder unterbrochener Urinfluß, als Unfähigkeit zum Wasserlassen oder als Schwierigkeit beim Beginn, als häufiger Drang zum Wasserlassen, besonders in der Nacht. Auch Blut im Urin oder Schmerzen, die nicht von gesicherten Entzündungen der Blase oder Harnröhre kommen, sollten einen Arztbesuch veranlassen, da all diese Symptome auf eine Störung der Prostata hindeuten. In den meisten Fällen erweisen sich diese Störungen als gutartig.

Neben der regelmäßigen Selbstuntersuchung der Brust sollten *Frauen* auch unregelmäßige, vor allem starke und häufige Blutungen außerhalb der üblichen Monatsregel, Ausfluß aus der Scheide sowie erneute Blutungen nach Aufhören der Menstruation in den Wechseljahren besonders beachten und ärztliche Beratung suchen.

Als allgemeine Warnzeichen sowohl bei Männern als auch bei Frauen gelten:

- Wunden oder Geschwüre, die auch bei Behandlung nicht genügend heilen,
- Knoten oder Verdickungen an der Körperoberfläche, besonders im Bereich der Brust, am Hals, in der Achsel oder an den Leisten,
- bestimmte Veränderungen einer bestehenden Warze, eines Muttermals oder Leberflecks,
- jede neu auftretende Hautveränderung unbekannter Ursache,
- neu aufgetretene und länger als 6 Wochen anhaltende Schluck-, Magen- oder Darmbeschwerden,
- Husten oder Heiserkeit von mehr als 6 Wochen,
- ungewöhnliche Absonderungen aus einer Körperöffnung wie Schleim oder Blut, zum Beispiel im Stuhl, Urin oder Auswurf,
- bis dahin unbekannter Ekel vor bestimmten Speisen, zum Beispiel Fleisch,
- Gewichtsabnahme oder Leistungsabfall in den letzten 3 Monaten, die nicht erklärt werden können.

Ob man/frau auf all die bisher beschriebenen möglichen »Warnzeichen« des Körpers ständig ein bewußtes Augenmerk haben sollte, wird von manchen Menschen bestritten. Eine 25jährige Biologiestudentin sagte mir auf meine Frage »Es gibt auch Frauen, die ihre Brust regelmäßig selbst untersuchen. Machen Sie sowas?«

Ja, wenn man's kann. Ich weiß nicht, ob ich einen Knoten als solchen identifizieren würde. Ich meine, wenn man die weibliche Brust abtastet, sind überall Knubbel, nicht?

Ich glaube, daß das leicht zu Hysterie führen könnte, eben weil sich das Brustgewebe sicherlich auch verändert, und daß sicherlich da 'ne Verhärtung und dort 'ne Verhärtung sein könnte. Und als ich das das erste Mal gemacht hab, dachte ich, das kann einfach nicht sein, und dann war ich beim Arzt, und die Ärztin hat gesagt, nee, wär alles in Ordnung.

Und ich glaube, daß eine unnatürliche Verhärtung, ein unnatürlicher Knoten einem als Frau recht schnell auffällt. Ich meine, wenn ich auf'm Bauch liege oder überhaupt tätlich hantiere, dann würde ich auch merken, wenn mich auf einmal was drückt, wo mich früher nie was gedrückt hat. Ich glaube, daß man das schnell merkt. Man merkt ja auch jede andere Veränderung an sich.

Diese Einstellung klingt in sich stimmig und gut nachvollziehbar. Mancher Arzt würde sich vielleicht trotzdem auch von dieser Frau noch zusätzlich die oben beschriebene regelmäßige und gezielte Selbstuntersuchung wünschen, damit ein eventuell entstehender Krebs *noch früher* entdeckt werden kann. Ein Knoten, der beim »auf'm Bauchliegen« durch Drücken auffällt, ist nämlich mit einiger Wahrscheinlichkeit schon so groß, daß er bereits Metastasen ausgestreut hat.

Nicht zu vergessen ist, daß auch ein eigenverantwortlicher Umgang mit dem Körper einschließlich der Selbstuntersuchung, insofern es um *Krebs*vorsorge geht, letztlich keinerlei Ersatz für eine gute Arzt-Patient-Beziehung sein, sondern diese nur ergänzen und fördern kann. Denn im Verdachtsfall muß ja der Arzt mit seinen genaueren Untersuchungsmethoden eingeschaltet werden. Ausgerechnet eine 31jährige Klinikpsychologin, die doch aufgrund ihrer täglichen Zusammenarbeit mit Ärzten besonders für eine gute Beziehung zu Ärzten prädestiniert sein müßte, sagte mir dazu:

Dann hab' ich Schwierigkeiten, zum Arzt zu gehen. Ich hätte Angst, das könnte jetzt irgendwie was Schlimmes sein. Also ich hab' wirklich eine ganz irrationale Angst oder Scham, mich da zu blamieren, daß der irgendwie die Brust anguckt und vielleicht denkt: Die Kleine ist etwas überfordert oder sowas…, also da habe ich Schwierigkeiten hinzugehen, wenn das nicht ganz eindeutige Sachen sind.

Loblied auf den Hypochonder:
»Der Krauterer wird ziemlich alt!«

Der Sorge mancher Menschen, durch allzu genaue Selbstbeobachtung schließlich vielleicht als »hysterisch« angesehen zu werden, steht die ärztliche Erfahrung entgegen, daß eine körperbezogene Selbstbeobachtung, auch wenn sie für einen Außenstehenden übertrieben oder unangemessen ängstlich wirken mag, jedenfalls meist mit einer die Gesundheit betonenden Lebensweise einhergeht. Die meisten Ärzte haben daher wenig gegen eine solche Haltung von Patienten einzuwenden.

In Ärztekreisen werden diskriminierende Begriffe wie *hysterisch* kaum noch verwendet. Eher kann schon einmal der zwar für Laien gleichermaßen ungetüm wirkende, doch in Fachkreisen weniger pathologisch gemeinte Begriff *hypochondrisch* fallen. Doch dies nur dann, wenn dem Patienten die unauffälligen Untersuchungsbefunde auch bei sorgfältigster Diagnostik die Sorge nicht nehmen können, an einer ernsten Krankheit zu leiden. Einfacher ausgedrückt: Ein Hypochonder ist ein »eingebildeter Kranker«.

Ein Mensch, der in eine solche Haltung hineingeraten ist, hat, wie der Psychiater Erich Wulff formulierte, eine »existentielle Vertrauenskrise« sich selbst und den Ärzten gegenüber erreicht; der Psychosomatiker Walter Bräutigam sprach von einer »Konkretisierung von Angst im Leib«.

Eine überstarke Fixierung ängstlicher Gedanken auf eine *Krebs*-erkrankung wird manchmal auch als *Karzinophobie* bezeichnet. Mir selbst wurden mehrfach Menschen, die nicht krebskrank waren, aber fast panische Angst davor hatten, vielleicht doch krebskrank zu sein, von Kollegen in meine Sprechstunde überwiesen. Solche Ängste haben fast immer eine lange, komplizierte Vorgeschichte und sind nicht leicht abzubauen.

Wie alles in der Welt übertrieben werden kann, so kann in Einzelfällen die *vernünftige Vorsicht* übertrieben werden und dann in *Angst* umschlagen. Um so wichtiger ist es, daß man solche Ängste dem Arzt nicht verheimlicht, wozu sogar die oben zitierte Klinikpsychologin zu tendieren schien, sondern den Arzt offen darauf anspricht und *ihn um Verständnis bittet*.

Ich lebe mit meinem Körper im Einklang – was bedeutet das?

Beim Weltkrebskongreß in Hamburg (1990) sagte der frühere Präsident der Deutschen Krebsgesellschaft, der Pathologe Eckhard Grundmann aus Münster:

Eine positive Einstellung zum Leben führt dazu, sorgfältig mit dem Leben umzugehen.

Da zum sorgfältigen Umgang mit dem Leben in bestimmten Situationen durchaus auch das Erleben von Angst gehören kann, sollte man in solchen Fällen möglichst wenig mit herangezerrten Begriffen wie *hysterisch, hypochondrisch* oder *karzinophobisch* so tun, als gehöre eine solche Angst gleich in eine bestimmte diagnostische Schublade. Solche Begriffe sollten möglichst aus dem Wortschatz verschwinden. Sie lenken auf überflüssige Weise die Aufmerksamkeit weg vom Wesen der Krankheitsangst: dem Wunsch, leben zu dürfen. Einer meiner Medizinstudenten sagte hierzu bei einem Seminar über Prävention:

Die Unfähigkeit der Bürger, mit ihrem Körper umzugehen, fordert uns Mediziner heraus. Aber haben wir Mediziner überhaupt ein anderes, besseres Körpergefühl?

Nur durch Gewinn an Lebenslust, Natürlichkeit, Naturverbundenheit können wir die Begriffe wie Hysterie, Hypochondrie im Zusammenhang der Selbstbetrachtung aus der Welt schaffen. Muß aber dafür nicht die gesamte Gesellschaft umstrukturiert werden?

Wenn wir uns genauer mit den auf den Körper bezogenen Gefühlen befassen, stoßen wir früher oder später auf das dualistische Menschenbild von Descartes: die tief verwurzelte Polarisierung zwischen *Psyche*, also dem Denken und der Wahrnehmung, und *Soma*, also dem Körper und seinen Vorgängen. Dieser Polarisierung entsprechen auch zwei Paradigmen in der gegenwärtigen Medizin, die einander, wie der Psychosomatiker Thure von Uexküll beklagt, nur vordergründig ausschließen:

…die »Maschinendefinition« für den Körper und das Freud'sche Paradigma des psychischen Apparats für die Seele. Die Konsequenz ist eine dualistische Medizin, nämlich eine für Körper ohne Seelen

und eine andere für Seelen ohne Körper. So braucht die Medizin ein
neues Paradigma, das eine Lösung des bisher ungelösten psycho-
physischen Problems bringt.

Angehende Ärzte lernen während des Studiums den menschlichen Körper zunächst als Leichnam kennen, nachdem sie die naturwissenschaftlichen Grundlagen erarbeitet haben. Bis zur ärztlichen Vorprüfung kommen sie kaum mit Patienten in Kontakt. Von Anfang an werden die Studenten an die Denk- und Arbeitsweise einer am Maschinenmodell orientierten Medizin herangeführt, die den menschlichen Körper als Automaten betrachtet. So verwundert es nicht, daß viele Ärzte überfordert sind, Menschen anzuleiten, ein sensibleres Körpergefühl zu bekommen. Das Körpererleben interessiert dann nur noch als Wegweiser zur Symptomfeststellung und Diagnostik, nicht als eine entscheidende Grundlage der Lebenskraft und gesundheitserhaltenden Lebenslust. Hier sind diejenigen Ärzte am erfolgreichsten, die einen engen, persönlichen und lebendigen Kontakt zu ihren Patienten haben, wie zum Beispiel ein Internist, der gemeinsam mit seinen Herzinfarktpatienten Sport treibt und sich nicht scheut, gemeinsam mit ihnen nackt im Duschraum beim Einseifen den Gedankenaustausch über den erlebten Körper zu pflegen.

Vor allem bei Männern ist eine Haltung sehr verbreitet, die man mit dem Satz zusammenfassen kann:

Mein Körper ist halt selbstverständlich da.

Ähnliche Selbstaussagen von Männern über ihr Körperselbstbild sammelte D. Bongers bei einer Befragung von Männern:

Dabei geht es meist darum, »*an die Grenze der eigenen Leistungsfähigkeit zu gehen*«. *Einige Männer beschreiben ihre Erfahrungen vom Sport, in denen es darum geht, den Körper zu besiegen, seine Impulse zu überwinden. Einer sagte:* »*Das sind die Sachen, die mich manchmal stören an meinem Körper, daß der Geist leistungsfähiger ist als der Körper, daß der Körper zu schnell an seine Grenzen stößt. Daß ich oftmals mehr von ihm abfordern will, als er geben kann. Wenn der Körper mich an einer Stelle verläßt, wo man mehr Leistungfähigkeit bräuchte, nervt mich das. Wenn er einfach nur so funktioniert, ist er quasi nicht vorhanden. Erst in den Augen-*

blicken, wo er extrem Lust oder extrem Unlust signalisiert, wird man auf ihn aufmerksam.«

Erst wenn der Körper *extrem* Lust oder *extrem* Unlust signalisiert, wird man auf ihn aufmerksam! Im Lichte der bisher dargestellten Bedeutung einer sensiblen Körperwahrnehmung für das Überleben kann ein solches männliches Körperselbstbild lebensgefährlich werden.

10. Kapitel

Das Konzept der geteilten Verantwortung

· Auch wenn ein Mensch den Wunsch nach mehr Selbstverantwortung im Umgang mit dem eigenen Körper hat, so trifft er auf Grenzen in dem Augenblick, in dem er die Schwelle zu einer Arztpraxis oder einem Krankenhaus betritt. Wer unklare Symptome bei sich selbst bemerkt hat, steht ja vor der Frage, ob er einen Arzt aufsuchen soll. Entscheidend für das Vertrauen zu Ärzten ist zunächst, ob der betreffende Mensch Krankheitsverläufe überhaupt als beeinflußbar ansieht und weiß, daß auch viele Krebsarten heutzutage erfolgreich behandelt werden können. Auch wird es eine Rolle spielen, welche Erfahrungen jemand bisher mit Ärzten gemacht hat und inwieweit er Mitbestimmung beim weiteren Vorgehen erwartet. Es macht einen Unterschied, ob jemand glaubt, im Falle einer Krankheitsdiagnose werde er selber mitbestimmend einen Einfluß auf den weiteren Fortgang haben, oder ob er glaubt, im Erkrankungsfall werde er der Krankheit und den Ärzten gewissermaßen als Objekt ausgeliefert sein.

Unter Ärzten werden hierzu zwei Fachbegriffe kontrovers diskutiert, von denen ich glaube, daß sich möglichst viele Patienten damit befassen sollten. Man kann ärztliche Behandlungsprinzipien anhand der Begriffe »Gehorsams-Orientierung« *(compliance)* oder »geteilte Verantwortung« *(informed consent)* unterscheiden.

Mit *Gehorsams-Orientierung* ist ein ärztlicher Behandlungsstil gemeint, der vom Patienten vorwiegend »Mitmachbereitschaft«, wenn nicht gar »Willfährigkeit« im autoritären Sinne verlangt. Die eigentlichen Entscheidungen trifft der Arzt. Beim Patienten kann dies bedeuten, daß er sich ausgeliefert fühlt, was wiederum (bei vorwiegendem Vertrauen zu den Ärzten) akzeptiert werden oder (bei vorwiegendem Mißtrauen) Angst und Widerstand auslösen kann.

Mit dem Behandlungsstil der *geteilten Verantwortung* ist demgegenüber die weitestmögliche Selbstbestimmung des gut informierten Patienten gemeint. Alle wichtigen Therapieentscheidungen werden gemeinsam mit dem Patienten so hinsichtlich ihrer Vor- und Nachteile abgewogen, daß eine Vereinbarung erzielt wird, für die der Patient auch selbst mitverantwortlich ist. Auf diese Weise kann der Patient auch im Erkrankungsfall weiterhin *Autonomie* erleben, sofern eine entsprechend gute Arzt-Patient-Beziehung zustande kommt.

Als Ergebnis meiner eigenen intensiven Studien zu dieser Frage kann ich sagen, daß sich nach meinen Erfahrungen etwa ein Viertel aller Patienten bei ihren Ärzten gut aufgehoben fühlt, die Hälfte äußerst sich eher neutral, hat also keine wesentlichen Kritiken einzuwenden, ein Viertel der Patienten jedoch äußert sehr deutlich Kritik und spricht über ungünstige Erfahrungen. Die Bereitschaft, eine Früherkennungsuntersuchung bei sich selbst vornehmen zu lassen, hängt deutlich von diesen unterschiedlichen Erfahrungen und Einstellungen ab. Personen, die unabhängig von einem Leidensdruck, also vorsorglich oder einfach aufgrund einer unklaren Auffälligkeit, die sie an ihrem Körper wahrgenommen haben, zum Arzt gehen, haben im allgemeinen positivere Vorstellungen zur Heilungsaussicht bei Krebs, positive Vorstellungen zur medizinischen Therapie, und sie haben auch eventuell bei anderen miterlebte Krebserkrankungen als etwas wahrgenommen, das zum Leben gehört und großenteils auch überstanden werden kann.

Die Angst vor den »Mühlen der Medizin«

Wenn ich im folgenden einige kritische Bemerkungen aus der Sicht von Patienten zitiere, so geschieht dies in der Annahme, daß sich Verbesserungen im Umgang zwischen Ärzten und Patienten nicht »von selber« ergeben, sondern immer das Ergebnis der Bemühungen *beider* sein werden. Je klarer nicht nur den Ärzten, sondern auch den Patienten die möglichen Schwachstellen und die erfahrungsgemäß besonders häufig auftretenden Schwierigkeiten sind, um so gezielter können sie selbst dazu beitragen, bessere Erfahrungen zu machen, wenn sie einmal auf Ärzte angewiesen sein sollten. So meinte ein Patient:

In vielen Fällen sagen sie einem nicht genau, was Sache ist. Also ich wäre arg mißtrauisch, daß sie einen anfangs überreden, irgendwie doch was zu probieren und zu operieren und zu bestrahlen und so, und daß es dann trotzdem für die Katz ist. Ich würde wirklich nur, wenn ich eine Garantie hätte, daß das was bringt, mich darauf einlassen und ansonsten nicht.

Ein 44jähriger Baumaschinenschlosser berichtete wie folgt über seine Erfahrungen:

Unsere Ärzte haben zu wenig Zeit, um sich richtig um die Person zu kümmern. Man sieht doch, wenn einer reingeht und hat was, 5 Minuten oder 7 Minuten... Gut, mein Hausarzt nimmt sich schon etwas mehr Zeit, aber sonst? Gibt's rein, zack, zack, Sie haben dies, und Sie nehmen das, und zack zack fort ist man, da hat kein Arzt mehr Zeit heute, um sich wirklich intensiv mal so zwanzig Minuten mit einer Person richtig zu unterhalten und den auch zu untersuchen. Also ich würde dem Arzt auch gern 50 Mark oder 100 Mark geben, wenn ich wüßte, daß ich richtig untersucht werde.

Der Wunsch nach mehr Zuwendung bezieht sich nicht nur auf Ärzte, sondern ebenso auf Arzthelferinnen, Pflegepersonen und medizinisch-technisches Personal.

Es war bei meinem Vater schon so stark – in seinem Zustand werden die Menschen ganz anders. Wenn ich dann kam, sagte er zu mir: »Komm, gib mir fünf Mark.« *Ich sagte:* »Vater, du hast doch Geld.« – »Ja, das braucht die Mutter nicht zu wissen«, *sagte er,* »wenn die Krankenschwester kommt, kann ich ihr fünf Mark geben.« *Eine etwas seltsame Einstellung, was einem Menschen dann einfällt, finden Sie nicht? Er war fast süchtig nach der Hilfe. Und deshalb wollte er der Schwester, damit sie ja schnell kommt, fünf Mark geben können.*

Diese Äußerung eines älteren technischen Kaufmanns zeigt ebenso wie davor das Zitat des Baumaschinenschlossers, wie stark das Bedürfnis werden kann, nicht einfach passiv auf die menschliche Zuwendung von Ärzten oder Pflegepersonen zu warten. In beiden Fällen wollte der Patient irgend etwas tun, um selber einen Einfluß auf die Zuwendung auszuüben, und sei es durch das Erkaufen mit zusätzlicher barer Münze, obwohl die Bezahlung der Ärzte und der Helfer von den meisten Patienten längst in Form ihrer Krankenkassenbeiträge geleistet worden ist. Sollte es nicht noch andere Möglichkeiten für Patienten geben, das angemessene Ausmaß an Zuwendung zu erhalten?

Die Verdrängung der Sprache durch die High-Tech-Medizin

Seit vielen Jahren wird innerhalb der Ärzteschaft die Verdrängung der Sprache und des menschlichen Kontaktes durch das Riesengewicht der modernen High-Tech-Medizin recht offen diskutiert. Ein in dieser Hinsicht außerordentlich kritischer und streitbarer Allgemeinarzt aus einer kleinen Landgemeinde, Paul Lüth, dachte immer wieder die Vision einer sprachlosen Medizin zu Ende und zog sich hierdurch viel Kritik seiner Standeskollegen zu, wurde dann aber immerhin zum Lehrbeauftragten und Professor für Allgemeinmedizin an einer Universität berufen. Paul Lüth schrieb kurz vor seinem Tode:

Wo unsere moderne Medizin erfolgreich ist, in den schweren Fällen, ist sie stumm. Das Wort ist Schnörkel, Beilage, jedenfalls kein genuiner Bestandteil der Therapie. Die Therapie ist averbal. Das erzeugt das Unbehagen an der modernen, der erfolgreichen Medizin.

Eine wichtige Frage ist nun, wieso »sprechende Medizin« und »High-Tech-Medizin« als etwas Gegensätzliches betrachtet werden. Nicht nur viele Ärzte, sondern auch viele Patienten sind sehr dankbar für die zahlreichen Hilfen, die durch manche Errungenschaften der technischen Medizin überhaupt erst möglich geworden sind, von der Schmerzbekämpfung bis zur lückenlosen Überwachung von Körperfunktionen in kritischen Situationen. Im Idealfall sollten sich also das Sprechen, das Verstehen und das durchaus auch Technik mit einbeziehende Behandeln optimal ergänzen und nicht gegenseitig ausschließen.

Im *Deutschen Ärzteblatt* berichtete der Internist Linus Geisler über eine Untersuchung an 512 Patienten mit folgenden alarmierenden Ergebnissen:

- 93 % aller Patienten waren der Ansicht, daß ihr Arzt zu wenig Zeit für sie habe,
- 91 % äußerten, der Arzt rede zu wenig mit ihnen,
- 89 % gaben an, der Arzt höre ihnen nicht genug zu und gehe nicht immer auf ihre Fragen und Argumente ein,
- 87 % beklagten, der Arzt verwende zu viele Fachausdrücke und erkläre die Diagnose nicht ausführlich genug,
- 86 % meinten, der Arzt entmutige sie durch verschiedene Signale, überhaupt Fragen zu stellen.

Probleme dieser Art scheinen in vielen Ländern gleichermaßen zu bestehen. In Detroit analysierten die beiden Soziologen Howard Beckan und Richard Frankl 74 Arzt-Patient-Gespräche bei niedergelassenen Ärzten, die mit einer Videokamera aufgenommen worden waren. Schon nach durchschnittlich 18 Sekunden wurde jeder Patient vom Arzt beim Sprechen unterbrochen. Nur ein Viertel der Patienten konnte die Beschwerden überhaupt bis zum Ende schildern.

Diejenigen Kranken, die bestrebt sind, sich an den Therapieentscheidungen aktiv zu beteiligen, verstehen die Erklärungen der Ärzte deutlich besser und behalten aufgrund einer selbstbewußten und aktiven Gesprächsbeteiligung auch die ärztlichen Informationen besser.

Zwanzig Minuten vor dem Tod noch Krankengymnastik?

Wie sehr sich sogar nichttechnische Maßnahmen verselbständigen können, wenn ein Patient nicht mehr in der Lage ist, seine Interessen deutlich genug zu vertreten, beschrieb eine Ärztin in einem Bericht über die Erfahrungen ihres kranken 88jährigen Vaters, der selbst Arzt gewesen war.

Nach einem Schlaganfall war dieser alte und bereits fast erblindete Mann ins Krankenhaus gebracht worden. Nachdem er dort auch noch einen Herzinfarkt erlitten hatte, wurde er auf der Intensivstation mit allen Mitteln der modernen medizinischen Technik am Sterben gehindert. Die Bitten seiner Tochter, die Apparate abzustellen, und vor allem die Bitte des Sterbenskranken selbst, der als Arzt die Sinnlosigkeit der Behandlung erkannt hatte und den Tod herbeisehnte, wurden nicht erfüllt. Die Tochter wandte sich später mit aller Bitterkeit an ihre Arztkollegen, die Leser des *Deutschen Ärzteblattes*:

> *Hier wollten anscheinend Ärzte beweisen, was man alles kann, wie lange man mit einem Beatmungsgerät, einem Dauertropf, ein ausgelebtes Leben qualvoll verlängern kann. Makaber zu sagen, daß zwanzig Minuten vor Eintritt des Todes in Gegenwart der Angehörigen die angeordnete Krankengymnastik durchgeführt wurde. Die letzten Worte des 88jährigen Arztes:* »Nein, nein, nein!«

Selbstkritik von Ärzten

Betrachten wir nun einige Aspekte der Krebsmedizin etwas spezieller unter dem Gesichtspunkt der »Verdrängung der Sprache«. Krebspatienten sprechen ihre Ärzte nur selten von sich aus auf ihre Gefühle an. Zum Teil meinen sie, Ärzte hätten für ein Eingehen darauf keine Zeit und reagierten daher eher negativ; diese Erwartung ist in vielen Fällen offensichtlich leider auch realistisch. Zum Teil haben sie auch die generelle Haltung entwickelt, ein offenes Aussprechen ihrer eigenen Krankheitsängste würde überhaupt andere Menschen zu stark belasten.

Wenn sich also eine tragfähige Arzt-Patient-Beziehung entwickeln soll, so müßte die Initiative dazu folglich vorwiegend vom Arzt ausgehen. Auch für den Arzt sind aber solche Initiativen schwierig, und innerhalb der Ärzteschaft werden die Gründe hierfür zunehmend selbstkritisch analysiert. Besonders aufschlußreich sind hierzu Untersuchungen über unterschiedliche Lageeinschätzungen seitens der Patienten einerseits und der Ärzte und Pflegepersonen andererseits. Speziell zum Umgang mit Sterbenden fanden in einem

Londoner Krankenhaus H. Graham und B. Livesley, daß die Einschätzungen der Ärzte und Schwestern über die Bedürfnisse der Sterbenden weit auseinandergingen. Obwohl 42 % glaubten, daß die betreffenden Patienten sich des bevorstehenden Todes bewußt waren, gaben nur 18 % an, mit ihnen jemals darüber gesprochen zu haben.

Der Arzt und Psychologe Fritz Muthny wollte in einer Befragungsstudie mit 91 Patienten wissen, wie die Patienten ihren eigenen Anteil an der Krankheitsbewältigung einschätzten. Zusätzlich bat er auch die behandelnden Ärzte dieser Patienten, die Krankheitsverarbeitung der Patienten zu beurteilen. Während die meisten Patienten von sich selbst über hohes Vertrauen in die Ärzte berichteten, eine hohe Bereitschaft zum Mitmachen bei der Therapie zeigten, auch Kampfgeist und Selbstermutigung angaben, sahen die Ärzte bei den Patienten sehr viel mehr Tendenzen zur »Verleugnung«, zur depressiven Verarbeitung und Selbstmitleid, zu Fremdanschuldigungen, aber auch zur Stimmungsverbesserung durch Alkohol und Beruhigungmittel. Fritz Muthny meint dazu, diese Unterschiede in der Patienten- und Ärztesicht sollten nicht im Sinne der Frage »wer hat recht?« betrachtet werden. Vielmehr sei es sinnvoll, in der Zukunft verstärkt nach Möglichkeiten zu suchen, wie Ärzte und Patienten gemeinsam zu einer besseren Krankheitsverarbeitung gelangen könnten. Die Berliner Psychotherapeutin Renate Kreibich-Fischer, die seit vielen Jahren im Krankenhaus Moabit Krebspatienten betreut, bringt die häufig unterschiedliche Sichtweise zwischen Ärzten und Patienten wie folgt auf den Nenner:

Die Erwartungen an den Patienten liegen eher im Bereich seiner Handhabbarkeit. Die Erwartungen der Patienten liegen eher im zwischenmenschlichen Bereich.

Sich in die innere Welt eines unheilbar Kranken hineinzuversetzen kann auch eigene Todesängste des Arztes verstärken, vor allem dann, wenn der Arzt weitere Ähnlichkeiten zwischen sich selbst und dem Patienten wahrnimmt.

Ärzte und Klinikmitarbeiter sehen sich oft der Erwartung ausgesetzt, optimistisch, erfolgreich und geradezu allmächtig zu sein. Diese Erwartung kann nun gerade beim Arzt zu einem Empfinden persönlichen Versagens führen, da er solchen Ansprüchen natürlich kaum auf die Dauer genügen kann. Die Angst, keine Antwort zu haben, belastet den Arzt. Selbst die eigenen Hilfsmöglichkeiten zur Symptomlinderung werden oft abgewertet.

Aus diesem ärztlichen Dauerkonflikt können sich im (sicherlich seltenen) Extremfall zwei Typen ungünstiger Reaktionen entwikkeln: eine *Überbehandlung*, das heißt ein weiteres Durchführen therapeutischer Maßnahmen, selbst wenn deren medizinischer Sinn eigentlich unklar geworden ist, und/oder ein zumindest *latentes Aufkommen von Todeswünschen*, zum Beispiel im Extremfall sogar in Form von Vergiftungsphantasien gegen den Patienten bei der Chemotherapie.

Die beiden Krebsärzte Gerd Nagel, langjähriger Präsident der Deutschen Krebsgesellschaft, und Bernhard Kornhuber, langjähriger Generalsekretär der Deutschen Krebsgesellschaft, haben darauf hingewiesen, daß die Unterstellung gegenüber Ärzten, Krebserkrankungen mit einem »gnadenlosen Zuviel« an Therapie zu begegnen, nicht nur als Problem der Ärzteschaft allein gesehen werden dürfe. Ärzte gehören ebenso wie die Patienten zu einer Gesellschaft, die gewohnt ist, alles »im Griff zu haben«, und mit dem Problem von Unheilbarkeit und dem Versagen ganz grundsätzlich nur schwer umgehen kann:

Die Diskussion um die Überbehandlung berührt den Arzt an einer empfindlichen Stelle, dort nämlich, wo man die Grenzen der Medizin sehen sollte, aber statt dessen ihm persönliches Versagen vorwirft, wo er, um nicht als Versager zu gelten, vor der Versuchung steht, das Unmögliche zu wagen, wo ihn Mitleid, Kritiklust oder das Drängen des Patienten nur allzuoft in den Strudel der Versuchung reißen.

Jede Diagnostik kann also zur »Überdiagnostik« werden und jede Therapie zur »gnadenlosen Übertherapie«. Der Münchner Krebsarzt Herbert Begemann setzte sich wie viele andere Ärzte mit der Bedeutung von Begriffen aus der *Kriegssprache* für bestimmte Haltungen von Ärzten auseinander. Da die Behandlung eines Krebskranken für den Arzt in fortgeschrittenen schweren Fällen zu einem Kampf auf Leben und Tod werden kann, fordert der Patient oft vom Arzt, den Feind »Krebs« zu besiegen und zugrundezurichten. Ein fast kriegerisches Szenario beschreibend führt er hierzu drastisch aus:

Dazu muß der Arzt Strategien entwickeln, die seinen Feind auf dem von ihm selbst gewählten Schlachtfeld vernichtend schlagen. Dieses Schlachtfeld aber ist der Kranke. Die ambivalente Ausgangsposition des behandelnden Arztes ergibt sich aus der tragischen strategischen Situation, daß der Krebskranke, der den einzigen Wunsch hat, gesund zu werden, Träger und Ernährer der zu vernichtenden Krebsgeschwulst ist, also Verhältnisse vorliegen, die an einen Partisanenkrieg erinnern.

Herbert Begemann fordert, die Verbesserung der Lebenskraft müsse zu den Hauptaufgaben ärztlichen Tuns gehören. Die »Kriegserklärung« der Medizin an den Krebs sei letztendlich auch eine Entscheidung für die Fortführung einer furchtbaren wissenschaftlich-technokratischen Lebensform, die schließlich zur Vernichtung unseres eigenen Lebensraums und zu einer Gefährdung aller lebenden Geschöpfe führen werde. In den bisher 40 Jahren einer »Kriegführung« gegen den Krebs mit Zellgiften (Chemotherapeutika) habe sich gezeigt, daß auch in diesem Fall der Krieg kein geeignetes Mittel sei, um dieses bedrohlichen gesundheitlichen Problems Herr zu werden:

Auch diesen Krieg – wie alle künftigen – können wir nur gewinnen, wenn wir seine Entstehung verhindern, das heißt, wenn wir für Lebensbedingungen sorgen, welche die Entstehung dieser schweren tödlichen Krankheit verhindern.

Herbert Begemann, renommierter Internist und inzwischen in den Ruhestand getretener Chefarzt, zog übrigens für sich persönlich die Konsequenz, sich als Vorstandsmitglied der Internationalen Ärzte gegen den Atomkrieg (IPPNW) intensiv und weltweit für eine militärische Abrüstung zu engagieren und die Lebenskräfte von Menschen auch durch Aufrufe zur Auseinandersetzung mit Feindbildern und zur Begegnung mit Menschen aus anderen (vorwiegend »gegnerischen«) Nationen anzuregen.

Helfen kann wichtiger sein als Heilen

Nicht nur in der Krebsmedizin, sondern fast in der gesamten Heilkunde müssen sich Ärzte wie auch Patienten zunehmend mit dem Unterschied zwischen *Helfen* und *Heilen* auseinandersetzen. Die Erwartung an die Ärzte, auch die unheilbaren Arten von Erkrankungen mit Stumpf und Stiel auszurotten, kann zu einer Perversion des Helfens beitragen, da sie dazu führen kann, daß Erkrankte unnötig gequält werden. Helfen ist jedoch der umfassendere Auftrag der Heilkunde. Therapie ist nicht in allen Fällen die Kunst, eine Krankheit zu *heilen*, sondern die Kunst, sie angemessen zu *behandeln* und den Kranken zu *begleiten*, um ihm Entlastung zu verschaffen.

Eine Behandlung ist dann angemessen, wenn sie unterscheiden kann zwischen dem nur bei heilbaren Leiden sinnvollen Versuch der *Heilung* und der (bei nicht heilbaren Erkrankungen) *Linderung* des Leidens.

Gerade bei der Chemotherapie sind, wie der Hamburger Internist und Krebsarzt Dieter-Kurt Hossfeld sagt, »das Leid der behandelten Menschen, ihre Symptome, ihr Wohlbefinden bisher nur unzureichend bedacht worden«. Auch er versucht falsche Erwartungen zu relativieren:

Ich möchte von den Kranken als Helfer akzeptiert werden, nicht nur als Heiler.

Wohlgemerkt, die umstrittene Chemotherapie, also der Einsatz von Zellgiften zur Eindämmung von Krebserkrankungen, ist nicht grundsätzlich zu kritisieren; denn diese Behandlungsart ist bei bestimmten Krebserkrankungen außerordentlich wirksam wie z. B. bei Leukämien, Lymphomen, beim Morbus Hodgkin, bei Sarkomen, Hodenkrebs und vielen weiteren Krebsarten, z. B. in der Gynäkologie. Auch zur Unterstützung einer Operation vor dem Eingriff kann sie sehr wichtig sein oder auch nach einer Operation, um Tochtergeschwülste (Metastasen) zu verhindern. Bei fortgeschrittenem Organkrebs ist die lebensverlängernde Wirkung der Chemotherapie nur im Einzelfall zu klären. Da diese Medikamente nicht nur das Wachstum der bösartigen Krebszellen hemmen, sondern auch gesunde Zellen schädigen, führen sie oft zu Nebenwirkungen, die die Lebensqualität des Erkrankten stark beeinträchtigen können, wie z. B. eine größere Anfälligkeit für Infektionskrankheiten, Haarausfall, oft auch Übelkeit und Erbrechen. Andererseits geht es nicht nur um Lebensverlängerung, sondern auch um Linderung von Schmerzen, was bei einigen Krebserkrankungen durchaus auch durch Chemotherapeutika erreicht werden kann.

Erfahrungsgemäß meinen die meisten Menschen, solange sie gesund sind, sie würden sich im Falle einer gefährlichen Erkrankung gegen eine zu intensive Therapie wehren und lieber in Ruhe sterben. Bei tatsächlicher Betroffenheit kann sich diese Sichtweise schnell ändern, wie eine 40jährige Betriebswirtin sehr treffend ausdrückte: *Man möchte doch irgendwie die Menschen mit Würde sterben lassen. Allerdings – das kann man leicht sagen, wenn man nicht davon betroffen ist. Wenn man in die Situation kommt, dann entfacht sich der Lebenswille. Auf der einen Seite bin ich gegen die so unmenschliche Lebensverlängerung, ja, aber auf der anderen Seite, wie gesagt: Jetzt bin ich 40 Jahre, wenn ich mit 40 Krebs bekomme, und es besteht eine Heilungsaussicht oder eine Chance, gesund zu werden, dann glaube ich, ich würde nicht resignieren, sondern sagen: Nein, ich nutze die letzte Zeit, die mir zur Verfügung steht.*

Wenn nun ein Betroffener sich mit seinen Ärzten auf das Maximum an möglicher Therapie geeinigt hat, da ihm jeder möglicherweise zu gewinnende Tag wichtig wird, kann dies aus der Sicht Außenstehender als »Zuviel« empfunden werden.

Ärzte müssen sich immer wieder selbst fragen, ob sie in eine – wie im Krieg – sich verselbständigende Schlacht im Sinne der drastischen Darstellung von Herbert Begemann hineingeraten sind, die sie mit Operationen, Chemotherapie und Strahlentherapie vielleicht nur noch deshalb weiterführen, weil sie sich nicht trauen, dem Patienten schonend beizubringen, daß diese Art von Kampf im Körper des Patienten inzwischen eigentlich sinnlos geworden ist.

Es sind durchaus immer mehr Ärzte dazu bereit, ihren Patienten eine Krebsdiagnose mitzuteilen. Im fortgeschrittenen Stadium derjenigen Krebsarten, die einen schweren Verlauf haben und nicht heilbar sind, ist jedoch zu häufig eine mangelnde Offenheit von Ärzten zu beklagen. Andererseits: Wenn Ärzte die Krankheit offen ansprechen, wirkt es manchmal wie eine übertriebene »Flucht nach vorn«, manchmal sogar sehr plump und rücksichtslos. Bei der Diagnosemitteilung ist es wichtig, zwischen Richtigkeit der Diagnose und Wahrhaftigkeit gegenüber dem Kranken zu unterscheiden. Die *Richtigkeit der Diagnose* bedeutet etwas Faktisches, Normatives, Naturwissenschaftliches und beschreibt einen eng begrenzten, streng definierten medizinischen Sachverhalt. *Wahrhaftigkeit gegenüber dem Kranken* meint einen Dialog zwischen dem Patienten und seinem Arzt, der über einen längeren Zeitraum hinweg auf der Grundlage gemeinsamen Vertrauens versucht, die Diagnose in ihrer Bedeutung für das individuelle Leben des Patienten anzusprechen und vor allem in jeder einzelnen Phase der Krankheit gemeinsam mit dem Patienten zu klären, welche Art von Hilfe jetzt aus welchen Gründen sinnvoll ist. Da dies oft nicht ausreichend geschieht, kommt es dann immer noch zu häufig zu den beschriebenen Formen eines Zuviel an Therapie bis zum letzten Atemzug.

Der Arzt ist ständig gefordert, in seinem Denken eine doppelte Buchführung vorzunehmen. Einerseits muß er in Kategorien medizinischer Lehrbücher denken, andererseits muß er überlegen, was die medizinischen Befunde für den Patienten bedeuten. Dessen Angst kann auch beim Arzt eine komplementäre Angst auslösen, dies vielleicht gerade um so stärker, je einfühlsamer der Arzt ist.

Das Medizinstudium kann unterschwellig wichtige Lebenseinstellungen verändern. Einer meiner Doktoranden, Christian Schober, untersuchte, wie Medizinstudenten die im Studium erlebten Konfrontationen mit Sterben und Tod für sich verarbeiten. Wörtlich sagte eine Befragte Schobers, eine 22jährige Medizinstudentin im siebten Semester, während sie über Veränderungen ihrer Einstellungen im Verlauf des Medizinstudiums nachdachte:

Ich hab' ein bißchen die Ehrfurcht verloren vor dem Tod, die ich vor dem Studium noch hatte! Der erste Tote, den ich sah, ich glaube, das war mein Großonkel; zu dem hatte ich ja auch verwandtschaftliche Beziehungen, das war für mich eine Person, die dahinterstand. Und jetzt ist es irgendein Toter. Und so ungefähr die nächste Frage, die kommt, ist die nach der Krankengeschichte: Warum starb er denn? Und da interessiert mich weniger, ob er eine

Familie hinterlassen hat, mit so und so viel Kindern; sondern mich
interessiert nur der Hergang der Dinge!
Die meisten Ärzte kümmern sich sehr wohl um die ihnen anvertrauten Patienten. Solange aber ein Patient, der in ein Krankenhaus
kommt, nicht abschätzen kann, was ihm dort widerfahren wird,
muß mit allen Kräften und gemeinsam daran gearbeitet werden,
daß die Ehrfurcht vor dem Leben wie auch vor dem Tod wieder in
allen Krankenhäusern deutlicher spürbar wird.

Eine Charta der Patienten-Rechte

In einem New Yorker Krankenhaus, dem wegen seines hohen Stan-
dards in der Krebsbehandlung weltbekannten Memorial Sloan-
Kettering Cancer Center, hängt, für jeden Patienten deutlich sichtbar, folgende »*Patient's Bill of Rights*« (hier übersetzt von Maike
Frost).

Eine Charta der Patientenrechte
Als Patient einer Klinik im Staat New York haben Sie folgende gesetzlich verbriefte Rechte:
  1. Die folgenden Rechte zu verstehen und in Anspruch zu nehmen.
     Sollten Sie sie aus irgendeinem Grunde nicht verstehen oder
     Hilfe benötigen, so ist die Klinik verpflichtet, Ihnen Unterstüt-
     zung, auch durch Dolmetscher, anzubieten.
  2. Ohne Berücksichtigung von Rasse, Hautfarbe, Religion, Ge-
     schlecht, Nationalität, Behinderung, sexueller Orientierung
     oder finanzieller Ressourcen behandelt zu werden.
  3. Aufmerksame und respektvolle Behandlung zu erhalten, in
     einer sauberen und sicheren Umgebung, frei von unnötigen Ein-
     schränkungen.
  4. Notfallbehandlung zu bekommen, wenn Sie sie benötigen.
  5. Informiert zu sein über den Namen und die Stellung des Arztes,
     der sich um Ihre Behandlung kümmern wird.
  6. Die Namen, Stellungen und Funktionen sämtlicher Klinikmit-
     arbeiter zu wissen, die in Ihre Behandlung einbezogen sind, so-

wie die Behandlung, Untersuchung und Beobachtung durch diese Mitarbeiter zurückzuweisen.

7. Auf einen Nichtraucher-Raum.

8. Vollständige Information über Ihre Diagnose, Behandlung und Prognose zu erhalten.

9. Alle Informationen zu erhalten, die erforderlich sind, um einem vorgeschlagenen Verfahren oder einer Behandlung informiert zustimmen zu können. Diese Information soll mögliche Risiken und den möglichen Nutzen der Verfahren oder der Behandlung beinhalten.

10. Alle erforderlichen Informationen zu erhalten, um gegebenenfalls der Entscheidung, nicht wiederbelebt zu werden, zustimmen zu können. Sie haben auch das Recht, jemand anderen für den Fall, daß Sie einmal zu krank dafür sein sollten, mit dieser Zustimmung zu beauftragen. Sollten Sie zusätzliche Informationen benötigen, fragen Sie nach einem Exemplar des Informationsblattes »Hinweise zur Nicht-Wiederbelebung – ein Ratgeber für Patienten und ihre Familien«.

11. Behandlung zurückzuweisen und erklärt zu bekommen, welche Folgen das für Ihre Gesundheit haben kann.

12. Die Teilnahme an wissenschaftlichen Studien zu verweigern. Um eine Entscheidung für oder gegen eine Teilnahme fällen zu können, haben Sie das Recht auf vollständige Aufklärung.

13. Auf Schutz der Privatsphäre und vertrauliche Behandlung aller Informationen und Aufzeichnungen, die Ihre Behandlung betreffen.

14. An sämtlichen Entscheidungen bezüglich Ihrer Behandlung und Entlassung aus der Klinik beteiligt zu sein. Die Klinik muß Sie mit einem schriftlichen Konzept über die Entlassungsmodalitäten versehen.

15. Ihre Krankenakten einzusehen, ohne daß Ihnen dadurch Kosten entstehen, und eine Kopie zu erhalten, für die die Klinik eine angemessene Gebühr erheben kann. Ihnen kann keine Kopie verweigert werden, nur weil Sie sie nicht bezahlen können.

16. Eine differenzierte Rechnung und Erläuterung aller entstandenen Kosten im einzelnen zu bekommen.

17. Sich ohne Angst vor Repressalien über die Behandlung und die Dienstleistungen, die Sie erhalten, zu beschweren. Die Klinik ist verpflichtet, Ihnen eine Antwort zu geben, auf Wunsch schriftlich. Sollten Sie mit dieser Antwort nicht zufrieden sein, so können Sie sich beim Gesundheitsministerium beschweren. Die Klinik ist verpflichtet, Ihnen die Telefonnummer des Gesundheitsministeriums zu geben.

Sollten Sie Fragen zu Ihren Rechten als Patient haben, können Sie Kontakt zu einem Patientenvertreter aufnehmen unter Tel.-Nr. 7202...

11. Kapitel

»Erst durch die Krankheit bin ich aufgewacht«: Wird das Leben intensiver durch die Krankheit?

Durch eine bewußte und aktive Auseinandersetzung mit den Gefahren der menschlichen Existenz und dem Tod kann, wenn sie eingebettet ist in eine philosophische oder religiöse Lebensanschauung, das Leben selbst besonders intensiv werden. Diese Idee scheint in der gesamten Kulturgeschichte der Menschheit immer wieder auf. Der Brauch, Friedhöfe neben den Kirchen und an wichtigen Stellen einer Stadt anzulegen, sollte das Volk daran gewöhnen, sich vor dem Tod nicht zu gruseln und sich an die eigene Sterblichkeit mahnen zu lassen. Die Ägypter kannten den Brauch, daß am Ende eines Festes ein Ausrufer den Versammelten ein großes Gerippe mit dem Ruf zeigte: »Trink und sei fröhlich; denn wenn du tot bist, siehst du so aus!« Horaz sagte:

Denke, daß jeder Tag der letzte sein kann, der dir leuchtet; die Stunden, mit denen du nicht fest gerechnet hast, werden dir dann besonders lieb sein.

Und Michel de Montaigne befaßte sich in seinen Essays in einer recht drastischen Sprache mit der Notwendigkeit, gerade durch die Einbeziehung des Todes in die Lebensvollzüge zu einer angemessenen Lebensbewußtheit vorzustoßen:

Im lauten Jubel und in der stillen Freude, immer können wir einen Ton hören, der uns mahnt, was der Mensch ist; wenn wir noch so sehr genießen, immer einmal sollten wir dann doch daran denken, wie diese Fröhlichkeit rings vom Tod bedroht ist, wie leicht er da hineingreifen kann.

Wo der Tod auf uns wartet, ist unbestimmt; wir wollen überall auf ihn gefaßt sein. Sich in Gedanken auf den Tod einrichten, heißt, sich auf die Freiheit einrichten: Wer zu sterben gelernt hat, den drückt kein Dienst mehr. Nichts mehr ist schlimm im Leben für denjenigen, dem die Erkenntnis aufgegangen ist, daß es kein Unglück ist, nicht mehr zu leben. Sterben können befreit uns von aller Knechtschaft, von allem Zwang.

Deshalb ist es gleich sinnlos, zu weinen, weil wir in hundert Jahren nicht mehr leben werden, wie darüber zu weinen, daß wir vor hundert Jahren noch nicht am Leben waren. Mit dem Tod beginnt eine andere Existenz; auch in das Erdenleben sind wir mit Tränen und Schmerzen eingegangen; auch bei diesem Neubeginn mußten wir den Schleier des Geheimnisses ablegen, der uns vorher unsere Zukunft verhüllte.

Alan W. Watts schreibt in seinem Essay über die »Weisheit des ungesicherten Lebens«:

Tod ist der letzte Schluß der Erkenntnis, daß wir in jedem Augenblick ins Unbekannte gehen. Hier muß alles Klammern an Sicherheit aufhören, und wo immer die Vergangenheit weggeworfen und Sicherheit aufgegeben wird, wird das Leben neu. Tod ist das Unbekannte, in dem wir alle vor der Geburt gelebt haben.

Nichts ist schöpferischer als der Tod; denn er ist das ganze Geheimnis des Lebens. Er bedeutet, daß die Vergangenheit abgestreift werden muß, daß man dem Unbekannten nicht entgehen kann, daß »ICH« nicht fortdauern und daß nichts endgültig festgelegt werden kann. Wenn ein Mensch dies weiß, lebt er zum ersten Male in seinem Leben. Wenn er seinen Atem anhält, verliert er ihn, wenn er ihn verströmen läßt, findet er ihn.

Einfacher und um so zeitloser drückte Johann Wolfgang von Goethe im »West-östlichen Diwan« den gleichen Gedanken folgendermaßen aus:

> Und so lang du das nicht hast
> dieses Stirb und Werde,
> bist du nur ein trüber Gast
> auf der dunklen Erde.

Arzt-Patient-Gespräche zu diesen Betrachtungsmöglichkeiten existentieller Gefährdung sind eher selten, sie kommen aber vor. Die Theologie hat ebenso wie die medizinische Psychologie wichtige Beiträge dazu geleistet, die innere Auseinandersetzung von Menschen mit lebensbedrohlichen Erkrankungen mitteilbar werden zu lassen. Ein möglicher Weg hierzu ist es, Gespräche mit Erkrankten zu führen und die Ergebnisse sowohl unter Ärzten und angehenden Ärzten bekannt zu machen, als auch in Gesprächen mit Betroffenen zu vertiefen. In den Forschungsarbeiten der letzten Jahre zum Krankheitserleben von Patienten wurden Krebserkrankungen allerdings fast nur unter dem Gesichtspunkt der Belastung untersucht. Die Forscher interessierten sich hauptsächlich dafür, welche seelischen und sozialen Krisen mit Krebserkrankungen einhergehen können und was die Betroffenen tun, um mit diesen Belastungen umzugehen und sich – soweit möglich – dem früheren psychischen Zustand wieder anzunähern.

Eine Mitarbeiterin meiner Heidelberger Arbeitsgruppe über »Subjektive Krankheitstheorien«, Andrea Schumacher, beschritt einen anderen Weg. Am Beispiel von an Brustkrebs erkrankten Frauen konnte sie zeigen, daß bestimmte Formen der Krankheitsbewältigung auch zur psychischen Weiterentwicklung und weiteren Reifung eines Menschen führen können, also sogar einen wesentlichen Zugewinn gegenüber dem psychischen Zustand vor der Erkrankung mit sich bringen können. Nach einem individuellen Sinn der Krankheit zu suchen kann dem Patienten helfen, zu einem neuartigen seelischen Gleichgewicht zu finden. Eine Erkrankung seelisch zu bewältigen fällt oft leichter, wenn man eine Erklärung für die Erkrankung findet. Da die Ursachen für Krebserkrankungen großenteils unklar sind, stellt sich die Frage, ob die Erkrankung zumindest in den subjektiven Sinnzusammenhang des Lebens eingeordnet werden kann. Es geht also darum, die Krankheit als einen sinnvollen Teil der eigenen Lebensgeschichte zu begreifen. Ob es sich hierbei im Einzelfall um *Sinnfindung* oder um nachträgliche *Sinngebung* handelt, ist dabei nicht so wichtig.

Andrea Schumacher führte mit 30 Brustkrebspatientinnen in einer Kurklinik ausführliche Interviews. Die Patientinnen berichteten auf die Frage, welche Veränderungen durch die Krebserkrankung in ihrem Leben eingetreten seien, viele positiv zu bewertende Erfahrungen. 22 der 30 Patientinnen berichteten, aufgrund der Krankheitserfahrung *intensiver* zu leben, zum Beispiel »*sich mehr an Kleinigkeiten zu freuen*«, »*mehr Gelegenheiten zu Besuchen zu nutzen*«, »*mehr zu reisen*«, »*mehr Zuwendung zu erhalten*«.

Als »*reflexiver*« empfand Andrea Schumacher den Lebensstil von 20 der 30 Befragten aufgrund der Erkrankung. Damit war gemeint, »*nachdenklicher geworden zu sein*«, »*bewußter zu leben*«, »*man ist zur Besinnung gekommen*«, »*daß man nicht mehr so gedankenlos jeden Tag erlebt und es als Selbstverständlichkeit hinnimmt, daß man hier auf der Erde ist*«.

Die drittwichtigste Kategorie krankheitsbedingter Lebensveränderungen bezog sich auf die Entlastung von früheren Anforderungen: »*Nicht mehr so selbstlos sein*«, »*nicht mehr so im Streß*«, »*auch nicht mehr so die Hektik, ich muß das alles schaffen im Haushalt, im Garten, da sag ich halt, was ich kann, das tue ich, und nicht das und das muß ich*«.

Nur 5 der 30 Frauen erlebten die eigene Brustkrebserkrankung nach ihrer Aussage als sinnlos.

Eine 52jährige Frau sagte zur Interviewerin am Ende des Interviews:

Intensiver zu leben, ... wirklich zu sehen, daß diese Sekunde, die wir jetzt nebeneinander sitzen, niemals wiederkommt, darüber habe ich früher nicht nachgedacht. Da geht ein Tag hinter dem anderen her, und da ist die Familie, und du denkst doch nie drüber nach, daß es nie wiederkommt. Das bewußtere und intensivere Lebenwollen und auch Genießenwollen, das ist mir klar geworden.

Auch eine 48jährige Patientin, die zu Anfang ihre Krebserkrankung als schockierend erlebt hatte, fand als Folge der Erkrankung zu einem stärkeren Erleben und Genießen der Gegenwart, und ihr bisheriges einengendes Sicherheitsdenken ließ nach. Auch für diese Patientin war der Sinn der Krankheit gleichbedeutend mit einer tiefgreifenden Veränderung durch die Krankheit:

Ich kann dazu nur sagen, daß ich bewußter lebe, versuche, bewußter zu leben. Ich bin ein Typ, der immer Sicherheit bis weit voraus brauchte und aufbaute. Jetzt versuche ich, mehr in der Gegenwart zu leben. Früher habe ich alles mehr auf das Rentenalter hin orientiert, und jetzt fahren wir halt einmal mehr in Urlaub. Auch bin ich bewußter wieder mit meinem Mann zusammen, wir haben schon immer eine gute Ehe geführt, aber vielleicht, man weiß nicht mehr, was morgen ist, man plant nicht mehr so in die Zukunft, sondern ich lebe heute, und wenn wir was machen wollen, dann machen wir das heute. Daß ich jetzt bewußter lebe, das ist schon was Gutes.

Eine 44jährige Kantinenangestellte berichtete:

Ich war vorher ein wahnsinnig unzufriedener Mensch, also man hat mir nichts recht machen können. Das ist jetzt allerdings vorbei. Ich habe mir schon gedacht, durch meine Unzufriedenheit, vielleicht habe ich's dadurch gekriegt, weil ich immer mit allem unzufrieden war. Jetzt ist mir vieles ganz egal, das ist so einfach geworden. Das ist fast schön mit der Krankheit.

Auf die Frage, ob sie all dies auch anders hätte erreichen können, antwortete sie:

Sicher nicht, das wäre alles im gleichen Trott weitergelaufen. Weil ich ja nicht gewußt habe, wie das ist, wenn man krank ist. Immer sagt man, man muß zufrieden sein, weil man gesund ist, aber man ist gar nicht zufrieden. Man weiß ja nicht, wie es ist, wenn man krank ist.

Bei einem Drittel der Patientinnen fand Andrea Schumacher, daß für sie der Sinn ihrer Erkrankung in einer Veränderung bzw. einer Aufforderung zur Veränderung im transzendenten, lebensphilosophischen Bereich lag. In diesen Fällen überstieg die berichtete Lebensveränderung den Bereich des individuellen, ichbezogenen Erlebens. Beispielhaft sei die Betrachtung einer Kirchenmusikerin über ihre Erkrankung dargestellt.

Vielleicht, daß ich nicht mehr so schnoddrig in die Welt hineinlebe. Vielleicht sollte ich einfach das Leben wichtiger nehmen, für mich war das immer ein Theaterstück, nie real, ich habe gelebt wie ein Schauspieler... Bewußter zu leben, dankbarer zu sein für das, was ich vorfinde und was ich habe; denn ich kann ja noch unheimlich froh sein, wenn ich sehe, wie andere Krebspatienten leben. Da ist in mir eine große Dankbarkeit, wie das bei mir abläuft.

Eine 43jährige Mutter sagte:

Ich sehe den Sinn des Lebens darin, daß es ein Geschenk an mich ist und daß ich daraus das Beste mache, was ich kann.

Indem diese Frau das Leben als ein ihr gegebenes Geschenk zu begreifen beginnt, übernimmt sie mit diesem Geschenk auch die Verantwortung für das Gelingen der Lebensaufgabe. Diesem Sinnverständnis entspricht auch ihr Leitspruch:

Licht und Schatten gehören beide zum Leben, wo viel Licht ist, ist auch viel Schatten.

Auch aus folgender Äußerung spricht der Glaube an ein Eingebundensein in eine höhere Ordnung, ein Aufgehobensein in einen Zusammenhang, der das eigene Leben übersteigt und im bisherigen Alltagstrott wenig betrachtet worden war:

Ja, das weiß ich, was der Sinn des Lebens ist. Ich denke, hier auf der Erde sind wir ja nur Gast. Aber ich glaube an das ewige Leben, ich glaube, daß da oben jemand über uns die Hand hält, da bin ich ganz sicher. Ich denke auch einmal, was denkt Der da? Aber Er wird schon wissen, was Er macht, denke ich. Er wird schon wissen, zu was es gut ist. Vielleicht wollte Er ja damit machen, daß der Streß nicht immer so weitergeht. Vielleicht wollte Er mir Einhalt gebieten. Ich denke das so. Vielleicht denkt Er, du hast das alles zu hektisch gemacht, mach doch mal jetzt langsam (38jährige berufstätige Mutter von 3 Kindern).

Ob in Äußerungen dieser Art ausdrücklich ein Gottesbezug hergestellt wird oder nicht: In jedem Fall wird die Krankheit als ein Wachrütteln, ein »Wieder auf den rechten Weg geführt werden« gesehen. Oder, wie es die eben schon genannte 42jährige Kirchenmusikerin ausdrückte:

Ja, vielleicht auch, weil ich mehr gezeigt kriege, daß das nicht nur in meinen Händen liegt, und nicht nur in denen der Ärzte, sondern daß das einfach eine Zeit ist, die mir gegeben ist.

Manche Menschen fühlen sich überfordert, ausgerechnet einer Krebserkrankung einen Sinn abgewinnen zu sollen, und wenn sie hören, daß andere Krebsbetroffene sich sogar dankbar gegenüber der Erkrankung äußern, reagieren sie mit Unverständnis oder gar zorniger Ablehnung. Dabei sollte man nie vergessen, daß Sinnfindung immer ein ganz individuelles Geschehen ist. Der subjektive Sinn setzt sich, wie Andrea Schumacher zusammenfaßt, fragmentarisch aus vielen kleinen Mosaiksteinen, den Aspekten des Krankheitserlebens, zusammen. Natürlich zeichneten sich auch deutlich leid- und schmerzvolle Erfahrungen durch die Krankheit ab, betont die Autorin. Aber gerade weil die Patientinnen sich offen hielten auch für mögliche positive und grundlegende, bisher nicht geahnte Veränderungen in ihrem Leben, schafften sie die Voraussetzung dafür, ihre Erkrankung und damit auch letztlich ihr ganzes Leben mit einem neuen Bewußtsein zu erfahren.

Besonders wichtig erscheint mir nun die Frage, ob Ärzte und die anderen Mitarbeiter des Gesundheitswesens ein Ohr für solche Versuche von Kranken haben, sich aktiv und intensiv um ein neues Lebensverständnis mit der Krankheit zu bemühen. In den Vereinigten Staaten von Amerika war vor einigen Jahren lange Zeit ein Buch des Chirurgen Bernie Siegel Bestseller, der seine guten Erfahrungen mit, wie er sie nannte, »außergewöhnlichen Patienten« unter dem Titel »*Love, Medicine and Miracles*« darstellte. Er versuchte Krebsbetroffene zu ermutigen, sich so intensiv und radikal wie möglich selbstkritisch mit der bisherigen Lebensführung zu konfrontieren und aus der Erkrankung die Konsequenz zu einem völlig neuen Umgang mit sich selbst zu ziehen.

Es gibt auch ganz andere Stellungnahmen von Mitarbeitern der Gesundheitsberufe. Eine 23jährige Krankenschwester verblüffte mich mit folgender Äußerung:

Man kann sich nicht damit abfinden, daß man jetzt Krebs hat. Man kommt an mit vollem Haar, gesund, guter Hautfarbe beim Arzt, kommt in die Klinik, sieht gut aus. Vier Wochen später: Glatze, graue Gesichtszüge. Ich finde das so schlimm, also das fand ich immer – die Veränderung, wie schnell das geht.

Ich warf ein:

»Nun könnte man sagen, Sie erleben die Leute nur während der belastenden Chemotherapie im Krankenhaus. Danach wachsen ihnen wieder die Haare! Mich wundert ein bißchen, daß Sie sagen, die Krebskranken könnten sich mit ihrer Krankheit nicht abfinden.« Die Krankenschwester erwiderte: *Ich bewundere es, wenn es jemand kann. Ich habe nie die Erfahrung gemacht. Manchmal liest man von solchen, die sagen, ich hab' das geschafft, mit der Krankheit zu leben, ja (atmet laut). Es gibt sicher einige solcher Leute, und es ist bestimmt schwer.* »Sie meinen, man kann denen das nicht so richtig abnehmen?« *Also ich nehme es nur jemandem ab, der das wirklich überlebt hat, ja. Und auch unheimlich positiv der Krankheit gegenüber eingestellt ist, es geschafft hat. Ja? Aber jemand, der weiß, er stirbt jetzt wirklich in drei Wochen, daß jemand trotzdem sagt, mir macht das nichts, ich hab' das nun mal, und ich muß das Beste jetzt daraus machen in den drei Wochen, das kann ich mir schlecht vorstellen. Jedenfalls wird es eine minimale Prozentzahl sein von den Krebspatienten.*

Diese Krankenschwester arbeitete in einem besonders belastenden Bereich des Krankenhauses. Sie erlebte offensichtlich vorwiegend solche Krebsbetroffene, die zu bestimmten, besonders aggressiven Behandlungsformen ins Krankenhaus kamen und dabei verständlicherweise einen stark leidenden Eindruck machten. Es entspricht vielfältigen sozialpsychologischen Erfahrungen und Experimenten, daß die Art, in der wir einen anderen Menschen wahrnehmen, oft von einem ganz bestimmten und besonders auffallenden Merkmal überdeterminiert und damit vielleicht verfälscht wird. Die Wahrnehmung körperlichen Leidens während einer intensiven Krankenhaustherapie kann dann den Blick für das reiche Innenleben dieser Kranken verstellen.

Ich habe in vielen Gesprächen mit Angehörigen von Krebsbetroffenen immer wieder herausgefunden, daß Menschen, die sich für gesund halten, sich zwar durchaus theoretisch vorstellen können, daß das Leben bei Krebs intensiver und reicher werden kann, daß sie aber dann, wenn sie von einem ihnen persönlich bekannten Krebspatienten sprechen, eher selten über intensiveres Leben berichten. Real betroffene Krebskranke werden von manchen Mitmenschen vielleicht so stark als Opfer gesehen, daß deren persönliche Lebensgestaltung selbst dann, wenn sie tatsächlich mit intensiverem Erleben verbunden ist, nicht mehr zur Kenntnis genommen wird.

Die häufig mangelnde Kommunikation zwischen Krebskranken und ihren Mitmenschen wäre dann ein Hinderungsgrund für einen tatsächlichen Gedankenaustausch über Möglichkeiten *intensiverer* und *bewußterer* Lebensgestaltung und Sinnfindung, bei der »oberflächliche« Belange stärker in den Hintergrund treten.

Verzweiflung und Selbsterkenntnis

Auch Schicksalsgefühle wie Angst, Befürchtung und Sorge, Resignation und Verzweiflung bergen Möglichkeiten eines Zugangs zu Tiefendimensionen von Sinnfindung in sich, die von Außenstehenden in ihrem alltäglichen Lebenstrott oft überhaupt nicht erkannt werden. Am Beispiel einer sehr beeindruckenden Betrachtung der *existentiellen Verzweiflung* durch den Psychologen Philip Lersch wird deutlich, daß selbst ein solch schreckliches Lebensgefühl, von dem kaum ein gesunder Mensch je etwas wissen will, entscheidende Möglichkeiten zu einer tiefen Selbsterkenntnis mit sich bringen kann und deshalb völlig verkürzt wahrgenommen wird, wenn man es nur unter dem Aspekt der Schrecklichkeit betrachtet.

Und so kann die Verzweiflung ein Akt werden, in dem die Tiefe der Existenz erst aufbricht. Wir wissen – und Goethes Wort vom »Stirb und Werde« deutet darauf hin –, daß im Leben des einzelnen die Verzweiflung zum Fegefeuer werden kann, in dem die letzten Sinngehalte seines Daseins wie in einem Hochofen ausgeglüht werden. Nicht selten muß der Mensch durch jenen krisenhaften Nullpunkt der Existenz, den die Verzweiflung darstellt, hindurchgehen, um sich selbst in seiner Eigentlichkeit kennenzulernen, um zu erfahren, auf welche Sinngehalte sein Dasein angelegt ist. Hierin liegen die positiven Möglichkeiten der existentiellen Verzweiflung. Vielleicht muß in diesem Sinne die Tatsache gedeutet werden, daß manche geniale Menschen nur dadurch ihre existen-

tielle Eigentlichkeit gefunden haben, daß sie durch Zustände der Verzweiflung hindurch gegangen sind, in denen sie unmittelbar im Angesicht des Gedankens der Selbstvernichtung gelebt haben. Es geht durch die existentielle Verzweiflung ein sehr schmaler Grat, der den Schritt in den Tod von dem zur existentiellen Neugeburt trennt.

12. Kapitel

Der Aussteiger:
Professor Noll und die drei Abende
am Nil

Peter Noll, geboren 1926, hatte in Basel das Humanistische Gymnasium besucht und anschließend Rechtswissenschaften an der dortigen Universität studiert. Nach einigen Arbeitsjahren als Obergerichtsschreiber war er zunächst als Professor an der Universität Mainz tätig gewesen und hatte dort einen Alternativentwurf für ein Deutsches Strafgesetzbuch initiiert und mitverfaßt. Seit 1969 wirkte er an der Universität Zürich als Professor für Strafrecht und verfaßte grundlegende Beiträge zum schweizerischen Strafrecht. Der erfolgreiche Jurist hatte einen großen Wirkungskreis in den Rechtswissenschaften, in der Politik und im Kulturleben. Zu seinen Freunden zählten die prominenten Schriftsteller Friedrich Dürrenmatt und Max Frisch.

In seinem sechsundfünfzigsten Lebensjahr erfuhr er, daß er an einem Blasenkrebs erkrankt war. Die Ärzte schlugen ihm eine Blasenoperation vor mit der Aussicht auf einen künstlichen Blasenausgang, der außerhalb des Körpers in einen Plastikbeutel führen sollte. Wenn man den Eingriff mit Bestrahlung kombiniere, betrage das Rückfallrisiko etwa 60 Prozent. Geschlechtsverkehr sei nicht mehr möglich; Wandern, Sport in mäßigem Umfang, sogar Skifahren seien aber nicht beeinträchtigt. Falls er sich nicht operieren lasse, müsse er mit einem Nierenverschluß und Tod an Blutvergiftung (Urämie) rechnen, auch mit einem Tod infolge von Metastasen oder im schlimmsten Fall mit einem Verschluß der ableitenden Harnwege, was bei Nichtbehandlung ein sehr schmerzhaftes Ende unter Krämpfen zur Folge haben würde. Er lehnte jede Operation ab:

Ich will nicht in die chirurgisch-urologisch-radiologische Maschine hinein, weil ich dann ein Stück meiner Freiheit verliere. Mit

Hoffnungen, die zusehends kleiner werden, wird mein Wille gebrochen, und am Schluß lande ich dann doch im bekannten Sterbezimmmer, um welches alle einen großen Bogen machen. Vorraum des Friedhofs.

Nach drei Wochen beschloß Peter Noll, sich pensionieren zu lassen und noch alles zu tun, was er immer aufgeschoben hatte. Er wollte, ohne sich mit medizinischen Operationen und überhaupt mit Rücksichten auseinandersetzen zu müssen, den Tod auf sich zukommen sehen und sich nicht mehr vom »Lebenszwang« leiten lassen, sondern den eigenen Lebenswillen und dessen Grenzen erkunden. Er beschloß, von nun an seine Gedanken, so wie sie kamen, zu Papier zu bringen; sie wurden nach seinem Tod unter dem Titel »Diktate über Sterben & Tod« als Buch veröffentlicht und lösten im deutschsprachigen Raum intensive Diskussionen aus.

Sein Freiheitswille war stärker als die Angst vor Schmerzen:
Um ihnen zu entrinnen, geht man in die Apparatur, die einem die Schmerzen nimmt und zugleich die Freiheit. Und das ist genau das, was ich nicht möchte.

Jemand sagte ihm, mit seinem Entschluß störe er die Leute. Wenn einer Krebs habe, dann gehe er ins Hospital und lasse sich operieren, das sei normal:
Wenn einer aber Krebs hat und fröhlich herumläuft wie du, dann wird es den Leuten unheimlich. Sie sind plötzlich gefordert, sich mit dem Sterben und dem Tod als einem Teil des Lebens auseinanderzusetzen, und das wollen sie nicht. Wenn du ins Spital gingest, dann wäre die Sache wieder in Ordnung. Dann hätte alles seinen richtigen Gang, dann könnte man dich besuchen, mit Blumen, und nach einer gewissen Zeit sagen, Gott sei Dank ist er entlassen, und sagen, nach einer gewissen Zeit, jetzt ist er wieder drin, und wieder kommen mit Blumen, aber für immer kürzere Zeit. Doch wüßte man, wo er ist.

Peter Noll zeigte den Leuten, daß der Tod mitten unter uns ist, und er stellte das lebendig dar. Sie mußten plötzlich an etwas denken, das sie immer verdrängt hatten. Er schrieb:
Jedes Leben ist rund und ein ganzes, und der Tod kommt zur richtigen Zeit. Wir leben das Leben besser, wenn wir es so leben,

wie es ist, nämlich befristet. Dann spielt auch die Dauer der Frist
kaum eine Rolle, da sich alles an der Ewigkeit mißt. Ich hatte Zeit,
den Tod kennenzulernen. Das ist das Gute am Krebstod, den alle so
fürchten.

Mehr und mehr nahm sich Peter Noll Zeit, den Gedanken nach-
zugehen, die ihm im Zusammenhang mit dem nahenden Tod in den
Sinn kamen. Kaum war von Angst die Rede. Vielmehr entdeckte er
immer wieder neue Aspekte, die an Faszination grenzten.
Es gibt zum Beispiel eine ästhetisch-kosmische Sicht. Ich sehe die
Sonne, die Wolken, ihre Bewegungen, den Wechsel von Licht und
Schatten in einem größeren Zusammenhang; ich denke mehr
daran, daß dies die für uns sichtbaren Teile der atmosphärischen
Bewegungen sind, daß wir uns in einem großen Wirbel von elemen-
taren Mächten befinden und daß die kleinen Ausschnitte, die wir
sehen, sehr schön sein können.

Der Schriftsteller Max Frisch schlug ihm vor, nach Ostern mit
ihm zusammen für einige Tage nach Ägypten zu fliegen. Peter Noll
freute sich.

Er setzte sich aber auch mit der möglichen Grausamkeit des von
ihm gewählten natürlichen Todes auseinander. Er beschloß, einen
Kompromiß einzugehen: nur diejenige Natürlichkeit dem Tode be-
lassen, die nicht extrem grausam ist. Und er verweigerte auch keineswegs jeglichen Arztbesuch, sondern ließ sich kontinuierlich von
seinem Bruder, einem Arzt, und weiteren Ärzten über seinen Zustand informieren und beraten.

In Ägypten angekommen, besichtigte er mit Max Frisch trotz der
beinahe unerträglichen Hitze den kolossalen Tempel von Karnak
und dann den Tempel von Luxor. Gemeinsam besuchten sie das Tal
der Könige, stiegen in die Schächte hinab bis hin zu den ausgeraub-
ten Grabkammern.

Die Abende am Nil waren Anlaß, gemeinsam die Gedanken über
die Todes- und Jenseitsvorstellungen der Ägypter schweifen zu lassen. Einige ägyptische Könige fingen ja schon im jugendlichen Alter
damit an, ihre eigenen Gräber, zum Teil sind es gigantische Pyrami-
den, bauen zu lassen. Dabei wußten sie, daß viele Gräber ihrer Vorfahren oder der früheren Dynastien ausgeraubt worden waren.

Wenn sie annahmen, das ewige Leben hänge davon ab, daß die Grabgaben unversehrt bei der Mumie bleiben, erlitten sie praktisch einen zweiten Tod im Augenblick des Grabraubes. Die vielen Bilder und Figuren, die man ihnen in die Grabkammer mitgab, sollten wohl mit ihrer schwer zu entschlüsselnden Symbolik auf etwas ganz anderes, etwas Geistiges hinweisen.

Am dritten Tag meldete sich die Krankheit unerbittlich und zeigte ihm, daß der Flug von Zürich zum Nil kein Entrinnen sein konnte. Der Harn kam nur noch tropfenweise und rot, extreme Kurzatmigkeit, kalte Schweißausbrüche am ganzen Körper, zum Gehen und Stehen mußte er sich an den Wänden halten. Ausgerechnet auf dieser einmaligen Reise in eine andere Welt wurde er jäh mit den Grenzen seiner Freiheit konfrontiert. Er wurde bewußtlos, und mit Hilfe seines Begleiters wurde er durch ein Flugzeug der Schweizerischen Rettungsflugwacht abgeholt, im Flugzeug zapfte man ihm mit einem Katheter den sich stauenden Urin ab, und er wurde in das heimatliche Krankenhaus gebracht.

Ihm blieb noch ein halbes Jahr zu leben.

»Sinn-Oasen«

Ich weiß nicht, inwieweit Peter Noll durch seine verschiedenen Wüstenerfahrungen im Laufe seines Lebens zu dieser Metapher angeregt wurde, jedenfalls kreisen viele seiner Gedanken bei seinen autobiographischen »Diktaten über Sterben & Tod« um »Sinn-Oasen«.

Die Sinn-Oasen suche ich mir sorgfältiger aus als früher. Manches wird zur Sinn-Oase, an dem ich früher achtlos vorbeigegangen bin. Den Gang durch die Wüste kürze ich ab, die Routine der Pflichterfüllung, das Tagespensum, die mir von anderen verordneten Tätigkeiten stelle ich zurück.

Langsam komme ich auf meinen philosophischen Gedanken: Die Sinn-Oasen (im Individuellen und Einmaligen) sind Ausblicke auf den lichten Geist, der am Ende des Universums auf uns wartet.

Heute abend waren die letzten Tropfen des Urins ziemlich rot, aber das war schon vor einem Monat so und – die linke Niere ist endlich tot, sie regt sich seit langem nicht mehr.

Vielleicht sind die Sinn-Oasen, die ja immer durch das Einmalige und Individuelle hervorgebracht werden, winzige Fenster, durch die man den Geist sieht oder wehen spürt, der am Ende allem Sinn geben wird. Dann werden auch die verlorenen Objekte der Evolution wieder eingesammelt; ihre Fehlentwürfe werden als große Malereien erkannt werden. Man wird sehen, daß die unvollendeten Skizzen genauso vollendet sind wie das Vollendete.

Präzise protokollierte er im Krankenhaus den durchorganisierten Tagesablauf, von dem er sich zu stark in eine passive Patientenrolle gedrängt fühlte. Nach der Entlassung nutzte er die wiedergewonnene Freiheit, seine Angelegenheiten zu regeln und Zeit mit dem Nachdenken über den Glauben und die Kirche zu verbringen. Nach seiner Ansicht verlangt der Tod nicht so sehr die Beschäftigung mit dem, was danach sein könnte, sondern es geht ihm um das Leben, um das Leben mit dem Tod, das Leben aus der Todesperspektive.

Einen Schimmer Gottes finden wir in den Sinn-Oasen des Daseins. Mehr kann man nicht sagen. Mehr kann höchstens die Musik ausdrücken, die so abstrakt ist, daß sie nahe an das Übersinnliche herankommt.

Peter Noll starb keinen leichten Tod, wie aus den angefügten Aufzeichnungen seiner Angehörigen hervorgeht.

Anpassung, Verweigerung und Autonomie

Kurz nachdem das Buch von Peter Noll erschienen war, widmete ihm das *Deutsche Ärzteblatt*, das offizielle Organ der Bundesärztekammer, einen ungewöhnlich ausführlichen Beitrag.

Das *Deutsche Ärzteblatt* bezeichnete das Buch von Peter Noll als »gemeingefährlich«. Den Sachverhalt, daß der Professor für Jurisprudenz und Pfarrersohn Peter Noll jegliche Therapie verweigert hatte, nicht Patient werden wollte, wertete der Rezensent des *Deutschen Ärzteblattes* als »protrahierten Freitod«, als »fatale Entscheidung«:

Wird es aufgrund eines Entschlusses zum therapeutischen Nihilismus bald – analog zum Werther-Syndrom – ein Noll-Syndrom geben? Falls des Autors Leben und Sterben an Krebs als exemplarisch mißverstanden wird, kann es dazu kommen, daß viele Kranke das kurze intensive Leben dem protrahierten Sterben vorziehen. Ob das allerdings der abendländischen Mentalität entspricht, mag dahingestellt sein.

Der Rezensent im *Deutschen Ärzteblatt* bezeichnete die Haltung von Peter Noll als »Obsession und Todessehnsucht«. Die Klage über das Sterben in den Kammern und Flurecken der Krankenhäuser kritisierte er als »Lamentieren«.

In Peter Nolls J'accuse (ich klage an, Anm. des Autors R. V.) heißt es auch einmal, die Ärzte drückten sich davor, »gekonntes Sterben beizubringen«. Dem ist entgegenzuhalten, daß diese immer mehr damit zu tun haben, die Leute wieder leben zu lehren – sterben kann man in den heute verlassenen Kathedralen wieder lernen.

In dieser Äußerung des Rezensenten des *Deutschen Ärzteblattes* wurde die Problematik in ihrer ganzen Reichweite deutlich. Der rezensierende Arzt wies der bewußten Auseinandersetzung mit dem Sterben einen Ort gänzlich außerhalb der Medizin zu. Die Tragik dieser Sichtweise liegt nicht nur in der Verständnislosigkeit des Rezensenten, sondern darin, daß das *Deutsche Ärzteblatt* dieser Antwort auf das Buch von Peter Noll exponiert und auf drei vollen Druckseiten gewissermaßen den Status einer offiziellen Stellungnahme der deutschen Ärzteschaft gab. Sie war insofern tatsächlich ein Politikum, als zuvor viele Journale (wie z. B. der *Spiegel* auf sieben Druckseiten) ausführlich Passagen aus diesem Buch wiedergegeben hatten und das Interesse der Öffentlichkeit an Reaktionen aus der Ärzteschaft entsprechend angewachsen war.

Es ist der Öffentlichkeit jedoch nicht geholfen, wenn die Ärzte den unüberhörbaren Ruf nach einer besseren Einbeziehung des »gekonnten Sterbens« in die Medizin in einer solchen Weise abschmettern und selbstgefällig einfach vorschlagen, die entsprechenden Äußerungen als etwas, das man schon kennt, in Schubladen abzulegen:

Der erfahrene Arzt erkennt in den Aufzeichnungen über den pro-

trahierten Freitod epikritisch das Durchlaufen wohlbekannter Sta-
dien: ungläubige Verdrängung – fatalistische Todeswut – Mystifi-
zierung – Apathie.

Vollends entsetzt war ich, als ich am Ende der Rezension lesen
mußte:
Mitten im Buch – in der Halbzeit des Sterbens – steht der Satz,
der uns Ärzte tadelt und adelt: »*Der Lebenszwang in seiner ganzen*
Strenge – erst bei den Medizinern begegnet er dir leibhaftig und
systematisch.« *Peter Noll starb nicht an seinem Blasenkarzinom,*
sondern an seiner Naivität.

Ist es wirklich die Aufgabe der Ärzte, selbst bei einer von der
Natur vorgegebenen tödlichen Erkrankung noch programmatisch
von einem »Lebenszwang« zu sprechen und daran das eigene Tun
zu orientieren, selbst wenn der betroffene Mensch, um den es geht,
hierzu eine völlig andere Sichtweise vertritt? Ärzte sollten sich zu
dieser schwierigen Frage vorsichtiger und behutsamer äußern.
Denn sonst kommt es zu einer Polarisierung, in der das notwendige
Vertrauen zwischen Patient und Arzt nicht gedeihen kann.

Die Rede vom *Lebenszwang* steht gänzlich im Gegensatz zu einer
Position, wie sie Max Frisch in seiner Totenrede bei der Beerdigung
von Peter Noll unter Berufung auf Jesus von Nazareth umriß: Die
Rebellion zur Freiheit müsse anerkannt werden in der Berufung auf
Gottes *Freiheitsgebot.*

Die Polarität »Anpassung oder Verweigerung« ist bei Peter Noll
letztlich gemeint als Polarität »Anpassung oder Befreiung«. Anpassung hat eine passive und Verweigerung eine aktive Qualität: Anpassung als »Sich-mit-dem-Strom-treiben-Lassen« und Verweigerung als »Sich-gegen-den-Strom-Stellen«. Anpassung wird in der
Umgangssprache als ein konformes Sich-Fügen betrachtet, als das
Aufgeben einer eigenen Meinung und einer eigenen Selbständigkeit, als ein Sich-Leichtmachen. Verweigerung ist demgegenüber
nicht nur ein Nein-Sagen, ein Nicht-Mitmachen, sondern es bedeutet das Beziehen einer eigenen Position und das In-Kauf-Nehmen
von Nachteilen. Der Psychologe Gerhard Strittmatter betont, daß
auch Anpassung als eine kreative Aktivität gesehen werden kann,
wenn ein Mensch versucht, sich nicht einfach den vorgegebenen

Verhältnissen konformistisch unterzuordnen, sondern auch zu ihrer Veränderung beitragen will. In einer Analyse der Stellungnahmen Peter Nolls kommt Gerhard Strittmatter zu einer gänzlich anderen Sichtweise als der Rezensent des *Deutschen Ärzteblattes*: *Verweigerung hat nichts zu tun mit »Sich-Raushalten« im Sinne von »Es-gar-nicht-erst-an-sich-herankommen-Lassen«, sich gar nicht erst damit auseinandersetzen.*

Verweigerung setzt eine klare Realitätswahrnehmung voraus.

Verweigerung ist eine in Selbstverantwortung getroffene, bewußte »subjekthafte« Entscheidung gegen eine vorgeschlagene Behandlung im Ganzen oder in Teilbereichen. Diese Entscheidung ist inhaltlich und zeitlich veränderbar.

Verweigerung basiert auf einer Güterabwägung, wobei als Hauptkriterium nicht mehr nur Lebensverlängerung, sondern Lebensqualität fungiert.

Verweigerung hat ein positives Ziel, nämlich die Erhaltung bzw. Schaffung elementarer Werte wie z. B. bewußter leben, Freiheit, Selbständigkeit.

Verweigerung geschieht nicht im luftleeren Raum, sondern ist ein interpersoneller Prozeß und geschieht im Spannungsfeld von sozialem Druck, zumindest dem Erwartungsdruck, als Krebskranker das übliche, an allgemeingültigen Normen orientierte soziale Rollenverhalten des Patienten zu übernehmen.

Mit diesem Zitat möchte ich nicht den Eindruck erwecken, Psychologen kämen grundsätzlich zu anderen Stellungnahmen als Ärzte, wenn es um die Einschätzung von Zielen der Arzt-Patient-Beziehung geht. Nach meiner Meinung ist es ohnehin notwendig, daß die subjektive Sicht der Patienten nicht nur von Psychologen, sondern genauso von ihren Ärzten gewissermaßen anwaltlich vertreten wird. Psychologen können dabei übergangsweise eine Vermittlerrolle und »Übersetzungstätigkeit« übernehmen.

Kommen wir auf das bereits früher diskutierte Konzept der geteilten Verantwortung zurück. Nach diesem Konzept wäre Verweigerung dann nicht mehr als solche zu bezeichnen und statt dessen eher als »Befreiung« zu sehen, wenn die Verweigerung als begründete Entscheidung gegen eine bestimmte Behandlungsmöglichkeit vom Arzt mitgetragen wird. Dies ist dann der Fall, wenn sich der Arzt nicht nur an seinem Lehrbuchwissen über die medizinischen Behandlungsmethoden orientiert, sondern im Rahmen einer *ganzheitlichen Behandlung* auch die subjektiven Belange und Ziele des Patienten als eine ernst zu nehmende Realität würdigt und daran sein Verhalten im Dialog mit dem Patienten orientiert.

Dies ist meiner Meinung nach die angemessene Antwort auf die Ausführungen von Peter Noll und auf die kritische Stellungnahme im *Deutschen Ärzteblatt*.

Gerhard Strittmatter, der in der Fachklinik Hornheide bei Münster verantwortlich für die psychosoziale Unterstützung von Patienten ist, betont, daß auch die Mitarbeiter einer Klinik sich bewußter mit Anpassung und Verweigerung im eigenen Verhalten auseinandersetzen müssen. Die Struktur einer Akutklinik müsse so ausgerichtet sein, daß die psychische Situation des Patienten, sein Prozeß der Auseinandersetzung mit Krebserkrankung und Behandlung ein integraler Bestandteil des Behandlungsablaufes sein kann. So können die Behandlungsschritte in geteilter Verantwortung inhaltlich und zeitlich mit dem Patienten abgestimmt werden. Der Patient bleibt so er selbst, er wird nicht zum Behandlungsobjekt gemacht, sondern in seiner ganz persönlichen Weise, mit der Erkrankung und der Behandlung umzugehen, unterstützt. Dazu müssen die klinik-internen Funktionsabläufe patientenorientiert ausgerichtet werden, die dazu nötige Flexibilität aufweisen und für Veränderungen offen gehalten werden. Die Klinikmitarbeiter müssen sich, so Strittmatter, fragen und fragen lassen:

— *Wo bin ich betriebsblind geworden?*
— *Wo füge ich mich nur, statt mich wirklich einzulassen und mich einzubringen?*
— *Wo scheue ich die nötige Auseinandersetzung, wo gehe ich ihr aus dem Weg?*
— *Wo widerspreche ich nicht der Abwertung eines Patienten, wo verweigere ich zugunsten des Patienten, Position zu beziehen, nur um »gut gefunden« zu werden oder um »gut anzukommen«?*
— *Wo lasse ich mich in eine Rivalität mit anderen Behandlern ein?*

– Wo *halte ich, aus welchen Motiven auch immer, Beziehungsstörungen aufrecht, die meine Arbeitskraft von den Patienten abziehen?*
– *Wo lege ich Scheinaktivitäten an den Tag, statt mich um zentrale Aufgaben zu kümmern?*
– *Wo lasse ich mir so viel Arbeit aufladen, wie ziehe ich so viel Arbeit an mich, daß ich nicht mehr zur Besinnung komme und ausbrenne?*

Wenn die Begriffe *Anpassung* und *Verweigerung* hier in dieser Ausführlichkeit diskutiert wurden, so wollte ich dadurch deutlich machen, daß der Anspruch der Medizin, »ganzheitlich« zu sein, erst dann verwirklicht sein wird, wenn jeder Arzt bereit ist, die Person des Patienten in ihrer Einmaligkeit zu erkennen und für das jeweils Neue und Überraschende in der Begegnung offen zu bleiben.

Umgekehrt bedeutet dies für den Patienten: Seien Sie sich der Tatsache bewußt, daß die meisten Ärzte es gewohnt sind, mehr auf Laborwerte, Röntgenbefunde und andere »wissenschaftliche« Kriterien der Behandlung zu achten als auf Ihre persönlichen Sorgen. Wollen Sie also als ganzer Mensch und nicht nur als Inhaber erkrankter Organe von Ihrem Arzt ernstgenommen werden, so präsentieren Sie dem Arzt nicht nur die Organe, sondern sich selbst! Sehen Sie ihm in die Augen und sagen Sie ihm, was Sie brauchen.

13. Kapitel

Die gläserne Wand

Das Bedürfnis der meisten Menschen, unbeschwert und unbefangen zu leben, wird manchmal durch die persönliche Begegnung mit Kranken empfindlich gestört. Wer krank geworden ist, kann auch die sogenannten Gesunden mit der Tatsache konfrontieren, daß weder die Gesundheit noch das Leben selbstverständlich sind. Peter Noll versuchte besonders deutlich, seinen Mitmenschen vor Augen zu führen, daß der Tod mitten unter uns ist und nicht verdrängt werden sollte. Unsere Bewußtheit für das Leben kann intensiver werden, wenn wir es nicht einfach als immerwährend gegeben nehmen. Peter Noll erntete mit seinen aktiven, fordernden Provokationen viel Interesse, aber auch viel Ablehnung.

Welche Erfahrungen machen Menschen, die aus heiterem Himmel eines Tages erfahren, daß sie eine Krebserkrankung in sich tragen, mit ihren Mitmenschen?

Zunächst möchte ich noch einmal daran erinnern, daß heutzutage viele Krebserkrankungen heilbar geworden sind und daß es auch bei vielen nicht heilbaren Varianten möglich ist, noch lange und zum Teil beschwerdefrei mit ihnen zu leben. Viele Krebsbetroffene empfinden sich daher, wenn der Krebs zum Beispiel durch eine Operation aus dem Körper entfernt wurde oder durch Strahlen- und Chemotherapie zum Wachstumsstillstand gebracht werden konnte, zu Recht nicht mehr als krebskrank.

In solchen Fällen scheint mir die Bezeichnung *»Krebsbetroffener«* tatsächlich oft günstiger zu sein als die festlegende Bezeichnung *»Krebskranker«*. Eine Frau, die zwar einen (sehr langsam wachsenden) Krebsherd in sich wußte, jedoch völlig beschwerdefrei war, sagte mir, sie finde es völlig abwegig, als *»Krebskranke«* bezeichnet zu werden. Wenn man überhaupt auf das Thema Krebs zu sprechen komme, zum Beispiel in ihrer Selbsthilfegruppe, schlage sie vor, sie als »Krebsinhaberin« vorzustellen. Damit wolle sie auch die anderen damit konfrontieren, daß sie sehr wohl auch mit dem Krebs gut leben könne und nicht anders betrachtet werden wolle als die Leute in ihrer Umgebung.

Trotz der gestiegenen Behandlungserfolge verbinden viele Menschen mit dem Thema »Krebs« fast automatisch den Gedanken an Tod und damit auch Angst. Dies liegt sicherlich daran, daß Krebserkrankungen früher tatsächlich oft überhaupt nicht heilbar waren; und auch heute noch werden in der Boulevardpresse eher spektakuläre Leidenswege und Todesfälle von »Prominenten« in emotional aufgeladener Weise dargestellt als die weit weniger spektakulären Behandlungserfolge der modernen Medizin.

Die unzutreffende und überholte Gleichsetzung »Krebs = Tod« kann den Umgang zwischen Krebsbetroffenen und ihren Mitmenschen einschließlich ihren Ärzten stark erschweren. Viele dadurch hervorgerufene Störungen der Kommunikation laufen unterhalb der Bewußtseinsschwelle ab.

Der Heidelberger Arzt und Psychologe Michael Holm-Hadulla verglich testpsychologisch Krebsbetroffene und Personen ohne Krebs. Unter anderem stellte er fest, daß ein *Gefühl, mit anderen wie durch eine Glaswand zu verkehren*, in einem Fragebogen von 36 Prozent der Krebsbetroffenen angegeben wurde, doch von keiner einzigen Person ohne Krebs.

Auch andere Forscher beobachteten bei Krebsbetroffenen häufiger als bei Personen ohne Krebs Gefühle von Verlassenheit und Einsamkeit, eine hohe Ausprägung sozial angepaßten Verhaltens und eine verminderte Bereitschaft, Gefühle auszudrücken: ein Fehlen emotionaler Nähe.

Es hat den Anschein, als sei heute jeder in der Lage, über Krebs zu sprechen – solange er nicht auf einen an Krebs Erkrankten zugehen und mit ihm sprechen muß.

Zu dieser Schlußfolgerung kam noch im Jahre 1983 die Volkskundlerin Jutta Dornheim nach einer gründlichen Analyse des Kommunikationsverhaltens zwischen Krebsbetroffenen und ihren Mitmenschen in der Schwäbischen Alb. Einige Krebspatientinnen hatten berichtet, daß nach ihrer Operation der Ehemann aus dem gemeinsamen Schlafzimmer ausgezogen war. Andere hatten beobachtet, daß nach ihrer Entlassung aus dem Krankenhaus daheim die Leute auf der Kirchenbank von ihnen abrückten.

Weltbekannt wurde im Jahre 1978 die amerikanische Kolumnistin und Soziologin Susan Sontag mit ihrer Schrift »Krankheit als Metapher«. Sie verbreitete eine Stigmatisierungsthese, nach der den Krebskrankheiten und damit auch vielen Krebskranken etwas Schändliches anhafte, was zu einem unehrlichen Umgang zwischen Krebskranken und ihren Mitmenschen führen könne:

Krebspatienten werden nicht nur deshalb belogen, weil die Krebskrankheit ein Todesurteil ist (oder doch für eines gehalten wird), sondern weil sie als obszön empfunden wird – im ursprünglichen Sinn des Wortes: als unter einem bösen Omen stehend, abscheulich und abstoßend für die Sinne.

Einige Krebserkrankungen bedeuten in ästhetischer Hinsicht tatsächlich eine Infragestellung des »guten Aussehens«.

Körperteile werden manchmal durch Tumore entstellt, und die ärztlichen Behandlungsmöglichkeiten bedeuten ebenfalls in manchen Fällen zumindest zeitweise einen Eingriff in das gewohnte Selbstbild der betreffenden Menschen, zum Beispiel beim zeitweiligen Haarausfall aufgrund einer Chemotherapie.

Der Zürcher Psychosomatiker Claus Buddeberg befragte hundert Frauen mit Brustkrebs mehrfach nach ihrer Lebensqualität. Dabei stellte sich die sexuelle Unzufriedenheit als zweitwichtigstes Problem heraus. Häufig nahm das Vertrauen in den Ehepartner ab, manche Ehepartner zogen sich emotional voneinander zurück und verheimlichten krankheitsbedingte Probleme voreinander.

Menschliche Beziehungen können unberechenbarer werden, wenn eine Krebserkrankung bekannt geworden ist. Mitmenschen erleben den Kranken gegenüber oft Mitleid und Anteilnahme. Zugleich kann aber auch der Wunsch auftreten, sich zu distanzieren, um von der Krankheit – also den Kranken – nicht zu sehr auch selbst (im wörtlichen oder übertragenen Sinne?) »berührt« zu werden. Diese zwiespältige Einstellung wird von den Betroffenen meist erspürt und als unecht empfunden. Das soziale Verhalten verliert dann auf beiden Seiten an Unbefangenheit und Spontaneität. Dies kann auch für Ärzte gelten.

Die Unberechenbarkeit kann auch nur schwer aufgelöst werden. Die häufig doppeldeutigen Verhaltensweisen der Mitmenschen machen es dem Krebsbetroffenen schwer, seinerseits klare Verhaltensentscheidungen zu treffen: Der Krebsbetroffene muß sich auch mit doppeldeutigen Verhaltensweisen auseinandersetzen, weil er die darin möglicherweise enthaltenen Hilfsangebote nicht aufs Spiel setzen kann. Daher muß der Krebskranke oft in einer affektiv gespannten Haltung der Aufmerksamkeit, zugleich der Ungewißheit, Verunsicherung und Ohnmacht verharren, wie sie auch nicht selten von solchen Hautkranken geschildert wird, die aufgrund von Hautveränderungen an den Händen oder im Gesicht als »anders« wahrgenommen werden: Selbst »neutrales« Verhalten von Bezugspersonen ist dann keineswegs immer neutral, sondern möglicherweise mehrdeutig. Es kann sowohl für ein echt wohlwollendes neutrales Akzeptieren stehen, aber vielleicht auch für eine überspielte innere Distanzierung.

»Ich habe gedacht, er schläft...«

In unserer Heidelberger Forschungsgruppe ließen wir 87 Personen, die schon selbst im Verwandten- oder Bekanntenkreis miterlebt hatten, daß jemand an Krebs erkrankte, frei erzählen, was ihnen hierzu einfiel, und wir werteten diese Erzählungen inhaltsanalytisch aus. In der Hälfte der Fälle beschrieben unsere Befragten, daß der ihnen bekannte Krebsbetroffene aufgrund der Krebserkrankung mehr zwischenmenschliche Unterstützung gefunden habe. Jede dritte Schilderung enthielt jedoch spontane Äußerungen über größere Verschwiegenheit und Tabuisierung.

Welche innere seelische Not gerade mit Tabuisierung einhergehen kann, drückte eine 53jährige Ehefrau eines Straßenbaupoliers aus, die über ihren an Krebs erkrankten Ehemann sprach:

Ich habe gedacht, er schläft, und da habe ich mich dazugelegt und habe mich nicht beherrschen können, und habe halt geweint. Da ist

er aufgewacht und hat gesagt, warum weinst du denn. Na, hab' ich
gesagt, ja, ich ... ich schwitz' halt.
Diese Frau versuchte, ihrem Mann nahe zu sein. Als beide zu
sprechen anfingen, begann allerdings nicht etwa ein besseres Verstehen, sondern ein Weg zum Mißverstehen.

Dieses Phänomen erlebe ich häufig bei gemeinsamen Gesprächen
mit Krebsbetroffenen und ihren Angehörigen. Viele haben durchaus den starken Wunsch, offen über ihre Angst zu sprechen. Sie
trauen diesen offenen Austausch aber ihrem sprachlichen Kommu-
nikationsvermögen nicht zu und sind dabei auf gegenseitige Hilfe
angewiesen. Immer wieder erlebe ich es, daß Krebsbetroffene Hemmungen haben, aufkommende Angst oder Traurigkeit den Angehörigen zu zeigen: Sie verbinden damit die zusätzliche Befürchtung,
dann würden vielleicht auch die Angehörigen Angst bekommen
oder traurig werden – eine solche »Zumutung« oder »Belastung«
möchte man jedoch für die anderen nicht sein. Dies spüren wiederum die Angehörigen, und um die Kommunikation aufrecht zu
erhalten, tun manche fast beschwörend so, als sei doch »alles in
Ordnung«. Neue Formen des ehrlichen Umgangs miteinander müssen dann erst allmählich gelernt werden: Man war auf solche Fall-
stricke der Kommunikation bis dahin nicht vorbereitet. Oft wünsche ich mir, daß weniger geredet würde und statt dessen wieder
mehr schweigender Körperkontakt zugelassen würde. Die archaische, kreatürliche Kommunikation von Gefühlen durch Berührung, unkontrolliertes Weinen bei engem Körperkontakt oder auch
durch bewußtes zeitweiliges Abstandhalten andererseits ermöglicht oft ein tieferes Erleben von Aufgehobensein als manches Reden.

Viele Menschen glauben, daß es besser sei, auf eine Erkrankung
mit Aufmuntern oder Ablenken zu reagieren. Die Argumente sind
dann oft ähnlich: Offenheit wird mit *Wehtun* gleichgesetzt, sie wird
als schädlich für den Kranken dargestellt, weil er bei einem offenen
Gespräch ernst oder traurig werde. Ein 47jähriger Technischer
Zeichner drückte es folgendermaßen aus:
Ich habe das Gefühl, der Betroffene redet nicht gerne über seine
Krankheit. Ich möchte dem Menschen nicht wehtun und würde

also vermeiden, über die Krankheit zu reden, möchte ihn nicht an was Schlechtes erinnern. Die Widersprüchlichkeit manchen derlei »aufmunternden Verhaltens« ist vielen Menschen dabei deutlich. Ein 77jähriger ehemaliger Fuhrunternehmer: *Ich würde alles ins Lächerliche ziehen, so daß er nie an den Krebs denkt. Er darf natürlich nicht merken, daß ich ihn aufmuntern will.* Die Tatsache, daß es hier etwas Unterschwelliges, Nicht-Stimmiges gibt, das die Frage aufwirft, ob der Kranke es »merken« könnte, wird von vielen Menschen ganz bewußt wahrgenommen. Eine 42jährige Näherin: *Man sollte sich auf jeden Fall nicht zurückziehen von dem Menschen, sollte ihn nicht verstoßen, und man sollte es nicht merken lassen, daß man irgendwie Angst vor ihm hat, vor seiner Krankheit.* Auch das Zeigen von Mitleid wird häufig von Angehörigen als schwierig betrachtet. Man meint dann, Mitleid helfe dem Kranken nicht, da ihm dadurch seine besondere Situation nur noch deutlicher werde, was zu vermeiden sei. Daher sei es besser, alles zu überspielen. Eine 48jährige Lehrerin: *Aus Mitleid macht man vielleicht was, was man sonst nicht getan hätte, das kränkt vielleicht den anderen. Man macht vielleicht zuviel und nicht spontan.* Ein 34jähriger Rundfunkredakteur: *Ich kann ja auch mit Krankheiten nicht umgehen, wenn ich im Krankenhaus jemanden besuche, dann ist es ein merkwürdiges Verhältnis: Soll ich ihn nun fragen oder erzählen… Ich glaube allgemein, daß der Mensch mit Ungewöhnlichem schlecht zurechtkommt, so was muß man, glaube ich, üben. Es ist eine große Hilflosigkeit und Verlegenheit da. Entweder man erzählt Witze auf ganz übertriebene Weise oder versucht, ganz auf mitleidig zu machen, oder macht auf »ungerecht, daß es gerade dich getroffen hat«. Ich glaube, alles ist falsch, normal ist am besten, aber es ist so schwer.* Manche Zurückhaltung gegenüber Krebsbetroffenen spiegelt auch eine mangelnde Informiertheit über die Entstehung von Krebskrankheiten wider, die durch ärztliche Aufklärung beeinflußt werden könnte. Eine 38jährige Altenpflegehelferin sagte dazu:

Das weiß ich nicht… Da wollte ich schon mal was Näheres wissen, wie die Ansteckungsgefahr ist, ob man Krebs bei Mann und Frau übertragen kann, ich weiß es ja nicht. Wenn ich hundertprozentig überzeugt wäre, wenn der Arzt sagen würde, daß durch Intimes da nichts wäre, dann würde ich mit meinem Mann weiter schlafen. Das müßte ich halt hundertprozentig wissen.

Ein Arzt sollte also sehr feinsinnig auf solche Distanzierungstendenzen achten, denen Wissensdefizite zugrunde liegen. Sie bleiben meist unausgesprochen; der erfahrene Arzt kann sie aber spüren, wenn er beim Gespräch mit Patienten und Angehörigen auf atmosphärische Signale dieser Art achtet. Es sollten mehr Ärzte als bisher in solchen Fällen von sich aus die Initiative ergreifen und ganz offen die Tatsache ansprechen, daß Krebs nicht ansteckend ist. Ich selbst habe oft schon erlebt, daß es sehr erleichternd sein kann, auch sexuelle Tabuthemen anzusprechen. Solche Gespräche bauen nicht nur Angst ab, sondern sie können durchaus manchmal auch die Lebensfreude wieder hervorlocken.

Der Umgang mit Ansteckungsphantasien ist allerdings noch etwas komplizierter. In meinen Interviewstudien habe ich Menschen ausführlich befragt, wie sie sich gegenüber Krebskranken verhalten würden, wenn es darum geht, etwas zu essen, das ein Krebskranker gekocht hat, oder darum, auf einer Wanderung bei Durst mit einem Krebskranken aus demselben Glas zu trinken, oder mit ihm im Bett zusammen zu sein. Für die meisten der von mir befragten Männer wäre die Krebserkrankung ihrer Frau kein Hindernis für die körperliche Beziehung:

Eine Brust ab, Gott, da kann man nichts machen, damit muß man leben.

Ansteckungsphantasien kamen fast nie auf direkte Befragung zum Vorschein, zum Beispiel wenn ich eine Liste möglicher Krebsursachen vorlegte, die auch das Stichwort »Ansteckung« enthielt. Sie tauchten jedoch um so stärker auf, je konkreter ich Vertiefungsfragen zum tatsächlichen Verhalten bei unterschiedlichen Graden von Intimität gegenüber Krebskranken formulierte.

Man wird die meisten Ansteckungsphantasien erst wirklich verstehen, wenn sie auch metaphorisch, also in einem übertragenen

171

Sinne, gedeutet werden. Ansteckungsangst heißt dann überhaupt *Berührungsangst*. Hemmungen gegenüber Offenheit und Nähe mit einem Krebsbetroffenen bedeuten dann eben auch: Der Mitmensch des Krebsbetroffenen will für sich vermeiden, vom Unheimlichen, vom »Bösen«, das den Krebskranken getroffen hat oder in diesem sitzt, auch selbst – seelisch – berührt zu werden. Ein 24jähriger Kraftfahrer:

...das, wie soll ich das jetzt sagen. Irgendwie, den bösen Kern, oder so, wie man früher in der Religion versucht hat, das glaubwürdig zu machen, daß das in einem steckt.

Wer Vorstellungen vom Bösen auf eine Krebskrankheit und damit auf den Krebsbetroffenen projiziert, der erlebt vielleicht den Krebs als eine schändliche Krankheit. Eine 48jährige Lehrerin:

Ich glaube, man empfindet es als Schande, als Krankheit mit Schamgefühl, daß man nie über die Krankheit spricht, man versteckt sich.

Krebs als eine Metapher des Bösen: Wie auch immer die vielfältigen Formulierungen bzw. Argumente zu eigenen Impulsen nach Abstand gegenüber Krebskranken aussahen, es blieb in meinen Interviewstudien meist der Eindruck zurück, daß diese nicht wörtlich genommen werden sollten und sich einer eindeutigen inhaltlichen Auslegung entzogen. Wenn das Bedürfnis nach Abstand geäußert wurde, wirkte es eher als ein diffuses Ressentiment, das jeweils in letztlich untereinander austauschbar, wenn nicht gar aufgesetzt wirkende Ausdrucksformen mit Rechtfertigungscharakter gebracht wurde.

Daß man die eigentlich für jedermann denkbare Bedrohung durch eine Krebserkrankung und »das Böse« aus dem eigenen Bewußtsein projektiv ausgrenzt, kann für den Gesunden noch dadurch erleichtert werden, daß er die Persönlichkeit des Krebskranken »schlicht und nicht ohne Herablassung als die eines Verlierers im Leben betrachtet«, wie Susan Sontag meint. Viele Beobachtungen sprechen dafür, daß die zunehmende Verbreitung psychosomatischer Krebsentstehungstheorien in der Bevölkerung, soweit sie sehr undifferenziert bleiben, manchmal mit einer Stigmatisierung der Krebsbetroffenen einhergehen kann und dann nicht unbedingt zu mehr gegenseitigem Verständnis, sondern durchaus auch zur Abgrenzung führen kann. Selbst psychosomatische Denkmodelle werden dann in einem *normativen Kontext* so wahrgenommen: Wer in seiner Lebensführung versagt habe, der habe sich den Krebs selbst zuzuschreiben. Dabei sind die Grenzen zwischen einer verständnisvollen, nicht wertenden sozio-psychosomatischen Sichtweise und einer abwertenden Sichtweise oft fließend. Eine 44jährige Redaktionssekretärin:

Mir kam eben der Gedanke, ob das introvertierte Typen sind, bevorzugt, die einfach nicht herausgeben können, was sie bewegt, daß die irgend etwas in sich hineinfressen, was der Organismus nicht verkraftet und auf irgendeine Art reagiert und kompensiert. Ich würde sagen, die Psyche.

Vermeidung von Kontakt und Offenheit wird also häufig dadurch verständlich, daß sich die Mitmenschen von Krebspatienten hilflos und unsicher bezüglich des »richtigen« Verhaltens fühlen. Das »Image« von Krebskranken hängt ab von der Häufigkeit selbst miterlebter Krebserkrankungen. Wer bereits selbst einmal oder mehrmals Krebserkrankungen miterlebt hat, ist erfahrungsgemäß eher zum offenen Gespräch und zur tatkräftigen Unterstützung bereit. Es sollte hier auch nicht gesagt werden, daß die *meisten* Krebsbetroffenen den beschriebenen Ambivalenz- und Konflikterfahrungen ausgesetzt seien. Aufgrund meiner empirischen Studien schätze ich, daß zumindest ein Drittel bis die Hälfte der psychosozialen Begegnungserlebnisse Krebskranker von Ambivalenzen und Konflikten durchsetzt sind, wenn es dabei um die Krankheit geht. Was am Ende als Selbstisolation, Einsamkeit oder Gefühlsarmut von Krebsbetroffenen erscheinen kann, ist also das Ergebnis einer komplizierten Wechselwirkung, in die alle Beteiligten mit ihren Ängsten vor Krebs verwickelt sind. Um die Zuwendung ihrer Umgebungspersonen nicht zu verlieren, verhalten sich viele Patienten möglicherweise optimistischer, ausgeglichener und »normaler«, als ihnen zumute ist. Statt eines gewünschten offenen Austausches finden wir dann Befangenheit, Unsicherheit und übertriebene Vorsicht.

In den letzten Jahren habe ich allerdings zunehmend auch gegenteilige Äußerungen gehört, vor allem von Mitgliedern der Selbsthilfegruppen. Erfreulicherweise betreiben manche Selbsthilfegruppen eine kämpferische Öffentlichkeitspolitik mit dem Ziel, durch Anbahnung von Kontakten Kommunikationsbarrieren abzubauen. Ich wünsche mir, daß Selbsthilfegruppen zusammen mit professionellen Fachleuten im Gesundheitswesen Strategien zur gezielteren Veränderung von Stigmatisierung und Isolierung entwikkeln. Diese werden erst dann langfristig erfolgreich sein, wenn alle Beteiligten auch die gerade genannten nicht-bewußten Motive der Abgrenzung bereitwilliger betrachten.

Das Streben nach einer gerechten Welt

Die Volkskundlerin Jutta Dornheim fand in ihren Interviews mit Menschen in Dörfern auf der Schwäbischen Alb immer wieder, daß beim Reden über Krebsbetroffene Schuld- und Strafvorstellungen auftauchten, etwa dergestalt, daß Krebsbetroffene *implizit* als Faulenzer, Simulanten oder andersartig unsolide Menschen porträtiert wurden.

Die Sprachfiguren »faul«, »schuldig« und »krank« wurden dann insofern als identisch wahrgenommen, als sie alle auf etwas außerhalb der Norm Liegendes verwiesen. Die gemeinten Normen blieben unklar und mußten erst allmählich erschlossen werden.

Wer die eigentlich für jedermann denkbare Bedrohung durch eine Krebserkrankung für sein eigenes Leben aus dem eigenen Bewußtsein völlig verdrängen will, kann dies vielleicht besonders ausgeprägt tun, indem er sich so stark wie möglich *in jeder Hinsicht* von Krebsbetroffenen distanziert. Diese Ausgrenzung kann für manchen Gesunden noch dadurch erleichtert werden, daß er Krebskranke als Versager betrachtet. Susan Sontag vertritt sogar den Standpunkt, daß auch die zunehmende Akzeptanz psychosomatischer Krebsentstehungstheorien in der Bevölkerung mit einer »Verurteilung« der Krebspatienten einhergehe:

Die Anschauung von Krebs als einer Krankheit aus Mangel an Ausdrucksfähigkeit verurteilt den Krebspatienten: Sie drückt Mit-

leid aus, läßt jedoch auch Verachtung spüren... Psychologische
Krankheitstheorien sind machtvolle Instrumente, um die Schande
auf die Kranken abzuwälzen. Die Patienten, die darüber belehrt
werden, daß sie ihre Krankheit unwissentlich selbst verursacht ha-
ben, läßt man zugleich fühlen, daß sie sie verdient haben.
Ein gespanntes Verhältnis von Gesunden zu »stigmatisierten
Krebskranken« kann man teilweise über die Theorie »der gerechten Welt« zu erklären versuchen. Um sich im Leben zurechtzufinden, haben viele Menschen das Bedürfnis, an eine gerechte Welt zu
glauben. Wer den Krebs als ungerecht empfindet, kann in Form
von Hilfs- und Opferbereitschaft gegenüber einem Betroffenen Bemühungen zeigen, zum Ausgleich dieses Unrechts beizutragen.
Wenn dieser Ausgleich nicht möglich ist, setzen manchmal gedankliche Prozesse ein, die den Eindruck der entstandenen Ungerechtigkeit mildern und die Annahme einer gerechten Welt wieder
herstellen können. Dazu können Rechtfertigungen gehören, der
Patient habe wegen seines leichtsinnigen und ungesunden Lebens-
wandels selbst Schuld an seinem Krebs; jeder Mensch bekomme
die Krankheit, die er verdiene. Mit solchen Schuld- und Strafzu-
weisungen können sich Personen distanzieren, die sich selbst gesund fühlen, und wenn diese Distanzierung anschließend vielleicht
zu Schuldgefühlen führt, kann die betreffende Person in einen
Rechtfertigungsdruck geraten, wodurch die innere Distanzierung
von Krebsbetroffenen und vom Thema Krebs noch weiter anstei-
gen kann.
Wichtig ist, daß Krebsbetroffene nicht einfach auf solche
Schuldzuweisungen und Abgrenzungsimpulse »hereinfallen«.
Auch liegt mir sehr an dem Hinweis, daß all die hier beschriebenen
Kommunikationsprobleme keinesfalls die Regel sind, sondern nur
in einigen Fällen eine Rolle spielen. Dann aber können sie für den
betroffenen Menschen eine derart starke Beeinträchtigung seines
Lebensgefühls mit sich bringen, daß ich es für richtig gehalten
habe, diesem Thema in dieser Ausführlichkeit Raum zu geben.
Damit eine Äußerung wie die eines 22jährigen Musikstudenten
nicht mehr vorkommen möge, den ich gefragt hatte:
»Können Sie sich vorstellen, ob sich die Lebenseinstellung eines

Menschen verändern würde, wenn er erfährt, daß er Krebs hat?«
Die Antwort des Musikstudenten lautete:
*Da wäre er ganz bestimmt..., da wär' er praktisch mit einem
Schlag außerhalb der Gesellschaft.*
Mir sind keine transkulturellen Untersuchungen zur Frage bekannt, ob die hier geschilderten Kommunikationsprobleme in den verschiedenen Ländern unserer Erde unterschiedlich ausgeprägt sind. In einer amerikanischen Interviewstudie mit Krebspatienten fand die Forscherin C. Dunkel-Schetter heraus, daß 95 Prozent der interviewten Krebspatienten berichteten, sie bekämen das Ausmaß an liebevoller Zuwendung, Beratung, Unterstützung, Hilfestellung und Information, vor allem auch Verständnis, von den für sie wichtigen Personen in ihrem Leben, so wie sie es brauchten.

14. Kapitel
Offenheit und Dankbarkeit

Auch wenn manche Menschen heute noch glauben, offene Gespräche mit Krebskranken könnten möglicherweise »Wehtun« bedeuten und seien daher möglichst zu vermeiden, ist es nun an der Zeit, die gegenteilige Sichtweise zu stärken und zu mehr Mut beim Umgang miteinander aufzufordern. André Gide sagte:

Es ist ein Gesetz im Leben: Wenn sich eine Tür vor uns schließt, öffnet sich eine andere. Die Tragik jedoch ist, daß man meist nach der geschlossenen Tür blickt und die geöffnete nicht beachtet.

Einerseits äußerten bei unseren Interviewstudien 20 Prozent der Befragten zwiespältige Gefühle auf die Frage, ob sie etwas essen würden, was ein Krebskranker gekocht hat. Wir können die sich darin ausdrückenden Vorurteile beklagen. Ebenso wichtig ist es jedoch zu sehen, daß 80 Prozent der Befragten keinerlei Probleme ansprachen und daß diejenigen, die sich skeptisch zeigten, meist noch keinen persönlichen Kontakt zu Krebsbetroffenen gehabt hatten. Vorurteile werden meist erst durch eigene anschauliche Erfahrung abgebaut. Diese wiederum wird manchmal aus falsch verstandener Rücksichtnahme verhindert. Eine 31jährige Frau berichtete mir über die letzte Begegnung, die sie in ihrer Kindheit mit ihrer krebskranken Tante erlebt hatte:

Sie hatte sich sehr verändert. Im Gesicht war sie sehr eingefallen, sehr ausgehöhlt. Sie war für mich kaum noch zu erkennen, und ich war auch sehr erschrocken, als ich sie so sah, sie hat mich gar nicht mehr richtig wahrgenommen in der letzten Zeit, und als das meine Eltern gesehen haben, haben sie mich zurückgerufen.

Nach einer Pause fügte sie hinzu:

So habe ich es dann auch nicht mehr miterleben müssen: Ja, einerseits war ich ein bißchen froh darum, weil ich unheimlich

Angst hatte, sie zu sehen. Sie war für mich nicht mehr erreichbar. Und das mitanzusehen, das hat mir weh getan, und ich war ziemlich fertig. Insofern war ich eigentlich auch ein bißchen froh, daß sie mich davon ferngehalten haben. Als wir ins Krankenhaus kamen, habe ich gehört, wie sie gestorben ist. Ich habe auch sehr mit mir gerungen, ob das richtig ist, daß sie mich ferngehalten haben, also es war sehr ambivalent. Zeitweise hatte ich die Idee, mit dem Fahrrad zu ihr hinzufahren. Obwohl das Mädchen die Tante liebte, wurde es zurückgerufen.

Zurück blieb der Eindruck, daß eine Krebserkrankung den betroffenen Menschen extrem verändern kann und in diesem Fall zum sozialen Tod noch vor dem körperlichen Tod führte.

Deutlich war der Wunsch des kleinen Mädchens nach Nähe zu erkennen. Wie hätte sich die Beziehung zur schwerkranken Tante wohl gestalten können, wenn das Mädchen sich über die Versuche der Eltern, sie fernzuhalten, hinweggesetzt hätte und tatsächlich mit dem Fahrrad hingefahren wäre?

Lassen wir uns auch nur einen Augenblick auf diese Vorstellung ein, so wird uns schnell deutlich, daß Offenheit und Verschlossenheit zwischen Krebsbetroffenen und ihren Mitmenschen kein Alles-oder-Nichts-Phänomen sind, sondern Verhaltensweisen, die sich ständig ändern können und mit jeder Änderung zu neuartigen Erlebnissen führen können.

Eine besonders wichtige Erfahrung, die vielen Menschen wesentlich weiterhilft, betrifft die Frage, ob die Begegnung mit einem Krebsbetroffenen wirklich automatisch bedeuten muß, sich in eine vermeintliche Vorstellungswelt von Traurigkeit, Angst, Todesahnung und ähnlichem hineinzubegeben.

Ein älterer Prostatakrebspatient drückte sein Bedürfnis, auf seine Art über seine Krankheit zu reden, so aus:

Ich will mich gar nicht mit jedem unterhalten. Mit meinen Töchtern geht es oft nicht, die fangen immer gleich an zu heulen. Alle wissen um meinen Zustand. Da kann man sich oft nicht unterhalten. Es ist anscheinend wohl normal, daß die Kinder einem das nicht abnehmen können. Außer dem großen Sohn, der hat mich da öfter mal schon gefragt. Also, ich bin auch so ein Typ, ich möchte auch gefragt werden. Ich kann schon drüber reden, aber mir ist sogar lieb, wenn mich jemand nach der Krankheit fragt. Meine Frau hat das Wort Krebs nicht mehr hören können, und ich brauche es, mich freizureden. Aber da brauche ich ein bißchen Hilfe. Meine Cousins sind vom Seelischen her sehr hilfreich. Da kann ich mich freireden von den eigentlichen Problemen, das sind ja Probleme, nicht wahr? Ich brauche das, um mein seelisches Gleichgewicht zu halten.

Offenheit als ein *Sich-frei-reden*, als eine Erfahrung von *Befreiung*: Dies könnte auch für manchen Mitmenschen eines Krebsbetroffenen zu einer Erweiterung seines bisherigen Denk-Horizontes führen. Diesen Gedanken führte sehr schön der bereits genannte 22jährige Musikstudent aus, nachdem ich ihn gefragt hatte: »Würden Sie wohl mit einem Menschen anders umgehen, wenn Sie erfahren haben, daß er an Krebs erkrankt ist? Was würden Sie da wohl denken, wenn Sie mit so einem Menschen dann zu tun hätten?« *Ich persönlich hätte viel Respekt vor dem. Weil er dann irgendwie durch eine Hölle gegangen ist, aus der er wahrscheinlich verändert herausgekommen ist. Und ich nehme an, daß sich so ein Mensch immer positiv dadurch verändert, wenn er's überlebt. Und insofern hätte ich dann, glaube ich, ganz gewaltigen Respekt vor dem.* »Was würden Sie ihn denn zum Beispiel fragen?« *Ja, seine Gefühle und so. Seine Gefühle oder was er eben, an was für Grenzbereiche er so gekommen ist gedankenmäßig. Und zu welchen Schlußfolgerungen er für sich selbst gekommen ist in dem Moment, als er eben erfahren hat, daß er nur noch soundsolange zu leben hat. Und welche Schlußfolgerungen er daraus zieht, wo er wieder praktisch ins Leben zurückgekommen ist.*

Ähnlich äußerte sich ein 55jähriger Maler:

Man guckt so einen Menschen mit ganz anderen Augen an. Man freut sich, man freut sich noch mehr über einen Besuch. Die Beziehung zu dem Menschen ist einfach intensiver. Ich würde sagen, es ist ein innigeres Verhältnis.

Und ein 29jähriger Lehrer sagte zur Bereitschaft, umzudenken:

Ich kann mich erinnern, daß ich in einer Zeitschrift einen Bericht über Leute gelesen habe, die mit schwierigen Lebensereignissen fer-

tig geworden sind, und da war ein Bericht von einer Frau, die so einen künstlichen Darmausgang hatte, eine ziemlich junge Frau, die dann einen Mann kennengelernt hat und mit der Unsicherheit gelebt hat, inwieweit sie sexuell noch attraktiv oder überhaupt Frau ist, und dann nach vielen Jahren es geschafft hat, auch mit einem Mann ins Bett zu gehen, und halt einfach ein Pflaster drübergemacht hat. Es war dann auch kein Thema, es kam gar nicht als Frage auf. Das finde ich sehr bewundernswert, und ich glaube, das hat die Frau auch sehr befreit, das hat sie auch gesagt. Ähnlich ist das vielleicht auch mit einer amputierten Brust, wenn die ein Problem darstellt. Ich denke, daß die Beziehung dann auf einer anderen Ebene tragen muß und auch kann. Dann glaube ich, daß Zärtlichkeit oder Zuneigung wichtig sind, damit das trägt.

»Es soll ja vorgekommen sein, daß Männer von brustamputierten Frauen die Frau weniger anfaßten als vorher.«

Da denk' ich halt, daß die Beziehung dann auf einer anderen Ebene tragen muß und auch kann. Also dann glaube ich, daß Zärtlichkeit und Zuneigung wichtig sind.

Das kommt auf den Menschen an. Mir fällt nämlich jetzt noch jemand ein, nämlich die Schwester meiner Mutter. Die hat vor ein, zwei Jahren eine Brust abgenommen bekommen wegen Krebs. Und die geht in einer Art und Weise damit um, die finde ich – bewundernswert ist schon zu wenig gesagt. Die zeigt dir, wenn du es sehen willst oder nicht, ihre Brustprothese und ihre Narben und geht damit wirklich um, als hätte sie die Mandeln herausgenommen bekommen. Ich weiß nicht, was sie da rausläßt oder was sie da nicht rausläßt, aber ich denke, solchen Leuten gegenüber ist es natürlich auch relativ leicht, oder sie machen es einem leicht, sich da unbefangen zu verhalten. Ich war zwar eher verlegen, als sie mir ihre Kunstbrust gezeigt hat, aber ich habe mich auch gefreut, daß die Operation gut verlaufen ist, und sie ist eben damit auch toll umgegangen.

Mit diesen Zitaten sollte keineswegs gesagt werden, man brauche nur »offen« miteinander umzugehen, und dann klappe es auch. In manchen Fällen ist durchaus anstrengende »Beziehungsarbeit« zu leisten. Eine 48jährige Erzieherin, die sich sehr bewußt mit ihrer Brustkrebserkrankung und deren Folgen auseinandersetzte, sagte:

Ja, da hat sich was geändert. Und zwar hatte mein Mann unheimlich Angst, mich zu berühren im Brustbereich. Erst vielleicht wirklich noch aus Angst, er könnte mir weh tun, aber das hat sich verstärkt, das hat sich wirklich in Potenzstörungen ausgewirkt. Das hat er zwar weit von sich gewiesen. Aber immer wenn sich was entwikkeln könnte, dann hat er sich umgedreht, gesagt, ich bin müde. Ich habe dann auch gar keinen Versuch mehr unternommen. Ich habe mich dann mal gefragt, wieviel davon auch mein Teil ist, ich habe mich dann ja auch umgedreht, ihm den Rücken zugedreht. Ich habe das dann mal angesprochen, und es hat sich dadurch auch wieder gelöst.

Wie wichtig Offenheit selbst zwischen nahestehenden Menschen für die Abstimmung der Therapie mit den behandelnden Ärzten ist, machte der britische Krebsspezialist Ian Burn beim Internationalen Krebskongreß in Hamburg im Jahre 1990 deutlich. Ob eine brusterhaltende Operation oder eine vollständige Brustamputation die angemessene Behandlungsmethode bei Brustkrebs ist, kann nicht allgemein gesagt werden, da es unter anderem vom Stadium der Erkrankung abhängt. Aus ärztlicher Sicht kann also in manchen Fällen eine totale Amputation richtiger sein als eine brusterhaltende Operation, mit der man eine psychische Belastung der Frau gering halten möchte. »Frauen haben viel weniger Angst vor einer Amputation als vor einer möglichen Rückkehr der Erkrankung«, sagte Burn. Er zitierte eine britische Umfrage, nach der fast 60 Prozent der befragten Männer meinten, daß für Frauen eine Brustamputation wohl das schlimmste sei; doch nur 6 Prozent der krebskranken Frauen äußerten dieselbe Meinung. Die Behandlungsmethoden dürften nicht von Männern in die falsche Richtung gelenkt werden, betonte Burn.

Bei ihren Interviews mit Brustkrebspatientinnen fand die Psychologin Andrea Schumacher, über deren Arbeit ich schon ausführlich berichtet habe, daß bereits die erste Reaktion des Partners auf die Diagnose einer Krebserkrankung oft unvergessen bleibt und als besonders bedeutsam und wegweisend auch für den weiteren Umgang mit der Krankheit angesehen wird. Der Bericht einer 61jährigen Patientin, die einen verdächtigen Knoten ertastet hatte, zeigt dies deutlich:

Meinem Mann das zu sagen – das habe ich mir lange überlegt. Sonntag war das, als ich es entdeckt habe, und er kam Dienstag von der Reise zurück, war ganz begeistert. Da habe ich gedacht, ich kann es ihm jetzt gar nicht sagen. Ich habe es ihm dann aber doch dann gleich am Abend gesagt, und da hat er gesagt: Wenn das so ist, müssen wir sehen, wie wir da miteinander durchkommen. Und da wußte ich vorneweg, mein Mann, der hält zu mir... Ich habe halt gedacht, so viele haben das auch schon durchgestanden, mit allem, was da kommt. Und wenn du jetzt dazugehörst, mußt du es eben auch. Und da bin ich heilfroh, daß ich das mit meinem Mann zusammen durchstehen kann nach dem Motto »geteiltes Leid ist halbes Leid«.

Ich bin immer wieder beeindruckt über die Lernfähigkeit und Bereitschaft von Menschen, die eigenen Gestaltungsmöglichkeiten des weiteren Lebens auch bei extremen Bedrohungen wahrzunehmen. Auch Vermeidung von Offenheit muß dann nicht unbedingt bedeuten, daß etwas fehlt. Eine Zeitlang nicht offen zu reden kann vielmehr notwendig sein, um Überforderungen zu verhindern und um eine Balance zu finden zwischen dem bisher gewohnten Alltagstrott, von dem man sich auch durchaus wünschen kann, daß er noch möglichst lange so weitergehen möge, und einer intensiveren, tiefergehenden menschlichen Begegnungsmöglichkeit. Ein 24jähriger Berufskraftfahrer:

Meine Tante versuchte selber, die Krankheit gar nicht in Erscheinung treten zu lassen. Krebskranke habe es auch ein Stück selber in der Hand, wie die Leute dann reagieren werden. Ich finde sogar, nicht nur ein Stück, sondern sie haben das ganz in der Hand. Denn wenn der Mensch sich so gibt, daß er sich helfen läßt, dann hilft man ihm auch, aber wenn er sich eben nicht helfen läßt, was soll man ihm dann versuchen zu helfen?

Nie ist zu vergessen, daß auch »Unwichtiges« (sogenannter small-talk) ebenso bedeutsam für das menschliche Wohlbefinden sein kann wie das Sprechen über Wesentliches. Dies wird besonders deutlich bei Menschen, die aufgrund einer starken Sprachbehinderung darauf angewiesen sind, sich auf wesentliche Mitteilungen zu beschränken.

Zu den wichtigsten Problemen gehört noch die Angst mancher Menschen, in ihrer Lebensfreude in Frage gestellt zu sein, wenn sie sich auf Nähe zu einem Kranken einlassen. Darf man – und kann man – auch dann Lebensfreude für sich selbst empfinden und aufrechterhalten, wenn man sich auf einen anderen einläßt, den ein Unglück getroffen hat? Besonders sind ja die Gesundheitsprofis gefordert, einerseits ein Mitgefühl gegenüber Kranken zuzulassen, das als Mitleid auch *mit-leiden* bedeuten kann, und andererseits müssen sie zur Aufrechterhaltung der eigenen Lebensfreude auch Abstand zu Kranken herstellen dürfen, ohne dann Schuldgefühle zu empfinden. Aus diesem inneren Konflikt kann sich eine verkrampfte Einstellung zu Krebsbetroffenen ergeben. »Hier gibt es nichts zu lachen!« sagte einmal eine Krankenschwester zu jemandem, der mit Tumorpatienten scherzte. Selbst wenn Krebskranke im Extremfall ihre Erkrankung als Ende der bisher so geraden Lebensbahn erleben, ist es völlig unsinnig anzunehmen, eine Erkrankung bestimme nun das gesamte Lebensgefühl. Die meisten Kranken lehnen es vielmehr als belastend ab, wenn ihnen die Mitmenschen immer nur mitleidig begegnen. Ich selbst vergesse nie, wie meine eigene Großmutter auf ihrem Sterbebett über Monate das ganze Spektrum von Angst bis zu schelmischer, selbstironischer Heiterkeit zeigte und auch uns ermöglichte, im Angesicht des Todes sowohl traurig als auch fröhlich sein zu dürfen.

Aufklärung aller Beteiligten als Voraussetzung echter Hoffnung

Die früher von Ärzten häufig geübte Taktik, nur die Angehörigen von Krebskranken zu informieren und nicht den Patienten selbst, wird von Krebsbetroffenen zu 95 Prozent abgelehnt. Dies fand der Psychosomatiker Klaus Jonasch bei einer Befragung von Krebspatienten an der Chirurgischen Universität in Heidelberg heraus.

Entscheidend ist dabei oft der Faktor *Hoffnung*. Der Begriff Hoffnung wird von Ärzten, Patienten und Angehörigen recht unterschiedlich verstanden und angewendet. Während Ärzte häufig mit dem Begriff Hoffnung verbinden, daß es eine medizinische Möglichkeit zur Heilung oder zumindest zum Aufhalten der pathologischen Wachstumsvorgänge gibt, hat der Begriff Hoffnung für die Angehörigen weiterreichende Bedeutungen. Den Patienten und seine Angehörigen interessiert, ob überhaupt noch etwas getan werden kann, ob die Schmerzen gemildert werden können, ob es Beistand geben kann, ob es Phasen von Symptomfreiheit geben wird. Selbst wenn eine Heilung nicht mehr möglich ist, genügt oft die Hoffnung auf eine zeitweilige Besserung, um phasenweise auch eine unbeschwerte Gemütsverfassung aller Beteiligten zu ermöglichen.

Der berühmte Chirurg Theodor Billroth hatte im Jahre 1886 einen wegen seiner Tapferkeit im Kriege mehrfach ausgezeichneten Oberst in Uniform als Patienten, der ihn um die volle Wahrheit über seine Krankheit bat. Er habe beruflich oft dem Tod ins Auge gesehen und sei auf das Schlimmste gefaßt. Nach gründlicher Untersuchung erklärte Billroth dem Oberst, sein Zungenleiden bedeute eine Krebserkrankung. Mit Danksagungen verließ der Oberst das Untersuchungszimmer. Sofort danach stürzte er sich aus dem Gangfenster des ersten Stockes, verletzte sich tödlich und erschlug dabei beinahe einen Assistenten der Klinik.

In seinen Vorlesungen berichtete Billroth oft über diesen tragischen Ausgang. Diese einmalige Erfahrung Billroths wurde über mehrere Chirurgengenerationen weitergegeben und beeinflußte vielleicht das Verhalten vieler Ärzte im Sinne einer Vermeidung der Aufklärung von Krebskranken, da die Aufklärung dem Patienten schade und ihn zum Selbstmord treiben könne.

Ob eine Krebsdiagnose verkraftet wird, hängt ganz besonders vom sozialen Rückhalt ab. Dieser setzt in jedem Falle ein gewisses Maß an gegenseitiger Offenheit und Aufklärung voraus. Auch die Angehörigen eines Kranken haben die Möglichkeit, von sich aus dem Arzt zu signalisieren, daß sie an Offenheit interessiert sind.

Wenn Ärzte immer wieder den Appell hören, sie sollten zu jedem Patienten eine vertrauensvolle, solidarische Behandlung aufbauen, so bedeutet dies selbstverständlich eine völlige Überforderung. Menschen werden dem Arzt nicht ausgerechnet dann sympathisch, wenn sie eine gefährliche Krankheit entwickeln und seine Patienten werden. Im Gegenteil. Gerade manchen Krebserkrankungen haftet ein enormes aggressives Potential an: die einschneidende Therapie, aber auch die Kränkungen, die der Arzt in denjenigen Fällen erlebt, in denen seine Therapie doch nicht dauerhaft wirkt, oder wenn ein Patient, dessen Vertrauen der Arzt gewonnen zu haben glaubt, hinter dessen Rücken einen Astrologen, Wünschelrutengänger, Gesundbeter oder Wunderheiler konsultiert. Diese Personen haben nicht zuletzt eines für den Patienten: Zeit.

Aus all diesen Gründen ist es auch für Angehörige von Krebsbetroffenen wichtig, sich über die Bedeutung der sogenannten *Abwehrmechanismen* klarzuwerden. Häufig hört man das Argument, der Krebspatient wolle im allgemeinen »nichts wissen«. Immer wieder finden wir tatsächlich bei Krebspatienten, daß sie um die Diagnose wissen und gleichzeitig doch nicht. Für diesen Zustand hat der amerikanische Psychiater Weisman den Begriff des *middleknowledge* geprägt. Danach befindet sich mancher Krebsbetroffene in einer Situation der doppelten Buchführung. Ich selbst war dabei, als ein Chirurg einem Patienten mit Leberkrebs anhand der Röntgenaufnahme zeigte, daß der Tumor inoperabel war. Man hatte ihm die Metastasen auf der Röntgenaufnahme deutlich gemacht. Am nächsten Tag war ich ebenso dabei, als der Patient seinen Familienmitgliedern erklärte, die Ärzte hätten ihm mitgeteilt, eine Operation sei »nicht notwendig«, da »nur am Rande der Leber kleine Veränderungen festgestellt worden seien«.

Abwehrmechanismen sind nie konstant. Ein Patient kann Pläne für eine Weltreise schmieden, obwohl er zuvor gerade darüber sprach, wie ernst seine Situation ist. Dies sollte man im Gespräch zulassen und nicht versuchen, dem Betreffenden solche Widersprüche vorzuhalten. Wir alle haben widersprüchliche Vorstellungen über unser Leben. In manchen Phasen unseres Lebens werden solche Widersprüche lediglich etwas deutlicher sichtbar.

Für die Gesprächsführung mit Krebskranken ist es besonders wichtig, auf »Echtheit« zu achten. Patienten nehmen wie ein Seismograph wahr, ob der Arzt hinter dem steht, was er sagt. Es soll kein Zweifel daran bestehen, daß der Arzt auch das meint, was er sagt. Auch hier können Angehörige als wichtige Vermittler wirken.

Ärzte sind in dieser Hinsicht oft überfordert. Wie soll der Arzt »echt« sein, wenn ihm die Arbeit auf der Krankenstation im Nakken sitzt oder wenn er weiß, daß, während die Krebspatientin nach einer Brustamputation ausführlich um Rat fragt, wie sie ihren Ehemann wieder zu einer sexuellen Beziehung animieren kann, noch zwanzig weitere Patienten und drei Pharmareferenten im Wartezimmer sitzen? In solchen Situationen hört der Arzt zwar oft nach außen hin dem Patienten zu, an seinen Gedanken zerren aber auch noch andere. Auch in dieser Hinsicht kann es für den Kranken wichtig sein, selbst dafür zu sorgen, daß das entsprechende Gespräch mit dem Arzt tatsächlich in aller Ernsthaftigkeit und Konsequenz zu Ende geführt wird. Wenn ein gesund wirkender Mitmensch den Kranken beim Arztbesuch begleitet, hilft er auch dem Arzt, ein Auge dafür zu behalten, welche positiven Reaktionen er weiterhin auszulösen in der Lage ist. Mit Angehörigen von Krebskranken zu sprechen, muß für den Arzt keineswegs eine zusätzliche Belastung bedeuten. Solche Gespräche können vielmehr auch eine Entlastung für ihn bedeuten, da er sieht, daß nicht er allein dafür verantwortlich ist, dem Patienten Rückhalt und Hoffnung zu geben.

Angehörige haben also wichtige Aufgaben. Es geht um emotionale Stützung – darum, daß der Kranke emotional getragen wird, daß er weinen darf, verzweifelt sein darf und widersprüchlich sein darf. Angehörige haben die oft wichtige Möglichkeit, den Kranken zumindest zeitweise von der äußeren Realität abzuschirmen, da er nicht immer in der Lage ist, sich gleichzeitig mit seiner eigenen Situation und mit den Sorgen und Problemen seiner Umwelt zu beschäftigen. Mancher Kranke braucht um sich herum eine Art aktive Membran, die für ihn einerseits notwendige Informationen durchläßt und andererseits zeitweise belastende Situationen filtert, damit er ungestört seine Kräfte für die ihm wichtigen Lebensthemen sammeln kann. Dazu kann auch die Aufgabe gehören, diplomatisch die ankommenden Besucher zu lenken und durchaus auch einmal einen Besucher abzuweisen. Auch die medizinische Behandlung ist oft so kompliziert, daß der Kranke, wie Ursel Kalweit-Hapke und Holger Hapke formulieren, dann ein Hilfs-Ich braucht, um die Flut der für den Laien unzusammenhängenden medizinischen Informationen sinnvoll zu koordinieren. Dazu kann auch gehören, »Lichtblicke zu setzen in einer Phase der Dunkelheit«, also Ziele in Erinnerung zu rufen, die aufgrund der Auseinandersetzung mit der Krankheit vielleicht aus dem Blickfeld geraten waren.

Ein »Hilfs-Ich« anzubieten sollte nicht verwechselt werden mit einer Entmündigung des Erkrankten. Ich finde hierzu eine einfache Regel hilfreich: Alles, was ich für einen Kranken nach außen hin tue, sollte so sein, daß es der Kranke jederzeit erfahren darf und ich es ihm gegenüber begründen kann. Ein Hilfs-Ich anzubieten ist nur zeitweise sinnvoll. Auch Abstand gegenüber dem Erkrankten kann immer wieder wichtig sein, sowohl als Selbstschutz für den Helfer als auch als Schutz für den Kranken: Abstand von gewohnten Umgebungspersonen kann neue Möglichkeiten zur nun freieren Lebensgestaltung eröffnen.

Selbsthilfegruppen

Den Vorurteilen der Umwelt und der eigenen Todesangst mit einem
»Na und?« zu begegnen, ist schwierig, aber notwendig.
Dies sagt Margaret Oberbacher, Leiterin des Hessischen Landesverbandes »Frauenselbsthilfe nach Krebs«, vierzehn Jahre nach ihrer Erkrankung und Operation. Und sie fügt hinzu:
Daß ich noch lebe, macht anderen Mut.
Selbsthilfegruppen sind keine Alternative zu ärztlicher Behandlung, sondern eine Ergänzung. Ein wichtiges förderliches Prinzip von Selbsthilfegruppen liegt darin, daß jeder sich selbst weiter zu entwickeln versucht und dadurch auch den anderen hilft, sich weiterzuentwickeln. Selbsthilfegruppen funktionieren unterschiedlich. Die meisten Gruppen treffen sich über mehrere Jahre lang, etwa einmal in der Woche. Alle Gruppenmitglieder sind gleichgestellt. Jeder bestimmt über sich selbst. Was in der Gruppe besprochen wird, soll möglichst in der Gruppe bleiben und nicht nach außen dringen. Die Teilnahme an der Gruppe ist immer kostenlos.

Eine Grundidee von Selbsthilfegruppen besteht darin, sich klarzumachen, daß jeder Mensch über therapeutische Fähigkeiten verfügt, die er im Alltag ohnehin verwendet und je nach Situation mehr oder weniger gut einsetzen kann. In Selbsthilfegruppen kann man solche Fähigkeiten besonders gut entfalten und weiterentwickeln. Selbsthilfegruppen durchlaufen regelmäßig verschiedene Phasen. Selbstverständlich kommen für manchen Neuling zunächst Ängste und auch Mißtrauen auf. Dies kann man dadurch überwinden, daß sich jeder mit seinen Bedenken, Gefühlen und Konflikten in die Gruppe einbringt. Georg Weiss, ein besonders engagierter Mannheimer Arzt und Selbsthilfegruppen-Aktivist, betont, daß bei regelmäßigen Sitzungen mit der Zeit ein starkes Gruppengefühl entstehen kann, auch wenn einige Mitglieder wieder ausscheiden und neue Personen hinzukommen:

Jede Gruppe findet erfahrungsgemäß ihre eigene Form, miteinander umzugehen. Besondere Regeln sind nicht nötig. Die Gruppenselbstbehandlung ist ein Prozeß zunehmender Selbstentdeckung. Man gewinnt Einsichten in bisher nicht bewußte Zusammenhänge seines Lebens und seiner Probleme.

Manchmal höre ich als Einwand gegen Selbsthilfegruppen:

Tatsächlich sterben Mitglieder von Selbsthilfegruppen. Wie kann man das verkraften?

Die Bewußtheit für das Sterben weiterzuentwickeln ist alles andere als leicht. In dieser zusätzlichen Belastung kann jedoch eine wichtige Intensivierung des Lebens liegen.

Es ist gerade das Positive an diesen Gruppen, daß sich Menschen *gemeinsam mit anderen* mit dem Leben ebenso wie dem Tod auseinandersetzen. Dazu gehört es auch, von anderen zu lernen, wie man würdig sterben kann. Durch die Konfrontation mit dem Tod anderer werden Enttabuisierung und Angstabbau möglich.

Selbsthilfegruppen bieten auch Telefonberatungen an und Treffen zur Gymnastik, zum Schwimmen, zum Wandern, zum Basteln oder Handarbeiten. Solche Aktivitäten können sehr wichtig werden. Viele Selbsthilfegruppen suchen aktiv Kontakte zu Ärzten, Psychologen, Ernährungsberatern, Prothesenfachleuten, Sozialarbeitern und Experten aus dem Versicherungswesen.

Sie versuchen damit, seelische Begleitung von Krebskranken zu ermöglichen, Hilfen zur Überwindung von Angst vor weiteren Behandlungen anzubieten, Vorschläge zur Festigung der Widerstandskraft zu unterbreiten, Hilfen zur Verbesserung der Lebensqualität und Informationen über soziale Hilfen, die Versicherungs- und Schwerbehindertengesetze zu geben. Inzwischen werden Selbsthilfegruppen auch von vielen Ärzten respektiert und geschätzt.

Muß Dankbarkeit immer ausgedrückt werden?

Wenn wir dankbar sind, treten die belastenden Gefühle in den Hintergrund. Dies schrieb Reinhard Tausch, Professor für Psychologie, in seinem Buch »Lebensschritte – Umgang mit belastenden Gefühlen«. Er hatte erlebt, daß seine geliebte Frau Anne-Marie Tausch an Krebs erkrankte. Fünf Jahre nach ihrem Tod spürte Reinhard Tausch häufig ein Gefühl von Dankbarkeit, sie kennengelernt, mit ihr zusammengelebt zu haben, von ihr gefördert worden zu sein und auch selbst sie gefördert und ergänzt zu haben. Seine Schmerzen und Trauer über den Verlust waren ihm sehr bewußt, und als ich ihn in seiner Wohnung besuchte, staunte ich darüber, wie unangetastet auch nach Jahren die Spuren seiner verstorbenen Frau in der ehemals gemeinsamen Wohnung waren. Reinhard Tausch schrieb: *Die Schmerzen und die Trauer füllen mein Bewußtsein nicht so aus, da das Gefühl von Dankbarkeit überwiegt:*

Bei anhaltender bewußter Einsicht, wieviel Gutes uns angetan wurde und wieviel wir fortlaufend erfahren, ist Dankbarkeit gleichsam ein Begleiter unseres Lebens, ein stetiges Gefühl gegenüber Menschen, Ereignissen und dem Unerklärlichen. Ein tiefes Gefühl von Dankbarkeit kann sogar die Angst vor dem eigenen Sterben mindern.

Da Dankbarkeit erst dann stark werden und eine wichtige Hilfe für die Lebenskräfte werden kann, wenn sie bewußt wird, ist es manchmal um so wichtiger, daß Menschen einander ihre Dankbarkeit auch tatsächlich ausdrücken und damit stärker in das Bewußtsein holen. Albert Schweitzer merkte hierzu an:

Dankbarkeit ist aber noch etwas mehr… Sie besteht darin, daß ich für alles, was ich Gutes empfangen habe, Gutes tue. Oft kannst du einem Menschen nicht vergelten, was er dir erwiesen, weil er nie in die Lage kommt, dich zu brauchen, vielleicht auch nicht mehr auf der Welt ist. Überhaupt kannst du für alle Barmherzigkeit, die dir geschieht, nicht immer bestimmten Menschen danken. Oft kennst du die nicht, von denen sie ausgeht, darum, in der Art, wie dir Gutes widerfahren ist, tue Gutes zum Danke. Führe bei dir selbst Rechnung darüber, ob du den Betrag, den du an das Schicksal und an unbekannte Menschen schuldest, richtig begleichst. Es kann sinnvoll sein, darüber nachzudenken, warum wir so selten Dankbarkeit ausdrücken. Manchmal sind wir uns gar nicht der Tatsache bewußt, daß jemand uns etwas Gutes tut. Manchmal ist uns gar nicht klar, daß es für einen anderen wichtig sein kann, unsere Dankbarkeit spüren zu können. Es gibt aber auch Situationen, in denen der Ausdruck von Dankbarkeit tatsächlich vollends überflüssig ist, wenn nämlich eine tiefere Bewußtheit der gegenseitigen Zugehörigkeit vorhanden ist, wobei dann ein Ausdruck wie »ich danke dir« ebenso unangebracht wäre wie etwa für uns das Verteilen von Trinkgeldern an Familienmitglieder.

Ob sie nun ausgedrückt wird oder nicht – fast immer kann die Empfindung von Dankbarkeit wichtige positive Wirkungen für das Miteinander von Menschen haben. Sie fördert eine akzeptierende Haltung mit entsprechender Möglichkeit zur leibseelischen Entspannung, sie zentriert die Wahrnehmung auf die Bedeutung des Guten in unserem Leben und fördert vielleicht auch insofern das Selbstwertgefühl, als uns klar wird, daß wir es wert sind, von anderen Gutes zu erhalten. Die Empfindung der Zusammengehörigkeit mit anderen Menschen und der Geborgenheit in der Natur überhaupt bedeutet einen wichtigen Gegensatz zum Gefühl der Verlassenheit und Einsamkeit bei Krankheit.

15. Kapitel

Krebstherapie und »Lebensqualität«

Seit Jahren wird in der wissenschaftlichen und praktischen Krebsmedizin viel über die Lebensqualität der Patienten nachgedacht. Immer mehr Ärzte und Patienten erkennen, daß es nicht nur darauf ankommt, *wie lange* der Patient dank der Therapie leben kann, sondern auch darauf, *wie* er leben kann. Dem möglichen Gewinn an Lebenszeit stehen die Belastungen durch die Krankheit und die Behandlungsmaßnahmen gegenüber.

Was ist das: Lebensqualität?

Ich möchte den folgenden Überlegungen einen ziemlich ketzerischen Satz der Schriftstellerin Susan Ertz voranstellen:

Millionen sehnen sich nach Unsterblichkeit, wissen aber nicht, was sie mit sich selbst an einem regnerischen Sonntagnachmittag anfangen könnten.

Warum soll man mit Hilfe der heutigen Hochleistungsmedizin überhaupt alles ärztlich Machbare tun, um das Leben möglichst aller Menschen um jeden Preis zu verlängern? Ich behaupte: Die Frage nach der Lebensqualität bei der Krebstherapie hängt nicht so sehr von ethischen Grundsatzentscheidungen ab, sondern zu allererst von der persönlichen Beziehung zwischen allen Beteiligten. Sie wird meines Erachtens nur in denjenigen Kliniken und Arztpraxen befriedigend beantwortet werden können, in denen Ärzte und Pflegepersonen davon überzeugt sind, daß ihre eigene Lebensqualität mit derjenigen der Patienten ganz eng zusammenhängt. Wenn wir uns also mit der Frage befassen wollen, wie mit Hilfe der Krebstherapie eine möglichst gute Lebensqualität der Patienten erreicht werden kann, müssen wir zunächst einige Besonderheiten der Beziehung zwischen Ärzten, Pflegepersonen, medizinisch-technischem Personal und Patienten genauer betrachten.

Die nach dem ungarisch-englischen Arzt und Psychoanalytiker Michael Balint benannten *Balint-Gruppen* sind eine Möglichkeit für Ärzte und Pflegende, sensibler für Patienten zu werden. Die Gruppenteilnehmer treffen sich meistens einmal wöchentlich, um unter Anleitung eines Psychotherapeuten ihre Erfahrungen im Umgang mit Patienten auszutauschen. Ziel ist, die Beziehung zu den eigenen Patienten vor allem dadurch zu verbessern, daß man sensibler auf die Gefühle des Patienten und auf die eigenen Gefühle achtet, also während der Begegnung beziehungsanalytisch beobachtet und mitdenkt.

Bei den Teilnehmern eines psychologischen Fallseminars nach Balint für Ärzte, Pflegepersonen und Pfarrer erfuhr ich jedoch, daß von den Krankenschwestern über die Hälfte Hemmungen hatte, auf ihrer Krankenstation zu sagen, daß sie an einer Balint-Gruppe teilnahmen, und dies, obwohl diese Balint-Gruppe durch tatkräftige Unterstützung der Pflegedienstleiterin an der betreffenden Klinik zustande gekommen war. Auch bei Bewerbungen zogen es zwei examinierte Krankenschwestern vor, nicht zu erwähnen, daß sie an einer Balint-Gruppe teilnahmen. Als Grund gaben sie an, man könne vielleicht annehmen, sie hätten selbst psychische Betreuung nötig im Sinne von psychotherapeutischer Behandlungsbedürftigkeit; sie würden vielleicht als »zu sensibel« angesehen.

Sensibilität und das Suchen nach psychologischen Hilfestellungen wurden hier also als Zeichen für ein mögliches Nicht-in-Ordnung-Sein mißverstanden, im Sinne von: »Die haben es nötig« statt: »Die sorgen für ihre eigene Weiterentwicklung«; dies wohlgemerkt unter Mitwirkenden, Insidern des Gesundheitssystems selbst.

Was ist los in unserem Gesundheitssystem, wenn das Streben von Mitarbeitern nach mehr Sensibilität als etwas betrachtet werden kann, das man verstecken zu müssen glaubt, und wenn Krankenschwestern es vorziehen zu verschweigen, daß sie sich einmal wöchentlich neunzig Minuten lang ausdrücklich und vorrangig mit den seelischen Folgen von Erkrankungen und der eigenen Beziehung zu Kranken auseinandersetzen?

Nach meinem Eindruck befinden wir uns in einer wichtigen Umbruchphase. Bei medizinischen Kongressen, also den besonders hochgeschätzten Aussprachemöglichkeiten innerhalb des Gesundheitssystems, für die man als Arzt häufig hohe Beiträge zahlt, wirkten psychologisch-psychotherapeutische Beiträge zu den seelischen und zwischenmenschlichen Aspekten der Behandlung früher oft als eine Art »Zwei-Prozent-Kunst am Bau«, die wie ein Anhängsel der naturwissenschaftlichen und behandlungstechnischen Kongreßthemen in einen Nebenraum verwiesen wurden. In solchen Nebenräumen fanden sich dann meist nur einige Häuflein von engagierten ärztlichen Spezialisten für Psychosoziales zusammen. In den Jahren 1986 bis 1988 waren nur etwa 2 Prozent aller Forschungsarbeiten im Bereich der Krebsforschung den seelischen und zwischenmenschlichen Aspekten gewidmet.

Diese Trennung zwischen Leib-orientierten und Seele-orientierten Fachleuten in der Medizin scheint sich allmählich etwas zu verringern. Ich habe den Eindruck, daß das Interesse vieler Ärzte und Pflegepersonen an den Zusammenhängen zwischen Leib und Seele zunimmt. Mit großer Entschiedenheit betonen gerade die heutigen Meinungsführer in der Krebsmedizin, daß der Arzt sich immer wieder selbst fragen muß, ob er den Krebs oder den Krebspatienten behandelt.

Die Unterteilung zwischen Körpermedizin und Seelenmedizin wird auch von der Öffentlichkeit, das heißt den Patienten, potentiellen Patienten und ihren Angehörigen, fast einhellig abgelehnt. Erfahrungsgemäß werden beispielsweise die Angebote an Krebskranke, sich psychotherapeutisch betreuen zu lassen, von der ganz überwiegenden Mehrzahl der Patienten ausgeschlagen. Denn es geht um gesamt-menschliche Begleitung statt um Psychotherapie. Die meisten Menschen wünschen sich, die Hilfen, die man gemeinhin von Psychotherapeuten erwartet, nämlich das Eingehen auf die Gefühle – vor allem Ängste, Verzweiflung, aber auch Hoffnung – nicht bei einem Psychospezialisten suchen zu müssen bzw. vom Arzt an einen solchen abgeschoben zu werden, sondern vom zuständigen Arzt und von den Pflegepersonen direkt zu bekommen.

Je deutlicher die Patienten dieses Bedürfnis an der richtigen Stelle und zum richtigen Zeitpunkt zu zeigen lernen, um so wirksamer werden sie auch selbst zur angemessenen Berücksichtigung der Lebensqualität bei der Krebstherapie beitragen können.

Ich halte es für die wichtigste Aufgabe der an der Krebsmedizin beteiligten Psychotherapeuten, auf mehr Gemeinsamkeit und Kommunikation bei der Krebsbehandlung zu drängen und ihre Kompetenz vor allem dafür einzusetzen, Ärzten und Pflegepersonen dabei zu helfen, selbst und gemeinsam möglichst viel von dem zu verwirklichen, was man gemeinhin den Psychotherapeuten als Aufgabe zuweist. Dies bedeutet: nicht nur zuzuhören, sondern sich auch selbst auf die Gefühle des Patienten einzulassen, nicht nur Angst anzusprechen, sondern auch Angst gemeinsam auszuhalten, statt sie möglichst schnell unter Kontrolle bringen zu wollen. Das bedarf wohl einer intensiven Auseinandersetzung mit sich selbst.

Lebensqualität heißt aus meiner Sicht vor allem, eine möglichst große Auswahl an Verhaltensmöglichkeiten zu haben und einverstanden zu sein mit sich selbst. Gerade dies ist allerdings bei schweren Erkrankungen infrage gestellt, da man leidet und der Normalzustand nicht mehr gegeben ist, in dem man seine Gewohnheiten im Umgang mit sich selbst entwickelt hatte. Wenn es um das Aushalten einer nicht mehr heilbaren Krankheit geht, ist es nicht immer einfach, mit sich und seinem Leben noch einverstanden zu sein.

Unser Thema ist noch etwas komplizierter. Der Medizinsoziologe Klaus Gerdes bezeichnete die Eröffnung der Diagnose »Krebs« mit einer schon klassisch gewordenen Formulierung als einen »Sturz aus der normalen Wirklichkeit«. Normalvorstellungen über Lebensziele und den Sinn des Lebens können sich für den Betroffenen dann ändern, wenn er überlegen muß, was für ihn angesichts der Konfrontation mit der Endlichkeit seines Lebens nun wichtig sein könnte. Wer kann ihm dabei helfen, einen regnerischen Sonntagnachmittag mit Lebensqualität anzufüllen? Der Arzt? Die Krankenschwester? Der Psychologe? Der Pfarrer? Die Nachbarin? Der Partner? Die Kinder?

Normative Bemühungen um eine allgemeingültige Definition von Lebensqualität führen nicht selten zu ziemlich abstrakten Formeln, die mit jeder gewünschten Bedeutung versehen werden können, wie zum Beispiel persönliche Erfüllung, Selbstverwirklichung, Sinngebung, ein Ganzes werden, Finden der eigenen Mitte usw. Kann also letztlich nur der einzelne Mensch selbst bestimmen, was für ihn Lebensqualität bedeutet? Dazu müssen wir ihm die Gelegenheit geben, sich zu dieser Frage Gedanken zu machen und diese gegenüber seinen Ärzten auszudrücken.

In empirischen Studien wurde untersucht, wie medizinisches Personal im Vergleich zu Patienten selbst die Befindlichkeit und die Bedürfnisse von Patienten beurteilte. Sowohl Ärzte als auch Krankenpflegepersonen schätzen die Gefühle von Patienten zum Teil ganz anders ein als die Patienten selbst. Ein Grund dafür dürfte darin liegen, daß sich die Mitarbeiter der professionellen Medizin vor allem auf die Verringerung von Schmerz und anderen Symptomen konzentrieren, aber nur selten wissen, ob der betreffende Mensch noch positive Lebensziele hat, die ihm Kraft, Hoffnung und Lebensqualität geben könnten.

Therapieziele der Ärzte und Lebensziele der Patienten sind also nicht von vornherein dasselbe. Sollte ich selbst jemals eine Krebserkrankung entwickeln und therapiebedürftig werden, so wünschte ich mir, zugegebenermaßen ziemlich unbescheiden, daß meine behandelnden Ärzte bereit sind, die (oft nur schwer kalkulierbaren) Therapieziele mit meinen Lebenszielen abzustimmen. Das erfordert ausgiebige Arzt-Patient-Gespräche. Die häufig von Krebskranken gezeigte Bescheidenheit ist ein Trauerspiel, und man sollte möglichst viele Betroffene zur Unbescheidenheit ermuntern.

Daß Zeit für das Arzt-Patient-Gespräch in unserem Medizinsystem unzureichend vorhanden und teuer ist, wird sich in den nächsten Jahren ändern. Es wird angesichts der jahrelangen Überfüllung unserer medizinischen Hochschulen oft davon geredet, daß wir viel mehr Ärzte haben werden als bisher. Und andererseits verfügen viele Patienten über ein Übermaß an Zeit, die sie viel schöpferischer gestalten könnten, wenn sie Anregungen für einen bewußteren Umgang mit sich selbst bekommen würden.

Für die Mächtigen im Gesundheitswesen sind heute zwei Konsequenzen denkbar. Entweder sie finden sich damit ab, daß Zeit teuer ist, und widmen sich vorzugsweise bzw. ausnahmsweise ihren Privatpatienten, die das Teurere honorieren können. Oder sie überlegen gemeinsam, wie im Gesundheitssystem alle miteinander dazu beitragen könnten, daß sich aus den gegenwärtigen »zwei Prozent Kunst am Bau« der Krebsmedizin vielleicht ein Kristallisationspunkt für ein Gesamtkunstwerk, also eine Behandlungs- und Überlebenskunst, entwickeln kann, das alle Beteiligten als ihr Eigenes empfinden können.

Viele Ärzte und Psychologen bemühen sich weltweit mit Erfolg darum, die Diskussionen um den Begriff »Lebensqualität« fest in die wissenschaftliche Medizin zu integrieren.

Das Thema ist heute auch bei medizinischen Kongressen aus den Nebenräumen heraus in die großen Säle der Festvorträge verlagert worden. Oft finden solche Beiträge viel Aufmerksamkeit und Resonanz. Im Jahre 1990 veranstaltete die Arbeitsgemeinschaft Psychoonkologie in der Deutschen Krebsgesellschaft gemeinsam mit der Schweizerischen Arbeitsgemeinschaft für epidemiologische und klinische Forschung eine vielbeachtete Konferenz in Heidelberg zum Thema »Lebensqualität in der Onkologie«. Das Ziel war, trotz der Anfälligkeit des Begriffs »Lebensqualität« für mehrdeutige und damit unbrauchbare Auslegungen, einem gemeinsamen Verständnis näherzukommen. Bisher hatte man in der wissenschaftlichen-klinischen Krebsmedizin die Wirksamkeit bestimmter Behandlungsmöglichkeiten vor allem dadurch zu erfassen versucht, daß man Patienten mit vergleichbaren Erkrankungsmerkmalen verschieden behandelte und als Erfolgskriterien die Überlebenszeit, die Dauer eines eventuellen Wachstumsstillstandes der Krebserkrankung sowie die Nebenwirkungen miteinander verglich. In Zukunft soll folgende Fragestellung verstärkt beachtet werden: »Inwieweit beeinflussen Krankheit und Therapie wesentliche Aspekte der Lebensqualität bei definierten Patientengruppen?«

Für diese Fragestellung kann man versuchen, die Lebensqualität hinsichtlich folgender drei Bereiche abzuschätzen:

1. In der *körperlichen Dimension* geht es um das Ausmaß, in dem

der Körper nach der Behandlung wieder »funktionieren« wird, um allgemeine und spezifische Beschwerden und ganz besonders um die Frage, ob Schmerzen zu befürchten sind. Ob eine bestimmte Behandlungsmethode sinnvoll ist, kann im Einzelfall auch davon abhängen, inwieweit der betreffende Patient willens ist, auch starke körperliche Nebenwirkungen zu ertragen, um seine wahrscheinliche Überlebensdauer zu verlängern.

2. In der *psychischen Dimension* ist beispielsweise zu klären, ob durch die Nebenwirkungen der Therapie, etwa bei der Schmerzbekämpfung, die geistige Leistungsfähigkeit eingeschränkt wird, ob wieder Hoffnung und Lebensmut oder hauptsächlich Angst und Depressionen auftreten.

3. In der *sozialen Dimension* geht es um die Frage, ob die Behandlung sich möglicherweise auf die wichtigen sozialen Beziehungen auswirken könnte. Dies kann beispielsweise dann der Fall sein, wenn die Behandlungsmethode auch Folgen für die wichtigen Mitmenschen des Patienten hat, so etwa beim Anlegen eines künstlichen Darmausganges (anus praeter) oder bei einer Brustamputation.

Einige Fachleute wie zum Beispiel der Internist Walter Gallmeier in Nürnberg und der Psychologe Thomas Küchler in Hamburg betonen, daß es sinnvoll sein kann, bei der Einschätzung der Lebensqualität auch der *spirituellen Dimension* Raum zu geben. Dabei geht es um die Bedeutung der Religiosität und des persönlichen Lebenssinnes, wovon oft die Selbstheilungskräfte und der Lebenswille abhängen können.

Innerhalb der Ärzteschaft hat die Diskussion um die Lebensqualität der Krebstherapie einen hohen Stellenwert bekommen. In den nächsten Jahren und Jahrzehnten werden bei der klinisch-wissenschaftlichen Erforschung von Behandlungsmöglichkeiten diese Dimensionen weit stärker als bisher berücksichtigt werden. Dies wird sich auch auf die Arzt-Patient-Gespräche auswirken, wenn ein Arzt dem Patienten die jeweiligen Behandlungsmöglichkeiten erläutert: Nach dem *Konzept der geteilten Verantwortung* kann ein Patient ja nur dann die anstehenden Therapieentscheidungen mittragen, wenn er in der Lage ist, deren Reichweite nicht nur für seine Überlebensdauer, sondern auch für seine persönliche Lebensqualität abzuschätzen.

Angemerkt werden soll noch, daß die hier dargestellten Bemühungen der Ärzte und Psychologen auch auf europäischer Ebene durch eine sehr aktive Arbeitsgruppe innerhalb der Europäischen Krebsgesellschaft (EORTC) koordiniert werden. In Zukunft wird es also nicht mehr nur hauptsächlich im Ermessen des jeweiligen Arztes liegen, inwieweit bei der Behandlung die Lebensqualität berücksichtigt wird, sondern es werden sich allgemeine Richtlinien herauskristallisieren, die sowohl den Patienten als auch den Ärzten mehr Sicherheit bei der Behandlungsplanung geben können.

Wenn Ärzte systematischer die Lebensqualität beachten, so werden sie auch zeitiger diejenigen Patienten erkennen, die spezielle psychosoziale Unterstützung benötigen, zum Beispiel nach einer Amputation, um auf diese Weise von vornherein ernsteren psychosozialen Störungen zu begegnen.

Aggressive oder sanfte Therapie

Im folgenden möchte ich anhand einiger Beispiele zeigen, wie auch solche Behandlungsmethoden, die man früher eher als »aggressiv« wahrgenommen hat, in sanftere Behandlungsmethoden verwandelt werden können, wenn man sich wirklich ernsthaft darum bemüht, die Lebensqualität und nicht nur die Überlebensdauer zu beeinflussen.

Die Chemotherapie ist eine Behandlungsmethode, bei der man Medikamente in das Blut des Patienten injiziert bzw. infundiert, die gezielt das weitere Wachstum von Krebszellen hemmen können. Viele Studien auf der ganzen Welt haben eindeutig ergeben, daß mit dieser Methode bei bestimmten Krebsarten die Lebenserwartung von Patienten erhöht werden kann. Dennoch hat die Chemotherapie in der Bevölkerung keinen besonders guten Ruf, da dem Nutzen für den Betroffenen in vielen Fällen erhebliche Nebenwirkungen gegenüberstehen. Dazu können im ungünstigsten Fall (also keineswegs automatisch) Haarausfall, Entzündungen der Mundschleimhaut, Infektanfälligkeit, Appetitlosigkeit, Erbrechen und Übelkeit gehören. Einige dieser Nebenwirkungen kann man inzwischen durch gezielte Zusatzmaßnahmen deutlich lindern.

In psychischer Hinsicht fand man, daß fast die Hälfte der erwachsenen Krebspatienten bereits in den 24 Stunden *vor* ihrer chemotherapeutischen Behandlung über Symptome von Übelkeit und Erbrechen berichteten. Bereits gedankliche Vorstellungen erwarteter Unannehmlichkeiten können körperliche Reaktionen wie Übelkeit auslösen. In Zusammenarbeit von Ärzten und Psychologen wurde untersucht, wie man die Nebenwirkungen der Chemotherapie verhindern kann, um die Lebensqualität zu erhöhen.

In der *Hypnose* werden die Patienten beispielsweise dazu angeregt, sich friedvolle schöne Naturszenen vorzustellen, um während der Infusionen in einen psychischen Zustand passiver Entspannung zu gelangen.

Bei der *progressiven Muskelentspannung* lernt der Patient, gezielt bestimmte Muskeln zuerst stark anzuspannen und dann zu entspannen. Dadurch kann er die Erfahrung machen, daß er selbst in der Lage ist, aus einem Zustand von Anspannung in einen Zustand von Entspannung zu kommen und sich dann im Zustand der Entspannung bestimmte gedankliche Vorstellungsbilder vorzunehmen, die ihm helfen, seine Aufmerksamkeit nicht auf mögliche Begleiterscheinungen der Chemotherapie zu konzentrieren, sondern auf solche Vorstellungsinhalte, die ihm in der betreffenden Situation besser helfen, die Chemotherapie zu überstehen. Beispielsweise wird von manchen Patienten die vom Ehepaar Carl Simonton und Stephanie Matthews-Simonton entwickelte Methode als hilfreich empfunden, sich bildhaft vorzustellen, wie das körpereigene Abwehrsystem (hier: mit zusätzlicher Hilfe der Medikamente bei der Chemotherapie) die Krebszellen im Körper angreift und vernichtet.

Eine weitere Möglichkeit bietet die *systematische Desensibilisierung*. Dabei lernen die Patienten bereits vor Beginn der Chemotherapie, sich gezielt vorzustellen, daß sie auch in Belastungssituationen ruhig und entspannt bleiben können. So können eventuell auftretende Ängste geringer gehalten werden, da der Patient sich auf

die belastende Situation vorbereitet hat und weiß, daß er den Nebenwirkungen nicht völlig hilflos ausgeliefert ist.
Besonders bewährt haben sich *Ablenkungstechniken*. In Nordamerika gibt man den Patienten bei der Chemotherapie häufig die Möglichkeit, sich während der Infusionen aktiv mit Videospielen zu beschäftigen oder über Kopfhörer eine selbst mitgebrachte Musik zu hören, um nicht nur auf die Infusion zu starren und dabei nur auf das eventuelle Eintreten einer Übelkeit zu achten.

Nach meiner Erfahrung kommt es nicht hauptsächlich darauf an, ob in einer bestimmten Klinik oder in einer bestimmten Arztpraxis die hier beschriebenen psychologischen Techniken gegen die Übelkeit bei der Chemotherapie eingesetzt werden. Entscheidend sind nicht starre Trainingsprogramme, sondern viel wichtiger ist die individuelle menschliche Betreuung des Patienten durch seine Ärzte und Pflegepersonen, die ihm ein Gefühl des Aufgehobenseins vermitteln sollen. Dies setzt eigentlich voraus, daß der Patient nicht bei jedem Gang in die Klinik auf andere Ärzte und Pflegepersonen trifft.

In diesem Zusammenhang möchte ich erwähnen, daß manchmal durchaus auch eine auf Reibungslosigkeit und Perfektion ausgerichtete sichere Handhabung der Chemotherapie eine wichtige beruhigende Wirkung auf Patienten haben kann, wenn der gesamte Kontext Verläßlichkeit und Erfahrung anzeigt. Die gesamte Atmosphäre der betreffenden Klinik bzw. der Arztpraxis sollte so gestaltet sein, daß der Patient ein Gefühl von Sicherheit erleben kann.

Auch scheint mir wichtig, daß der Patient nicht nur passiv warten sollte, welche Möglichkeiten der Linderung von Therapie-Nebenwirkungen ihm die betreffende Klinik anbietet. Immer besteht auch die Möglichkeit, sich aktiv selbst über die hier nur angedeuteten Hilfestellungen zu informieren (z. B. im Gespräch mit dem Arzt und in Selbsthilfegruppen) und entsprechend zu handeln.

Dreistufenplan zur individuellen Schmerztherapie

Die Weltgesundheitsorganisation (WHO) nimmt an, daß an jedem Tag etwa 3,5 Millionen Menschen auf der Welt unter tumorbedingten Schmerzen leiden und daß entschiedene Anstrengungen notwendig sind, um das oft völlig unnötige Leiden von Menschen zu verhindern.

Sowohl Patienten als auch manche Ärzte befürchten, daß bestimmte stark wirkende Opiate süchtig machen könnten. Entsprechend werden oft zu schwache Medikamente eingesetzt, obwohl nach dem gegenwärtigen Stand der Erkenntnis die Opiate weniger bedenklich sind, als man früher angenommen hatte. In einem für jedermann zugänglichen Büchlein »Therapie tumorbedingter Schmerzen« hat die Weltgesundheitsorganisation im Jahre 1988 einen Stufenplan der medikamentösen Schmerztherapie vorgestellt, mit dessen Hilfe man etwa 90 Prozent der Krebsschmerzen in den Griff bekommen kann.

Der Dreistufenplan der Weltgesundheitsorganisation gibt dem Arzt praktische Leitlinien an die Hand, welche Möglichkeit der Schmerzbekämpfung in welchem Stadium der Erkrankung sinnvoll ist.

In der ersten Stufe beginnt man mit Medikamenten, die am Ort der Schmerzentstehung angreifen, z. B. dort, wo ein Tumor auf Nervenenden drückt. In der zweiten Stufe, wenn die Schmerzen weiter bestehen oder zunehmen, werden zentral im Nervensystem wirksame Medikamente eingesetzt, zu denen schwache Opiate gehören wie z. B. das Codein. Erst wenn auch diese Medikamente nicht wirken, werden zur Ausschaltung tumorbedingter Schmerzen die starken Opiate (wie das Morphin) in der dritten Stufe eingesetzt. Beim Dreistufenplan ist ferner wichtig, daß die ausreichend hohe Dosierung individuell ermittelt werden muß und daß die Medikamente nicht erst bei stärker werdenden Schmerzen gegeben werden sollen, sondern bereits rechtzeitig nach einem Zeitschema, damit eine kontinuierliche Wirkungsdosis im Körper vorhanden ist.

Aus der Tatsache, daß Opiate in der Drogen-Subkultur ein Problem darstellen, darf man nicht den Trugschluß ableiten, diese Medikamente würden in der Krebstherapie das gleiche Problem mit sich bringen. Schmerzbekämpfung mit Opiaten ist nicht vergleichbar mit dem Phänomen der Drogenabhängigkeit in der Drogenszene. Diejenigen Länder, in denen Opiate freizügiger in der Krebsmedizin verordnet werden können, haben kein größeres Drogenproblem als diejenigen, deren Gesetze den Einsatz von Opiaten in der Krebstherapie erschweren. Manfred Zimmermann, Präsident der Gesellschaft zum Studium des Schmerzes und Professor für Physiologie an der Universität Heidelberg, betont, daß die Bezeichnung der Opiate als »Betäubungsmittel« irreführend ist. Verständlicherweise möchten viele Patienten keine »Betäubungsmittel« einnehmen – und bei den Opiaten im Rahmen des Dreistufenplans der Weltgesundheitsorganisation geht es auch gar nicht um Betäubung, sondern um Schmerzlinderung. Dem Risiko einer Suchtentwicklung bei der Opiatbehandlung kann man gezielt entgegenwirken, indem die Medikamente oral und nach einem genauen Zeitplan eingenommen werden, wodurch die Aufnahme in den Körper langsamer erfolgt.

Ebenso wie bei der Übelkeit im Zusammenhang mit Chemotherapie kann man auch bei Schmerzen psychologische Methoden der Aufmerksamkeitssteuerung einsetzen. Es geht darum, die Aufmerksamkeit nicht mehr allein vom Schmerz auf sich ziehen zu lassen, sondern sie aktiv durch bewußte gedankliche Konzentration auch an äußere Reize und selbst erzeugte Vorstellungsbilder zu binden. In Nordamerika hat man für Kinder und jugendliche Krebspatienten Computerspiele entwickelt, in denen man Krebszellen von Kampffischen jagen und auffressen lassen kann.

Stärkung des Lebenswillens

Wer nach einer belastenden Krebstherapie wieder zu sich gekommen ist, kann gut beraten sein, sich ganz neu auf diejenigen Kräfte zu besinnen, die den eigenen Lebenswillen stärken könnten. Ein 44jähriger Baumaschinenschlosser sagte mir hierzu:

Ich glaube, daß der einzelne Mensch einen sehr großen Einfluß darauf hat, wie es weitergeht. Einer, der sich hängen läßt, den wird es wahrscheinlich viel schneller erwischen als den, der einen Lebenswillen hat.

Ein 62jähriger Konstrukteur erzählte mir von einer Verwandten, die von ihrem Krebs geheilt wurde. Auf meine Frage, woran es wohl gelegen haben könnte, daß sie geheilt wurde, antwortete er:

Ja, erst mal an den Ärzten, das bestimmt, und dann an ihrem Willen, sie hatte einen unglaublichen Willen, wieder gesund zu werden und weiterzumachen. Ich glaube, das macht viel aus. Wenn man sich gleich hängen läßt und sich aufgibt, dann ist es wirklich schlecht.

»Es liegt also an beiden, sowohl an den Ärzten als auch an einem selbst?«

Ja, das muß schon zusammenwirken. Was will der beste Arzt machen, wenn sich der Patient hängen läßt und sich aufgibt?

»Da würde mich mal die Gewichtung interessieren, was meinen Sie denn, was wichtiger ist, der Arzt oder der Kranke selbst?«

Ich würde sagen, das ist gleichgewichtig.

»Viele sagen ja, es liegt nur an den Ärzten.«

Ja, da liegt viel dran, das ist schon wahr. Wenn die Ärzte Fehler machen, nützt der stärkste Wille nichts. Das muß schon zusammenwirken.

Nach Rückschlägen wieder den eigenen Lebenswillen neu zu entdecken, kann besonders dann schwierig sein, wenn sich ein allgemeiner Schwächezustand entwickelt hat und Gefühle von Niedergeschlagenheit aufgetreten sind. Manche Menschen fühlen sich dann überfordert, sich wieder aufzurappeln, und die vor ihnen liegenden Schwierigkeiten wirken wie ein unüberwindlicher Berg.

Auch ein Weg von tausend Meilen beginnt mit dem ersten Schritt.

So heißt es in einer Einführung zu einer Meditation. Die Aufforderung, man möge nun wieder »leben wie zuvor«, kann in manchem Fall mehr Probleme schaffen als lösen: Es kann nämlich im Gegenteil sinnvoll sein, sich auf ein ganz anderes, ein »Leben wie nie zuvor«, einzulassen. Im Falle körperlicher Einschränkungen und Behinderungen kann dies zum Beispiel bedeuten, sich völlig neu mit den Möglichkeiten des eigenen Lebens zu befassen.

Am 18. Januar 1991 bestiegen 14 krebsbetroffene Franzosen den Kilimandscharo in Tansania, um zu beweisen, daß man auch nach einer Krebserkrankung noch ein normales Leben führen kann. Der Organisator dieser Expedition, der 35jährige Fotograf Loic Pellissier aus Lyon, hatte eine Operation hinter sich, bei dem ihm nach Lungenkrebs ein Teil der Lunge entfernt wurde. Er war Leiter einer Selbsthilfegruppe mit dem Namen »revivre« (wiederaufleben), welcher etwa fünfhundert ehemalige Krebskranke angehören. Die Gruppe der Gipfelstürmer bestand aus Krebsbetroffenen im Alter zwischen 18 und 72 Jahren. Sie hatte sich in den französischen Alpen bei Grenoble auf die Besteigung des Kilimandscharo vorbereitet.

In Köln veranstaltet der Verein »Woge« Hochsee-Segeltörns für Krebskranke unter dem Motto »Alle in einem Boot – neue Wege in der medizinischen Therapie«. Dieser Verein legt großen Wert auf gute Ernährung durch reine Vollwertkost, auf Gymnastik und auch auf Meditations- und Entspannungsübungen. In einer Auswertung der bisherigen Erfahrungen schreibt Wolfgang Kuhlmey, der Sprecher der »Woge«:

Alle Betroffenen, die dieses Angebot bisher wahrgenommen haben, sprechen davon, Lebensfreude, Willenskraft und eine veränderte Einstellung zu sich selbst und der Krankheit gewonnen zu haben. Bei Krebs ist dies meist die wichtigste Voraussetzung für eine Heilung. Diese positiven Erfahrungen sind es schließlich, die den Kölner Verein bewegen, Hochsee-Segeltörns in Zukunft in der gesamten Bundesrepublik anzubieten.

Solche Initiativen sind sicherlich nicht für jedermann geeignet, und für jemanden, der sich selbst nicht mehr viel zutraut, sind solche spektakulären Aktionen anderer vielleicht sogar eher entmutigend. »Leben wie nie zuvor« muß nicht unbedingt bedeuten, intensiver als früher, sondern anders als bisher zu leben.

16. Kapitel

Psychoonkologie:
Eine neue Politik gegen die
Krebsangst

Die Wissenschaft von den Geschwulsterkrankungen wird in der Medizin als *Onkologie* bezeichnet; entsprechend befaßt sich die *Psychoonkologie* mit den seelischen Aspekten von Krebserkrankungen. Die Arbeit von Psychoonkologen begann ursprünglich damit, daß Krebspatienten in solchen Krankenhäusern auch seelisch betreut wurden, an denen Ärzte erkannt hatten, daß der Rat und der Beistand von Psychologen in der Krebsmedizin hilfreich sein können.

Zunehmend kümmerten sich Psychoonkologen nicht nur um die Beratung von Patienten und um unheilbar Kranke im letzten Stadium des Lebens, sondern sie entwickelten auch neue Konzepte zur Sozialberatung, zur kreativen Therapie, zu Entspannungs- und Suggestionstechniken, auch zur Förderung von Selbsthilfegruppen. Auch konzentrierten sich Psychoonkologen in der letzten Zeit zunehmend darauf, Fortbildungsmodelle für das Pflegepersonal und für Ärzte zu entwickeln, zum Beispiel als Teambesprechung unter psychologischen Gesichtspunkten.

In den ersten Jahren versuchten die meisten Psychoonkologen, sich den von Ärzten definierten Aufgaben anzupassen, also weiterhin die wichtigsten Entscheidungen von den Ärzten treffen zu lassen. Eine eigenständige und den Ärzten ebenbürtige Rolle können Psychologen und Psychoonkologen jedoch dann übernehmen, wenn es darum geht, daß ein Mensch die Krebsdiagnose auf seine persönliche Lebenswirklichkeit und Lebensgeschichte zu beziehen hat. Peter Noll zeigte uns ja sehr deutlich, was dies bedeutet und in welch starkem Maße ärztliche Therapieentscheidungen mit der Lebensphilosophie des Patienten abgestimmt werden können – hier kommt den Psychologen oft eine wichtige Vermittlerrolle zu.

Eine besondere Rolle haben Psychoonkologen bei der Nachsorge, die oft auch als *Rehabilitation* bezeichnet wird. Mit Maßnahmen zur psychosozialen Nachsorge wird nicht nur versucht, das Leid unmittelbar Betroffener zu lindern, sondern es geht auch darum, das psychosoziale »Image« von Krebsbetroffenen in der Bevölkerung zu beeinflussen. In letzter Konsequenz hängen Aktivitäten der psychosozialen Nachsorge und Initiativen im Bereich der Vorsorge (Prävention, Früherkennung) eng zusammen. Dies möchte ich etwas genauer erläutern, da sich aus diesen Zusammenhängen einige wichtige Schlußfolgerungen für eine künftige Politik gegen die Krebsangst ergeben.

Nach meinen Erfahrungen kennen 80 bis 90 Prozent der erwachsenen Bevölkerung mindestens einen Krebsbetroffenen persönlich: in der eigenen Familie, in der Nachbarschaft, unter den Kollegen oder im Freundeskreis. Etwa jeder zweite Erwachsene kennt mehrere Krebsbetroffene. Was Menschen über Vorsorge, Früherkennung, Behandlung und die psychosozialen Folgen von Krebserkrankungen denken, wird ganz wesentlich dadurch geprägt, was die Mitmenschen eines Krebsbetroffenen durch das Miterleben seines medizinischen und psychosozialen weiteren Lebenslaufs mittelbar, also »stellvertretend« dazulernen. Das stellvertretende Lernen ist ein wesentlicher Weg des Aneignens von Wissen, Meinungen und Motiven. Die Gedanken über Krebsvorsorge, Früherkennung und Therapie werden stark von Erinnerungen zum Krankheitsverlauf von Krebsbetroffenen, die man kennt, geprägt.

Gesunde Menschen, die ich über miterlebte Krebserkrankungen anderer befragte, äußerten sich besonders positiv zur Krebsfrüherkennungsuntersuchung, wenn ihnen zur miterlebten Krebserkrankung des betreffenden Mitmenschen eher positive Erinnerungen kamen, zum Beispiel an gute Unterstützung durch Ärzte und Angehörige. Die Akzeptanz bzw. Ablehnung der Krebsfrüherkennungsuntersuchung hängt umfassend vom allgemeinen Vertrauen in die Medizin ab und von der generellen Bereitschaft, sich persönlich mit dem

Vorstellungsinhalt »Krebs« auseinanderzusetzen. Dies wiederum wird von den Erwartungen geprägt, die man für den Fall einer eigenen Erkrankung an die Ärzte hat.

Es kann daher sinnvoll sein, bei Gesprächen und gesundheitspolitischen Aufklärungsmaßnahmen diesen Zusammenhang bewußter zu machen, um die Wirkung der ärztlichen Aufklärung zu steigern und auch die Laien anzuregen, in umfassenderen Zusammenhängen über Möglichkeiten des Umgangs mit Krebsängsten nachzudenken. In der Pädagogik ist der Gedanke der emanzipatorischen Aufklärung seit Hunderten von Jahren zentral; in der Medizin gibt es hier noch viel zu tun.

In ihren Aufklärungskampagnen zum Aids-Problem haben das Bundesgesundheitsministerium und die Bundeszentrale für gesundheitliche Aufklärung die unauflösbaren Zusammenhänge zwischen Prävention und Rehabilitation klar erkannt, und sie stellen diese Zusammenhänge sehr deutlich und plakativ heraus. Ebenso wie bei der Krebsbekämpfung sind die Ziele hier folgende:
– Förderung von Möglichkeiten der echten Vorsorge,
– Förderung der Bereitschaft zur Früherkennung, dort als Empfehlung, HIV-Tests durchführen zu lassen, zum Beispiel vor einer Eheschließung und vor der Zeugung eines Kindes,
– Abbau von Ausgrenzungen Betroffener, plakative Aufforderung wie »Laßt Kranke nicht allein« bis hin zu einer erstaunlichen Bereitschaft vieler Massenmedien, das Leben HIV-Positiver einfühlsam zu porträtieren, um Verständnis zu fördern.

Es handelt sich also bei der Aids-bezogenen Politik offenbar um eine planvolle Bemühung, die drei Aspekte Vorsorge, Früherkennung und Abbau von Ausgrenzungen Betroffener als eine prinzipielle Einheit darzustellen und auch durch gezielte Initiativen in der Bevölkerung Einfluß auf das Gesundheitsverhalten und den Umgang mit Betroffenen auszuüben.

Viele Maßnahmen der Rehabilitation im Bereich der Krebsbehandlung laufen darauf hinaus, die Folgen einer Krebserkrankung wieder so unsichtbar wie möglich zu machen, dies oft im wörtlichen Sinne. Ein Beispiel ist die rekonstruktive Chirurgie, durch die manche weibliche Brust, die amputiert werden mußte, mit Hilfe von

Kunststoffimplantaten wieder aufgebaut werden kann. Ohne jeden Zweifel bietet die rekonstruktive Chirurgie für Betroffene (und manchmal auch für deren Angehörige) wichtige Hilfen zur Krankheitsbewältigung. Die Möglichkeiten, krankheitsbedingte Beschädigungen wieder unsichtbar zu machen, bergen aber auch ein antiaufklärerisches Risiko in sich, falls sie der Bevölkerung nicht als solche sichtbar sind: Sie können ungewollt Teil der verbreiteten Verleugnungstendenzen gegenüber dem Vorhandensein von Beschädigungsrisiken und Beschädigungen werden.

Es ist damit also die Frage gestellt, ob man sich mit eigenen Beschädigungen auch abfinden kann, statt sie wieder unsichtbar machen zu müssen. Hierzu offene Gespräche und Mut zur Ehrlichkeit und Glaubwürdigkeit anzuregen, ist eine Voraussetzung für wirksame Vertrauensbildung sowohl im Bereich der Rehabilitation als auch bei der Prävention.

Künftige Aufgaben der Psychoonkologie

Obwohl in die Krebsforschung und Krebsbekämpfung viel Geld investiert wird, fehlt bisher in Deutschland eine psychoonkologische Forschungsinstitution, die sich mit den Zusammenhängen zwischen Prävention und Nachsorge konzeptuell und systematisch befaßt. Psychologische Forschungen und psychologisch fundierte Hilfestellungen bei der Krebsbekämpfung sind vor allem notwendig für folgende Bereiche:
1. bundesweite Förderung des präventiven Verhaltens der Bevölkerung und wissenschaftlich psychologische Analyse der Voraussetzungen,
2. bundesweite Förderung des Früherkennungsverhaltens in der Bevölkerung und wissenschaftliche Analyse der Voraussetzungen,
3. psychologisch fundierte Definition von Risikoverhalten und Entwicklung einer zielgruppenspezifischen Informationspolitik,
4. Verbesserung der Kommunikation zwischen Ärzten und Patienten bei der Therapie zur Erreichung einer besseren Zusammenarbeit,

5. Entwicklung und bundesweite Koordination von Weiterbildungsmodellen für Fachleute: Ärzte, Gesundheitserzieher, Pflegepersonen, medizinisch-technisches Personal, Sozialarbeiter, Theologen, Betreuer bei der Rehabilitation,
6. Abbau von Vorurteilen in der Bevölkerung gegenüber Krebskranken, zum Beispiel Ansteckungsängste, Schuldzuweisungen,
7. wissenschaftlich fundierte Entwicklung von Bewältigungshilfen bei psychosozialen Problemen im Zusammenhang mit Krebserkrankungen,
8. Erarbeitung von Hilfestellungen für Forschergruppen bei der Planung von Studien zur Erfassung von Lebensqualität und Krankheitsbewältigung, der Dokumentation von Betreuungskonzepten und ähnlichem,
9. Wiederbelebung der Fähigkeiten von Menschen im Umgang mit chronischen Krankheiten und dem Sterben in den Familien: Aufgrund jahrzehntelanger Delegation dieser Aufgaben an die professionelle Medizin sind neue Möglichkeiten des gemeinsamen Handelns zu erproben.

Diese Aufgaben werden derzeit von verschiedenen kleinen Arbeitsgruppen und Institutionen in unterschiedlichem Maße und wenig koordiniert wahrgenommen. Zu erwähnen sind hierbei vor allem die vielfältigen Aktivitäten der Deutschen Krebshilfe, der Deutschen Krebsgesellschaft sowie des Bundesministeriums für Forschung und Technologie (vgl. Koch und Potreck-Rose, 1990).

Die medizinpsychologischen und psychoonkologischen Arbeitsgruppen an den Universitäten sind sehr klein und außerdem mit den Aufgaben in der Krankenversorgung und der medizin-psychologischen Lehre so stark ausgelastet, daß psychoonkologische Forschung meist nur über sogenannte Drittmittelförderung, also Finanzierung durch Geldgeber von außen, möglich ist.

Diese Drittmittelprojekte sind inhaltlich und zeitlich stark begrenzt. Ein gutes Forschungsprojekt vorzubereiten, dauert im allgemeinen etwa zwei Jahre, und bei Projektbeginn stehen die Mitarbeiter meist nur noch für begrenzte Zeit zur Verfügung. Für wirklich qualifizierte und intensiv eingearbeitete Forscher sind zeitlich begrenzte Forschungsvorhaben in abhängiger Position außerdem auf Dauer wenig attraktiv. Es gibt kein einziges universitäres Institut, das ausschließlich mit psychologischer Forschung in der Krebsmedizin befaßt wäre. Ein Forschungsinstitut für die speziellen Probleme bei der – insbesondere präventiven – Krebsbekämpfung würde sich sicherlich sehr förderlich für die Verbesserung der interdisziplinären Forschung und Gesundheitspolitik auswirken. Am Krebsforschungsinstitut der Vereinigten Staaten von Amerika in Bethesda gibt es eine sehr große und wirksam arbeitende Abteilung für Krebsvorsorge. Am Deutschen Krebsforschungszentrum in Heidelberg fehlt eine für die Grundlagenforschung und Früherkennung doch eigentlich sehr wichtige psychologische Abteilung. Eine für unser Thema wichtige Leistung des Deutschen Krebsforschungszentrums ist allerdings der *Krebs-Informations-Dienst (KID)*: Hier kann jeder Bürger telefonisch unter der Rufnummer 06221/410121 Antworten zu ihn interessierenden Fragen erhalten.

Da die verschiedenen kleinen Arbeitsgruppen an den Universitäten aus den angeführten Gründen nur sehr begrenzt zur Lösung der genannten Probleme beitragen können, ist es wünschenswert, daß eine Institution gegründet wird, die – etwa als Lehrstuhl für Psychoonkologie – folgende Merkmale haben sollte:

1. *Überregionale (bundesweite) Perspektive*: Die Institution sollte bundesweit anwendbare, statt nur örtliche Interventionskonzepte einschließlich der wissenschaftlichen Grundlagen und Evaluationsforschung entwickeln.

2. *Gewährleistung von Kontinuität*: Für die hier angesprochenen Aufgaben ist eine feste Institution mit eindeutiger Aufgabenstellung wünschenswert, da so am besten auch mittelfristige und langfristige Konzepte der Psychoonkologie entwickelt und verwirklicht werden können. Außerordentlich beeindruckend ist die Psychoonkologie in den Vereinigten Staaten von Amerika entwickelt. Am Memorial Sloan – Kettering Cancer Center in New York gibt es bereits einen Lehrstuhl für Psychoonkologie, den die international hochangesehene Psychiaterin Jimmie Holland mit großem Engagement und beträchtlicher Wirkung in der internationalen Krebsmedizin ausfüllt.

3. Integrativer Anspruch: Der Lehrstuhl für Psychoonkologie
sollte eine zentrale Datenbank für einschlägige Fachliteratur,
laufende Forschungsaufgaben, Studienergebnisse, bewährte
Meßinstrumente einrichten und Empfehlungen für Möglichkeiten zur psychologischen Linderung von Nebenwirkungen der
Krebsbehandlung entwickeln. Für auf einer Krebsstation arbeitende Ärzte ist es oft schwierig, zu derartigen Erfahrungen Zugang zu bekommen, da zum Beispiel Initiativen zur Verringerung
der Nebenwirkungen bei der Chemotherapie aufgrund geringer
Fallzahlen oft nur in Form von Vorträgen oder regionalen Ar-
beitspapieren auf kleineren Arbeitstagungen veröffentlicht und
innerhalb der Ärzteschaft zu wenig bekannt werden. Das Ergebnis ist häufig ein Versuchs- und Irrtums-Vorgehen zu Lasten der
Patienten. Die hier vorgeschlagene Institution sollte also auch
informelle Publikationen und Ergebnisberichte zentral sammeln
und allen interessierten Fachleuten und Patienten zugänglich
machen. So kann diese Institution zu einem Kommunikations-
zentrum für Arbeitsgruppen werden, die die menschliche Betreuung von Krebsbetroffenen verbessern wollen.

4. Gesundheitsförderung und Krankheitsprävention: Wichtig ist,
daß verstärkt auch Konzepte zur Förderung der »gesunden« Fähigkeiten von Krebsbetroffenen und ihren Mitmenschen entwik-
kelt werden wie zum Beispiel Sinnfindung, Neuorganisation der
Lebensordnung und Kreativität. Die hier vorgeschlagene Institution sollte sich also auch mit Wertfragen befassen.

Die Psychoonkologie ist bisher als Lehrfach und in der Forschung zersplittert. Sie kommt in Andeutungen vor, zum Beispiel in
der medizinischen Psychologie, der Psychosomatik, der Psychotherapie, der Psychiatrie, der Kinderpsychiatrie, der inneren Medizin,
der Allgemeinmedizin, der Sozialpädagogik. Eine Integration für
die Ausbildung von Ärzten, Psychologen, Soziologen, Mitarbeitern
von Sozialdiensten und Pflegepersonen findet derzeit nicht statt.
Interessenten finden nur mit Mühe einen Zugang zum aktuellen
Stand des Wissens.

Die Gründung eines Lehrstuhls für Psychoonkologie würde also
bedeuten, daß die Möglichkeiten der psychosozialen Unterstüt-

zung von Menschen in der künftigen Krebsmedizin besser genutzt würden. Ein solcher Lehrstuhl soll eine Zusammenführung des Wissens und der erprobten Betreuungskonzepte bewirken und dafür sorgen, daß dieses Wissen Eingang in die Studienpläne der Universitäten und der Krankenpflegeschulen findet. Dazu gehört auch, in Zusammenarbeit mit Pädagogen Schul-Unterrichtskonzepte zu entwickeln über Ursachen, Früherkennung und Behandlung von Krebserkrankungen, über den Umgang mit unheilbaren Erkrankungen und mit dem Sterben. Der Lehrstuhl für Psychoonkologie kann so auch als Kristallisationspunkt in andere medizinische und gesellschaftliche Bereiche hineinwirken, in denen Unheil-Kunde, Todesangst, aber auch Krankheitsfrüherkennung und eine offene Gesprächsführung eine Rolle spielen.

17. Kapitel

Zukunftsmusik:
Forschung und Lebenskunst

In diesem Buch war viel von Forschung die Rede. Ich habe versucht, einen Einblick in aktuelle Entwicklungen der wissenschaftlichen Krebsforschung zu bieten und einige Antworten auf die Frage zu geben, ob sich aus den Ergebnissen dieser Forschung Anregungen für unsere tägliche Lebensführung ableiten lassen. Hierzu möchte ich abschließend einen Gedanken beisteuern, der mir sehr wichtig ist: Man sollte die Forschung nicht nur den professionellen Forschern an offiziellen Forschungszentren überlassen, sondern auch sich selbst als Forscher begreifen. Denn *jeder* Mensch, der nach neuen Erkenntnissen sucht und dabei für sich Erfahrungen auswertet, ist ein Forscher, sei er/sie nun Krankenschwester, Pfleger, medizinisch-technische Assistentin, Arzt, Psychologe, Theologe oder sogenannter Laie. Forschung wird in der Brockhaus-Enzyklopädie definiert als »die von einzelnen oder mehreren Personen betriebene planmäßige und zielgerichtete Suche nach neuen Erkenntnissen in einem Wissensgebiet, einschließlich der Suche nach Möglichkeiten zu deren Prüfung«.

Unterschiede zwischen professionellen Forschern, Laien, Erkrankten und ihren Helfern können zum einen in der Planmäßigkeit und der Zielgerichtetheit des Suchens nach neuen Erkenntnissen liegen, zum zweiten in der Art der Prüfung dieser Erkenntnisse, zum dritten in der Motivation, überhaupt planmäßig nach neuen Erkenntnissen zu suchen. Ich wünsche mir, daß der Unterschied zwischen interessierten Laien und professionellen Forschern hinsichtlich dieser drei Aspekte geringer wird, und ich möchte Sie, liebe Leserin bzw. lieber Leser, dazu anregen, sich auf die eigenen Fähigkeiten des Forschens zu besinnen, wenn es darum geht, die eigene Lebensführung zu überdenken und zu einer neuen Lebenskunst weiterzuentwickeln. Was die Auseinandersetzung mit Krankheitsrisiken betrifft, geht es also nicht nur darum, Neuigkeiten aus der wissenschaftlichen Medizin abzuwarten, sondern es geht vor allem darum, Wissen aktiv zu vermehren, es auf die eigene Lebensführung zu beziehen und die eigene Lebensführung von Zeit zu Zeit kritisch zu überdenken, insbesondere dann, wenn wichtiges neues Wissen hinzugekommen ist.

Wer die eigenen Fähigkeiten des Forschens entdecken und nutzen möchte, kann gut beraten sein, sich klarzumachen, daß auch die professionellen Forscher nicht unfehlbar sind, sondern erfahrungsgemäß in ihrer eigenen Persönlichkeitsentwicklung verschiedene Stadien durchlaufen, die aufschlußreich sind. Am Beispiel der Entwicklung der psychoonkologischen Forschung, die sich mit den seelischen Aspekten von Krebserkrankungen befaßt, möchte ich aus der Sicht eines Wissenschafts-»Insiders« typische Stufen bezeichnen, die bei der Forschung betreten werden können und deshalb auch für die nichtprofessionellen Forscher, also für jeden interessierten Laien, zutreffen können. Ich nehme mir die Freiheit, dabei zunächst stark zu vereinfachen und hemmungslos zu werten.

Stufe 1 der Forscher-Entwicklung nenne ich *die Stufe des naiven Dilettantismus* oder – weniger wertend – *der ersten Gehversuche.*

Sie ist in vielen Kliniken gekennzeichnet durch die Haltung: »Man könnte mal erforschen...«, wobei die eigentliche wissenschaftliche Wißbegierde nur als Ahnung spürbar ist. Die Ausgangsmotive sehen etwa so aus: Der angehende Forscher ist ehrgeizig und verspricht sich zum Beispiel als Chefarzt einer Klinik imagefördernde Impulse für sein Haus, wenn dort auch vorzeigbare empirische Psychoonkologie stattfindet. Da diese »in« ist, holt er sich einen Fachmann oder eine Fachfrau an die Klinik und überlegt, was man denn nun mal forschen könnte. Er läßt forschen.

Auch manche angehenden Ärzte durchlaufen dieses Stadium, zum Beispiel, wenn sie ein Thema für eine Doktorarbeit suchen, ein diffuses Interesse an der »Psyche« haben und zufällig ein Thema und einen Betreuer finden. So begann es bei mir vor vielen Jahren: Als Medizinstudent suchte ich ein Thema für eine Doktorarbeit und geriet an Frau Professor Maria Blohmke am Heidelberger Lehrstuhl für Sozial- und Arbeitsmedizin, wo gerade eine größere Untersuchung über präventives Verhalten geplant wurde. Die Festlegung auf das Thema, nämlich die Motivation von Männern zur Teilnahme an der Krebsfrüherkennungsuntersuchung, geschah unter Zeitdruck bei einer Autofahrt mit Maria Blohmke auf dem Weg zum Bahnhof. In der gleichen Zeit brauchte ich auch ein Thema für meine psychologische Diplomarbeit. Ich versuchte daher, das Projekt über die Motivation zur Krebsfrüherkennungsuntersuchung zu splitten, indem ich für die medizinische Doktorarbeit die allgemeinen *Einstellungen* von Menschen zur Krebsfrüherkennung und für die psychologische Diplomarbeit die Bedeutung von *Angst* auswerten wollte. Als ich mit meiner Doktormutter die erste Rohfassung der medizinischen Dissertation diskutieren wollte, ließ sie mich keinen Satz sagen und fragte nur: *Wo ist die Angst?* Ich habe damals begriffen, daß das Denken und die Gefühle von Menschen nicht isoliert betrachtet werden dürfen. (Meine psychologische Diplomarbeit schrieb ich dann übrigens über Ärger.)

Stufe 2 nenne ich *die Stufe der wissenschaftlichen Exaktheit und Perfektion.* Hierzu will ich in diesem Rahmen nichts ausführen, denn auf allen wissenschaftlichen Fachkongressen wird dem genügend Raum gegeben, und diese Aspekte sind für die folgenden Ausführungen nicht so wichtig.

Die beiden nächsten Stufen bauen nicht unbedingt aufeinander auf, sondern man hat auch die Wahl zwischen ihnen, und sie werden nur von einigen betreten.

Stufe 3 nenne ich *die Stufe des missionarischen Weltverbesserertums.* Auf dieser Stufe bewegen sich diejenigen, die glauben, man könne aus Forschungsergebnissen gleich Handlungsanweisungen ableiten, und man müsse auch die anderen Menschen von seinen eigenen Erkenntnissen überzeugen.

Ein Beispiel: Nachdem man herausgefunden hatte, daß Früherkennung bei bestimmten Krebserkrankungen, statistisch gesehen, Verbesserungen bei den Überlebensraten bringen kann, schlußfolgerten viele Fachleute, man müsse alle Menschen dazu überreden, die Segnungen der Krebsfrüherkennnung auch im eigenen Leben anzunehmen, sich also regelmäßig auf verdächtige Krebssymptome selbst zu untersuchen, regelmäßig zur ärztlichen Krebsfrüherkennungsuntersuchung zu gehen und der Regel zu folgen:»Je früher der Krebs erkannt wird, um so besser ist es für den Patienten.« Hier bleibt außer acht, daß bei manchen Laien eine ganz andere Regel gelten kann, nämlich zum Beispiel die subjektive Regel:»Je später ein Krebs erkannt wird, um so besser ist es für mich: Was ich nicht weiß, macht mich nicht heiß. Laßt mich mit eurem Krebsgerede in Ruhe.«

Aufgrund etwa fünfzehnjähriger intensiver Beschäftigung mit diesem Thema und Mitarbeit in vielen Gremien muß ich auch heute noch feststellen, daß Forschungsergebnisse oft zu schnell und zu unkritisch in Handlungsempfehlungen umgesetzt werden. Den persönlichen Stellungnahmen von Menschen zu solch wichtigen Entscheidungsproblemen liegen eben nicht in erster Linie die in der professionellen Forschung entstandenen Denkkategorien zugrunde. Es geht vielmehr um die persönliche Lebensphilosophie jedes einzelnen und um sein ureigenes Selbstbestimmungsrecht. Bevor die Fachleute also aufgrund ihrer Forschungsergebnisse Handlungsanweisungen für die Allgemeinheit verbreiten, gilt es erst noch, sehr gründlich zu prüfen, welche subjektiven Bedeutungen diese Handlungsanweisungen für die angesprochenen Menschen haben können. Im Extremfall kann ein Mensch einen Sachverhalt völlig anders sehen als ein Fachspezialist, und missionarisches Weltverbesserertum seitens der Fachspezialisten sollte zurücktreten gegenüber einem respektvollen Gespräch mit dem Laien.

Ein anderes Beispiel sind die häufig voreiligen Schlußfolgerungen zu der Beobachtung, daß»kämpferische« Patienten in verschiedenen wissenschaftlichen Studien höhere Überlebenszeiten aufwiesen. Daraus schlußfolgerten viele Fachleute und auch Laien sofort: Also sei es die richtige Empfehlung an Krebspatienten, sie müßten Kampfgeist entwickeln. Daß dabei auch manche Krebsbetroffene überfordert werden und daß es auch ganz andere Möglichkeiten gibt, zu denen durchaus eine demütige Haltung gehören kann, bleibt dann außerhalb des Gesichtsfeldes. Ich könnte viele weitere Beispiele bringen. Um nicht mißverstanden zu werden: Kampfgeist zu entwickeln, kann ohne Zweifel für viele Betroffene wichtig sein; ich wende mich nur gegen pauschale Empfehlungen, die so tun, als bräuchten alle Menschen das gleiche.

Stufe 4 in der Forscher-Entwicklung möchte ich *die Stufe der Lebenskünstler* nennen. Wer nicht vom Forschen wieder abläßt, weil ihm das alles zu schwierig ist, hat die Chance, gerade in der Auseinandersetzung mit der Antithese des Lebens zu einer Lebenskunst vorzustoßen, deren Intensität und Vielfalt man kaum beschreiben kann. Dazu kann die Bereitschaft gehören, sich Erlebnisbereichen wie Angst, Schmerz, Wut, dem Nichts, der Einsamkeit zu stellen und diese mit der Lebenslust zusammenprallen zu lassen.

Die gegenwärtige professionell-wissenschaftliche Forschung ist keineswegs angetan, zum Betreten der Stufe der Lebenskünstler einzuladen. Sie ist, so wie sie zur Zeit fast überall betrieben wird, ziemlich steril. Die Stufe der Lebenskünstler wird nach meiner Meinung besonders gut dann erreicht, wenn sich professionelle und nicht-professionelle Forscher mehr miteinander austauschen. Besonders stimulierende Perspektiven für die Entwicklung einer neuen Lebenskunst werden sich dann ergeben, wenn professionelle Forscher und Laien-Forscher einander rückmelden, was sie voneinander gelernt haben. Die dadurch zu erreichenden Perspektivwechsel können zu einer besonderen Differenzierung und Vertiefung der Frage beitragen, welche Ergebnisse der professionellen Krebsforschung für die alltägliche Lebensführung nützlich sind und welche Fragestellungen bisher noch gar nicht erkannt und gesehen wurden oder offen blieben. Auch können Laien-Forscher als Mäzene direkt mit sie interessierenden professionellen Forschern partnerschaftlich zusammenarbeiten und sie ideell oder materiell unterstützen, statt nur passiv abzuwarten, was die professionelle Forschung wohl in der Zukunft bringen wird.

Während man in der frühen psychoonkologischen Forschung vor allem das Krankheitsverhalten von Menschen als ein *Reagieren* auf Belastungen untersucht hat, könnte die gegenwärtige Tendenz, stärker auf das *zielgerichtete und planende Gesundheitshandeln* zu achten, langfristig vielleicht zu einem Paradigmenwechsel führen: das Wissen von Menschen über Gesundheit und Krankheit als Element einer übergreifenden »Lebenskunst« zu verstehen, zu differenzieren und zu vertiefen. Ob es zu einer derartigen Entwicklung der Forschung kommen wird, dürfte davon abhängen, wieweit die professionellen wie auch die nicht-professionellen Forscher sich auch selbst an Aktivitäten zum Schutz des gefährdeten Lebens und zur Förderung des Lebenswillens beteiligen.

Wie entsteht Gesundheit?

Bisher war die medizinische Forschung im wesentlichen krankheitsbezogen. Man betrachtete hauptsächlich die Bedingungen der Entstehung von Krankheiten: die *Pathogenese*. Wenn man sich überhaupt um Gesundheit statt um Krankheit kümmerte, ging es darum, Risikofaktoren für bestimmte Krankheiten zu benennen und nach Möglichkeiten zu suchen, diese in der Makroumwelt und/ oder in der persönlichen Mikroumwelt zu verringern.

Der israelische Forscher Aaron Antonovsky von der Ben-Gurion-Universität in Ber Sheba erfand in Analogie zum Begriff der Pathogenese das neue Wort *Salutogenese*, womit die Entstehung von Gesundheit gemeint ist. Damit wollte er darauf aufmerksam machen, daß man in der Gesundheitsforschung nicht nur danach fragen sollte, warum jemand erkrankt, sondern umgekehrt, warum bestimmte Menschen gesund bleiben bzw. nach einer Erkrankung wieder gesund werden.

Die meisten gängigen medizinischen Theorien setzen Gesundheit als einen Normalzustand voraus, der durch krankmachende Einflüsse gestört werden kann. Antonovsky betont demgegenüber, daß Gesundheit nicht automatisch als Normalzustand gegeben ist, sondern immer wieder aktiv angestrebt werden muß. Es geht also darum, ein Grundgefühl des Vertrauens in die Beeinflußbarkeit und den sinnvollen Zusammenhang des eigenen Lebens zu entwickeln. Antonovsky nennt dies den *Sinn für Kohärenz*. Damit ist ein Gespür für das gemeint, was den Körper zusammenhält: eine ganzheitliche Erfahrung der eigenen Leiblichkeit. In der Sicht von Antonovsky befindet sich jeder Mensch ständig irgendwo zwischen den gedachten Polen einer vollkommenen Gesundheit auf der einen und vollkommenen Krankheit auf der anderen Seite.

Da Belastungsfaktoren und Risiken allgegenwärtig sind, ist es wichtig, nicht nur auf die möglichen pathogenen Gefahren zu achten und sich von ihnen »verrückt machen zu lassen«, und es geht auch nicht um die Frage, wie wir sämtliche Risiken für unsere Gesundheit ausschalten können. Vielmehr sollten wir uns verstärkt fragen: *Wie können wir lernen, auch mit Risiken und Belastungen möglichst gut zu leben und sie vielleicht sogar für eine Intensivierung unseres Lebens zu nutzen?*

Einen Kohärenzsinn für das zu entwickeln, was Leib und Seele zusammenhält, hat viel mit Selbstvertrauen zu tun und auch mit einem fundierten Wissen über das Wesen von Krankheit und Gesundheit. Letztlich geht es um eine liebevolle Haltung zu sich selbst und zur Natur.

Dabei kann der Lebenswille von Menschen sehr unterschiedlich ausgeprägt sein. Auf diesem Hintergrund wird es verständlich, daß beispielsweise die Krebsfrüherkennungsuntersuchung für Menschen ganz unterschiedliche Bedeutungen haben kann. Während es für die einen Menschen wichtig ist, unbefangen zu leben und möglichst wenig an Risiken bzw. die Antithese des Lebens zu denken, gibt es andere, die sich lieber ganz bewußt auch mit den Gefährdungen auseinandersetzen und gerade dadurch ein sicheres Lebensgefühl entwickeln. Menschen, die erkennen, daß ihr Leben einzigartig und wertvoll ist, können ein besonders feines Gespür für das entwickeln, was ihnen guttut bzw. nicht guttut. Vom Rauchen wegzukommen, kann in dieser Sicht für manchen Menschen in einem bestimmten Stadium seiner Selbstwahrnehmung sogar ganz einfach werden, wenn er sinnlich ganz bewußt begriffen hat, welche Bedeutung körperliche Bewegung, das Atmen frischer Luft und eine sorgfältigere Auswahl von Nahrungsmitteln für das lustvolle Erleben der eigenen Vitalität und körperlicher Spannkraft haben. Die gute Gesundheit und die höhere Lebenserwartung vieler Vegetarier sind nicht ausschließlich auf ihr spezielles Ernährungsverhalten zurückzuführen, sondern auch darauf, daß sie in ihrer gesamten Lebensführung besonders achtsam und gut informiert mit sich umgehen. Fast alle Vegetarier bevorzugen gute Luft und rauchen nicht.

Vom Kohärenzsinn hängt also ab, welche Initiativen Menschen entfalten, um sowohl ihre Krankheitsrisiken im engen persönlichen Bereich zu verringern, als auch zu einer allgemein gesunden und die Lebenskräfte fördernden Umwelt beizutragen. So kann ein wirksames Verantwortungsgefühl gegenüber dem eigenen Körper und vielleicht sogar der gesamten umgebenden Natur entstehen.

Was haben Kunst und Musik mit Medizin und Gesundheit zu tun?

Menschen, die ihr eigenes Leben in Anbetracht der täglichen existentiellen Gefährdung bewußter gestalten wollen, können irgendwann zur Sichtweise gelangen, daß nicht nur Maler aus einer Leinwand und einer Farbenpalette und nicht nur Musiker aus einem klangerzeugenden Instrument und ihrer kompositorischen Begabung Kunstwerke gestalten, sondern daß auch jeglicher Mensch sein eigenes Leben unter Bezugnahme auf den jeweiligen Zeitgeist zu einem Kunstwerk gestalten könnte.

Im Idealfall bezieht sich der einzelne dabei nicht nur auf den jeweiligen Zeitgeist, sondern er gestaltet ihn im Rahmen seiner Möglichkeiten mit. In der Kunst setzen sich nur selten diejenigen durch, die hauptsächlich etwas Schönes und Harmonisches zeigen – hier kommt man im Gegenteil nicht selten an die Grenze zum Kitsch. Diejenigen Menschen, die als bildende Künstler, als Musiker oder als Schriftsteller eine überdauernde Resonanz bei anderen Menschen finden, bringen oft gerade das Schöne mit dem Häßlichen, das Gute mit dem Bösen, das Licht mit dem Schatten, das Banale mit dem Bedeutsamen in eine spannungsreiche Verbindung, oder sie lassen diese Gegensätze sogar unverbunden nebeneinander bestehen.

Ich habe den unbescheidenen Wunsch, daß Lebenskunst ein Hauptthema der künftigen medizinischen Forschung werden sollte. Jeder, der sich ernsthaft darauf einläßt, kann auf seine Weise etwas beisteuern: der professionell-medizinische ebenso wie der nicht-professionelle Forscher, der »Laie« also. Ich kann hier nicht die endgültigen Antworten auf die Frage präsentieren, was Lebenskunst sei. Um deutlich zu machen, was ich hier meine, will ich erläutern, warum ich in der Überschrift dieses Kapitels nicht von »*Zukunfts-perspektiven*« spreche, sondern von »*Zukunftsmusik*«. Wenn wir »Perspektiven« aufzeigen, entwerfen wir heute schemenhaft ein Konzept für morgen bzw. für spätere Zeiten. Zukunfts-perspektiven zu entwerfen bedeutet immer auch, schon jetzt Phantasien darüber zu entwickeln, was in der Zukunft wichtig oder sogar richtig sein wird. Wer Zukunftsperspektiven entwirft, projiziert aus seiner gegenwärtigen Wahrnehmung in die Zukunft hinein.

Demgegenüber kann in der Kunst- und Musikausübung, auch in der Meditation Zeitlosigkeit erlebbar werden, und dies gehört meines Erachtens zu den besonders schönen Erfahrungen des Mensch-seins.

Paradoxerweise kann die Erfahrung der Zeitlosigkeit besonders intensiv werden bei begrenzter Zeit. In ihrem Buch über die Entstehung und Strukturierung eines Zeitgefühls prägte Helga Nowotny kürzlich den Begriff »Eigenzeit«. Eine eigene Ich-Zeitperspektive, die zwischen eigen- und fremdbestimmter Zeit zu unterscheiden weiß, kann mit zunehmendem Zeitdruck gefördert werden.

Zeitdruck kann sich zum Beispiel für einen Krebsbetroffenen durch die bedrohliche Krankheit ergeben. Der professionelle Helfer hingegen erlebt seinen eigenen Zeitdruck eher in Zusammenhang mit Klinikstreß, hier sind zeitweise Stunden und Minuten vollge-stopft mit Handlungsdruck. Insofern könnten auch Menschen, die sich gesund fühlen, sowohl von lebensbedrohlich Erkrankten als auch von »Gesundheitsprofis« einiges lernen.

Mit den eigenen Zeitreserven angesichts einer begrenzten Le-benszeit besser umgehen zu lernen, dem Zeitdruck zu widerstehen, ist eher möglich, wenn wir uns ganz bewußt wieder *Zeit nehmen* und den spielerischen Aspekt der Zeit wiederentdecken: wenn wir uns erlauben, uns zu verlieren.

Der amerikanische Pharmakologe und Internist Larry Dossey geht in seinem Buch »Die Medizin von Raum und Zeit« noch weiter. Er sagt, unsere gewöhnliche lineare Zeitwahrnehmung habe verheerende Auswirkungen auf die Gesundheit. Das Gefühl, Zeit sei vergänglich, kann eine ständige Alarmbereitschaft des Körpers hervorrufen:»Man hat nie genug Zeit.«Larry Dossey meint: *Die Armbanduhr an unserem Handgelenk ist nicht etwa bloß mit einem Band an unserem Unterarm befestigt; sie ist das Band, das uns an die lineare, vergängliche Zeit fesselt.*

In meinem eigenen Sprechzimmer war es für mich, wenn mich ein Mitarbeiter fragte:»Hast du mal Zeit?«, manchmal so ähnlich, wie wenn mich jemand gefragt hätte:»Hast du mal 100 Mark?«

Mich interessiert zunehmend die Frage, wie man außer der linearen, davonrasenden Zeit auch momentane Zeitlosigkeit erleben kann.

Während einerseits meine eigene Zeit immer knapper zu werden scheint, weil immer mehr Menschen daran knabbern wollen und für mich Druck mit immer mehr vorgegebenen Terminen entsteht, wird es zunehmend wichtiger für mich, meine Eigenzeit durch konsequentes Nein-sagen phasenweise großzügig zu genießen.

Mystiker aller Kulturen haben das bewußte Erleben von Zeitlosigkeit kultiviert, indem sie sich konzentrierten auf statische Erfahrungen von»stillstehender Zeit«und»kosmischer Zeit«.

Viele archaische Riten, die den Tod und die existentiell wichtigen Lebenshandlungen wie Nahrungsaufnahme, Fortpflanzung und Arbeit betreffen, führen zu einer immer wiederkehrenden rhythmischen Gestaltung des Jahresablaufs und fördern die Bereitschaft, sich von der Vorstellung der linearen, vergehenden Zeit zu lösen. Nicht der Mensch ist dann einer äußeren»wirklichen Zeit«ausgeliefert, sondern die Zeit ist geprägt durch die Gestaltung des Menschen.

Als Kinder waren wir in der nicht-linearen Zeit zu Hause. Die meisten großen Religionen haben Methoden wie das Gebet und die Meditation gelehrt, mit deren Hilfe man – in dieser Hinsicht – wieder werden kann wie die Kinder. Wesentliche Erfahrungen können dabei die Kunst und die Musik vermitteln. Kunst- und musiktherapeutische Ansätze haben auch bei der seelischen Unterstützung von kranken Menschen bereits ihren Nutzen gezeigt. Musik bietet ebenso wie das Betrachten von Kunstwerken eine wunderbare Möglichkeit, aus der linear wahrgenommenen, davonrasenden Zeit, die immer knapper wird, »auszusteigen«. Altbundeskanzler Helmut Schmidt, ein außergewöhnlich aktiver und oft ruhelos wirkender Mensch, sagte einmal anläßlich einer Bildbetrachtung, er sei sehr dankbar dafür, beim Betrachten eines von ihm geliebten Gemäldes im Museum sich selbst eine Zeitlang vergessen zu können.

Der Zeitsinn kann auch durch Schmerz verändert werden. Unter Schmerzen können die Minuten so langsam wie Stunden vergehen. Viele Substanzen, die wir zur Behandlung starker Schmerzen einsetzen, verändern das Zeitgefühl; das gleiche gilt beispielsweise für Hypnose, Biofeedback, Autogenes Training und Progressive Muskelentspannung.

Panik gehört zu den typischen Reaktionen, mit der viele Menschen die Krebsdiagnose aufnehmen – *Torschlußpanik*. Wieviel Zeit habe ich noch? Der Gedanke der verbleibenden Zeit gewinnt größte Bedeutung; die Zeit geht zu Ende, sie wird bald erschöpft sein, der Zeitsinn ist geschärft, Augenblicke werden intensiver wahrgenommen, vielleicht mit einem gewissen Grauen, vielleicht aber auch irgendwann mit einer Ahnung von Zeitlosigkeit, von Einssein mit der Natur. Intensiver lebt, wer das Wort »Augenblick« wörtlich nimmt. Es lohnt, bewußter zu werden für die Einmaligkeit jedes *Augen-Blicks*.

Das eigene Leben als ein Gesamtkunstwerk gestalten

Lebenskunst kann bedeuten, dem eigenen Leben gegenüber eine forschend-künstlerische Haltung einzunehmen, offen zu sein für die Kultur als besonders hohe Entwicklungsform der menschlichen Gestaltungsfähigkeit. Das Erleben und Genießen von Kunst kann dazu beflügeln, die eigene Kreativität zu entdecken, statt im Leben die Rolle eines passiven Mitläufers einzunehmen.

Kunst ist eine Kraft, das Leben zu vertiefen. Sowohl die Schulen als auch die Krankenhäuser und Arztpraxen der Zukunft könnten zu den Orten gehören, an denen Menschen in diesem Sinne zusammenwirken. Die Musiktherapeutin Susan Porchet-Munro hat viele Jahre lang in Montreal/Kanada und in St. Gallen/Schweiz zu schwerkranken und sogar sterbenden Menschen auch über Musik Kontakt aufgenommen und ihre Erfahrungen in ihrem Buch »Musiktherapie bei Sterbenden« dargestellt. Der wichtigste und differenzierteste Beitrag im musiktherapeutischen Ansatz entspringt, wie sie sagt, der Musik selbst, und zwar durch ihre vielschichtige Beziehung zum Leben des Menschen. Musik wird also nicht in erster Linie als Mittel zu einem Zweck, einem Medikament vergleichbar, eingesetzt, sondern es geht um die Musikerfahrung als solche. Musik eröffnet einen Zugang zu Dimensionen des emotionalen und ästhetischen Erlebens, die über die gewohnte Vorstellungskraft hinausgehen und noch weit mehr bedeuten als eine additive Hinzufügung von »kreativen Medien« in den Katalog professioneller Behandlungsmaßnahmen. Musik hat etwas mit dem Unfaßbaren zu tun. Musik kann körperliche Vorgänge beeinflussen wie zum Beispiel bei der Schmerzlinderung, doch darüberhinaus liegt eine besondere Kraft in der Musik, wenn es darum geht, die Suche nach Sinn zu fördern und zu begleiten. Musik als nichtsprachliches Medium kann Menschen manchmal auch dann noch erreichen, wenn – zum Beispiel bei Schwerstkranken – kein anderer Zugang mehr gefunden wurde. Auch insofern können von der Musiktherapie noch wertvolle Impulse für den Umgang mit Krankheit und für die Entwicklung einer neuen Lebenskunst erwartet werden.

Eine künstlerische Haltung einzunehmen, kann auch bedeuten, die eigene Lebensgestaltung und die der anderen als Inszenierung aufzufassen. In meiner eigenen psychotherapeutischen Sprechstunde fühle ich mich immer wieder von der Vielfalt angesprochen, mit der sich Menschen inszenieren. Auch bettlägerigen Menschen sollte man dazu die Gelegenheit geben. Es macht oft schon einen wichtigen Unterschied, ob sich jemand mit dem Krankenhaushemd uniformiert oder ob er dazu ermutigt wird, irgendwelche Möglichkeiten der eigenen Inszenierung zu nutzen. Die persönliche Gestaltung eines Krankenzimmers kann widerspiegeln, ob hier aktiv die Lebenskräfte gefördert werden oder ob hier ein Mensch mit seiner Krankheit quasi eingesperrt ist.

Wenn ein Mensch aufgrund seiner Erkrankung nicht mehr zur persönlichen Inszenierung in der Lage ist, wird es um so wichtiger, daß wir unsere eigene Erinnerung und Vorstellungskraft nutzen, um uns zumindest gedanklich von Zeit zu Zeit vor Augen zu führen, wie er früher ausgesehen hat und vielleicht wieder aussehen wird.

Seit ich in Hamburg mit der Hochschule für Musik und darstellende Kunst zusammenarbeite und in den letzten Jahren viele wichtige Erfahrungen in der Begegnung mit Musiktherapeuten gesammelt habe, gehe ich viel bewußter mit meiner eigenen Stimme um, und auch beim Hören der Stimmen meiner Patienten erlebe ich manche Intonierung geradezu als eine persönliche musikalische Gestaltung. Seitdem ist das Zuhören noch interessanter und aufschlußreicher für mich geworden. Wenn wir stärker auf die Art unseres eigenen stimmlichen Ausdrucks achten, ob beispielsweise der Klang unserer eigenen Stimme in einem bestimmten Augenblick eher piepsig oder eher warm wirkt, kann dies bereits eine gewisse Selbsterfahrung bedeuten. Wer geübt hat, auf »Zwischentöne« zu achten, kann auch sensibler für die oft wichtigen feinen Nuancen im mitmenschlichen Umgang werden.

Wenn Lebenskunst nun bedeutet, das eigene Leben als ein Gesamtkunstwerk zu betrachten und zu gestalten, möchte ich noch einen weiteren Gedanken zur Kunst hinzufügen. Der Medizinsoziologe Peter Novak, der sich gemeinsam mit Kollegen an der Ulmer Universität für ein musisches Zentrum engagiert, schreibt über die Beziehungen zwischen Wissenschaft und Kunst:

Das Kunstwerk geht z. B. nicht darin auf, etwas anderes zu »verschönern« – weder eine Fassade oder Lobby noch ein Abendkleid oder dessen Trägerin. Es läßt sich nicht verbrauchen oder konsumieren wie Produkte der Technik; wenngleich man es zerstören kann, und selbst dann vermag es in der Überlieferung seine Unvergänglichkeit zu bewahren. (...) Vielmehr ist das Tun eines »wirklichen Künstlers« so charakterisierbar, daß durch sein Wirken etwas wie von selbst zustande kommt oder sich hervorbringt. Es ist das Kunstwerk selbst, das den Künstler zu dem macht, was er dann ist, und er trägt nur in offenbar geeigneter Weise dazu bei, daß ein Gegenstand als Kunstwerk ans Licht der Welt treten kann.

Keineswegs unabsichtlich versuche ich jetzt so zu sprechen, daß die Darstellung des künstlerischen Tuns und des Kunstwerks die Assoziation der geburtshilflichen Situation weckt. Auch der Geburtshelfer bzw. die Hebamme haben ja den Gegenstand ihres gekonnten Tuns nicht erzeugt, sondern sie verhelfen ihm nur »ans Licht der Welt«, was häufig lebenswichtig ist, wenn in dieser Situation einer der bedeutendsten Erzeuger, die Mutter, es von allein nicht ganz oder gar nicht schafft. Denn erinnern wir uns: In dem typischen Lehrdialog, den wir von Plato kennen, belehrt Sokrates nicht nur seine Gesprächspartner und »bildet« sie so, sondern er sagt ja immer wieder, er lerne dadurch selber, er werde dadurch Lehrer, daß sich mit seiner Hilfe herausstellt, wie wissend, wie gebildet seine Gesprächspartner von sich aus sind. Die Art und Weise oder die Kunst, das fertigzubringen, daß aus dem anderen herauskommt, was er immer schon ist oder hat, daß er Einsichten als seine Einsichten versteht, daß er so besser versteht und sich selbst versteht, eben das bezeichnet Sokrates − immerhin ja auch Sohn einer Hebamme − als Hebammenkunst, als Maieutik.

Es würde der gegenwärtigen professionellen Medizin guttun, wenn die Gesundheitsprofis sich noch viel stärker als bisher darauf besinnen würden, daß es um Heil*kunst* und nicht hauptsächlich um Behandlungs*technik* geht. Um dies deutlicher zu machen, unterstütze ich in meinem eigenen Einflußbereich die Musiktherapie und erprobe gemeinsam mit anderen auch im Krankenhaus neue Möglichkeiten des Musikerlebens. Auch kümmern wir uns um das Gesundheitserleben von »Gesundheitsprofis«, indem wir Seminare und musiktherapeutische Selbsterfahrungsmöglichkeiten für interessierte Pflegende und angehende Ärzte anbieten.

Aus eigenem Erleben kann ich hierzu sagen: Dies ist erleichternd und belebend. Es kann den Lebenswillen steigern und auf eine neue Weise die Bewußtheit für die Lebenskräfte fördern. Insoweit es dabei auch um den Umgang mit Schwerkranken und Sterbenden geht, werden Zartheit und Behutsamkeit des Krankenhauspersonals neu gefördert. Mit anregenden einfachen Instrumenten kann auch der Ungeübte in der freien Gruppenimprovisation musikalisch etwas von dem ausdrücken, was mit Worten nicht mitteilbar ist, und sich dabei in der Gruppe aufgehoben fühlen.

Wir sind ganz besonders froh darüber, daß wir dazu beitragen, die Musik im Krankenhaus zum Klingen zu bringen, und so dabei sind, die überholte Trennung zwischen medizinischer Arbeit im Krankenhaus und Lebenslust außerhalb des Krankenhauses wenigstens zeitweise aufzuheben.

Das Unfaßbare wird nicht mehr aus dem Medizinbetrieb ausgegrenzt, und den Lebenskräften werden neue Spiel-Räume eröffnet.

Literaturverzeichnis

Im folgenden *Verzeichnis lesenswerter Literatur* sind aus Platzgründen nicht sämtliche zitierten Textstellen aufgeführt; interessierte Leser können Quellenangaben gegebenenfalls auf Anfrage direkt von mir erhalten. Fragen über Krebs beantwortet der Krebs-Informations-Dienst (KID) des Deutschen Krebsforschungszentrums in Heidelberg: Tel. 0 62 21 / 41 01 21.

1. Für interessierte Leser verständliche Literatur

S. Borreli, R. Bauerdorf: Medizinische Selbsthilfegruppen in Deutschland. Deutscher Ärzte-Verlag, Köln (1990)

Bundeszentrale für gesundheitliche Aufklärung: Bewußter leben. Sonderausgabe zur Aktion »Europa gegen den Krebs«. (1988) Postfach 91 01 52, 5000 Köln 91

J. Canacakis, K. Schneider: Krebs: Die Angst hat nicht das letzte Wort. Kreuz, Stuttgart (1989)

Deutsches Ärzteblatt: »...nicht sterben als entmündigtes Objekt der Medizin« – Rezension des Buchs von Peter Noll. Heft 36 vom 7. 9. 1984

Ch. Dormagen, I. Klein (Hrsg.): Feuer – Das Buch für Raucher. Konkret, Hamburg (1989)

J. Dornheim: Kranksein im dörflichen Alltag. Tübinger Vereinigung für Volkskunde, Tübingen (1983)

L. Dossey: Die Medizin von Raum und Zeit. Rowohlt, Reinbek (1987)

E. Freudenberg: Der Krebskranke und seine Familie. Thieme, Stuttgart (1990)

P. Haerlin: Wie von selbst – Vom Leistungszwang zur Mühelosigkeit. Quadriga, Weinheim–Berlin (1987)

Th. Küchler: Lebensqualität in der chirurgischen Krebstherapie: mehr als ein philosophisches Glasperlenspiel. *Psychomed.* 1, (1989), S. 186 bis 192

P. Lambley: Psyche und Krebs: Zur Psychosomatik von Krebserkrankungen – Vorbeugen, lindern, heilen. Rowohlt (1989)

A. Löser, J. Hoss: Krebsbehandlung mit Strahlen- und Chemotherapie. Thieme, Stuttgart (1990)

P. Lüth: Ansichten einer künftigen Medizin. Hanser, München (1971)

P. Lüth: Sprechende und stumme Medizin. Herder & Herder, Frankfurt/New York (1974)

M. Malter, R. Süss: Krebs im Blickpunkt. Decker & Müller, Heidelberg (1989)

G. Miketta: Netzwerk Mensch: Psychoneuroimmunologie. Trias, Stuttgart (1991)

S. Munro: Musiktherapie bei Sterbenden. Gustav Fischer, Stuttgart (1986)

G. A. Nagel: Krebsmedizin: Zur Notwendigkeit einer Standortbestimmung. Rombach, Freiburg (1991)

P. Noll: Diktate über Sterben und Tod. Piper, München (1990) – Erstausgabe: Pendo, Zürich (1984)

D. Prescott, A. Flexer: Krebs: Fehlsteuerung von Zellen. Spektrum, Heidelberg (1990)

A. Schweitzer: Was sollen wir tun? Lambert Schneider, Heidelberg (1986)

G. Schmidt: In: Dormagen u. Klein (1989)

Schweizerische Krebsliga: Krebs und Ernährung. Postfach 8219, CH 3001, Bern

Signal – Leben mit Krebs. Vierteljahres-Zeitschrift im Verlag für Medizin Ewald Fischer, Heidelberg

C. Simonton, S. Matthews-Simonton: Wieder gesund werden. Rowohlt, Reinbek (1982)

S. Sontag: Krankheit als Metapher. Hanser, München (1978)

A.-M. Tausch: Gespräche gegen die Angst. Rowohlt, Reinbek (1981)

A.-M. Tausch, R. Tausch: Sanftes Sterben. Rowohlt, Reinbek (1985)

R. Tausch: Lebensschritte. Rowohlt, Reinbek (1989)

Verbraucher-Zentrale Hannover (Herrenstr. 14): Hau(p)tsache braun? Sonne und Solarien – die strahlende Versuchung

J. v. Troschke: Rauchen – Genuß und Risiko. Birkhäuser, Basel (1987)

Th. V. Uexküll, W. Wesiack: Theorie der Humanmedizin. Urban & Schwarzenberg, München–Wien–Baltimore (1988)

M. M. Wambach (Hrsg.): Der Mensch als Risiko. Suhrkamp, Frankfurt (1983)

A. W. Watts: Weisheit des ungesicherten Lebens. O. W. Barth, Bern–München (1987)

G. Weiss: Vier Anregungen für die Zusammenarbeit der Ärzte mit Krebskranken in Selbsthilfgruppen. In: D. Alt, G. Weiss (Hrsg.): Im Leben bleiben. Springer, Berlin–Heidelberg–New York (1991)

Weltgesundheitsorganisation: Therapie tumorbedingter Schmerzen. AMV AV-Kommunikation- und Medizin-Verlag, München (1986)

F. Zorn: Mars. Kindler, München (1977)

2. Spezielle wissenschaftliche Literatur

R. Ader, D. L. Felten, N. Cohen: Psychoneuroimmunology. Academic Press, San Diego (1991)

A. Antonovsky: Health, Stress and Coping. Jossey-Bass, San Francisco (1979)

C. Bahnson, W. Gallmeier, H. Kappauf, S. v. Kleist, K. Munk: Psychoneuroimmunologie und Krebs. Supplement 1 zu Band 14 der Zeitschrift *Onkologie*. Karger, München (8/1991)

K. Bammer: Krebs und Psychosomatik. Kohlhammer, Stuttgart (1981)

P. L. Berger, Th. Luckmann: Die gesellschaftliche Konstruktion der Wirklichkeit – Eine Theorie der Wissenssoziologie. Fischer, Frankfurt a. M. (1984)

D. Bongers: Das Körperselbstbild von Männern. In: E. Brähler (Hrsg.): Körpererleben. Springer, Berlin–Heidelberg–New York (1986)

W. Bräutigam (Hrsg.): Kooperationsformen somatischer und psychosomatischer Medizin. Springer, Berlin–Heidelberg–New York (1988)

Bundesministerium für Forschung und Technologie: Krebsfrüherkennung: Möglichkeiten der systematischen Früherkennung von Krebserkrankungen. Bonn (1983)

M. P. Carey, T. G. Burish: Ätiologie und Therapie der psychologischen Nebenwirkungen von Chemotherapie bei Krebs: kritischer Überblick und Diskussion. In: U. Koch u. F. Potreck-Rose (1990)

M. Csikszentmihalyi: Das Flow-Erlebnis. Klett-Cotta, Stuttgart (1987)

W. H. Eberbach: Die Aufklärung des Patienten vor dem Hintergrund der Einstellung zum Tod. Medizinrecht 6, (1984), S. 201–240

H. Faller, R. Verres: Emotion und Gesundheit. In: K. R. Scherer (Hrsg.): Psychologie der Emotion. Bd. C/IV/3 der Enzyklopädie der Psychologie. Hogrefe, Göttingen–Toronto–Zürich (1990), S. 706–765

G. Flatten: Prävention – Eine bewährte Strategie ärztlichen Handelns. Zentralinstitut für die kassenärztliche Versorgung in der Bundesrepublik Deutschland. Deutscher Ärzte-Verlag, Köln (1988)

U. Flick (Hrsg.): Alltagswissen über Gesundheit und Krankheit: subjektive Theorien und soziale Repräsentation. Asanger, Heidelberg (1991)

V. Hankemeier, I. Boweler, D. Zech (Hrsg.): Tumorschmerztherapie. Springer, Berlin–Heidelberg–New York (1989)

J. Holland, J. Rowland: Handbook of Psychooncology: Psychological Care of the Patient with Cancer. Oxford University Press, New York–Oxford (1989)

R. Hornung: Krebs: Wissen, Einstellungen und präventives Verhalten der Bevölkerung. Huber, Bern (1986)

Ch. Hürny, R. Adler: Psycho-onkologische Forschung. In: F. Meerwein

(Hrsg.): Einführung in die Psycho-Onkologie, 3. Aufl. Huber, Bern (1985)

M. v. Kerekjarto: Begleitung sterbender Krebspatienten. In: R. Klußmann u. B. Emmerich (1990)

R. Klußmann, B. Emmerich (Hrsg.): Der Krebskranke. Springer, Berlin– Heidelberg–New York (1990)

U. Koch, F. Potreck-Rose (Hrsg.): Krebsrehabilitation und Psychoonkologie. Springer, Berlin–Heidelberg–New York (1990)

Ph. Lersch: Aufbau der Person. Barth, München (1964[9])

Ministerium für Arbeit, Gesundheit, Familie u. Frauen Baden-Württemberg: Schmerztherapie bei Tumorpatienten. Ein Leitfaden. Gesundheitspolitik 13 Arbeitsgruppe »Schmerztherapie«. Stuttgart (1991)

N. Niederle, E. Aulbert (Hrsg.): Der Krebskranke und sein Umfeld. Thieme, Stuttgart (1987)

P. Novak: Hermeneutik und Psychologie. In: R. Verres u. M. Hasenbring (1990)

Projektträgerschaft »Forschung im Dienste der Gesundheit« (Hrsg.): Krebsforschung in der Bundesrepublik Deutschland. Kohlhammer, Stuttgart (1989)

H. Scherg: Zur Kausalitätsfrage in der psychosozialen Krebsforschung. *Psychotherapie, Psychosomatik u. med. Psychologie* 36, (1986), S. 98 bis 109

D. Schmähl, H. Ehrhart (Hrsg.): Ethik in der Behandlung Krebskranker und Schwerkranker. *Aktuelle Onkologie* 39, Zuckschwerdt, München (1987)

C. Schober: Tod und Sterben im Erleben von Medizinstudenten. Med. Dissertation an der Universität Heidelberg, unveröffentlicht (1987)

K.-H. Schulz, A. Raedler: Tumorimmunologie und Psychoimmunologie als Grundlage für die Psychoonkologie. *Psychotherapie, Psychosomatik u. med. Psychologie* Bd. 36, Thieme, Stuttgart (1986), S. 114–129

A. Schumacher: Sinnfindung bei Brustkrebspatientinnen. Lang, Frankfurt–Bern (1990)

A. Sellschopp, R. Schwarz u. U. Michel: Psychosoziale Probleme bei Brustkrebs. E. Fischer, Heidelberg (1985)

R. Verres: Psychosoziale Faktoren der mangelnden Inanspruchnahme von Krebs-Früherkennungsuntersuchungen. Lang, Frankfurt/Bern (1977)

R. Verres: Der Krebskranke in seiner Umwelt. *Geburtshilfe und Frauenheilkunde* 45 (1985), S. 583–690

R. Verres: Krebs und Angst. Subjektive Theorien von Laien über Entstehung, Vorsorge, Früherkennung, Behandlung und die psychosozialen Folgen von Krebserkrankungen. Springer, Berlin–Heidelberg–New York (1986)

R. Verres: Zur Bedeutung kollektiver Umgangsweisen mit Krebsängsten für die Rehabilitation Krebskranker. In: H. Quint u. P. L. Janssen (Hrsg.): Psychotherapie in der psychosomatischen Medizin. Springer, Berlin–Heidelberg–New York (1987), S. 100–106

R. Verres: Ethische Probleme bei der Krebsvorsorge und der Krebsfrüherkennung im Lichte von Diskrepanzen zwischen Laientheorien und professionellen Theorien zur Krebsbekämpfung. In: D. Schmähl u. H. Ehrhart (Hrsg.): Ethik in der Behandlung Krebskranker und Schwerkranker. Zuckschwerdt, München (1987), S. 168–180

R. Verres, M. Hasenbring (Hrsg.): Psychosoziale Onkologie. *Jahrbuch der medizinischen Psychologie*, Bd. 3. Springer, Berlin–Heidelberg–New York (1989)

R. Verres: Psychologische Hilfen für die Betreuung Krebsbetroffener. In: E. Aulbert u. N. Niederle (Hrsg.): Lebensqualität der chronisch Krebskranken. Thieme, Stuttgart–New York (1990), S. 167–182

R. Verres: Gesundheitsforschung und Verantwortung. In: U. Flick (1991)

R. Verres, I. Sobez: Ärger, Aggression und soziale Kompetenz. Zur konstruktiven Veränderung destruktiven Verhaltens. Klett-Cotta, Stuttgart (1980)

E. Wolf: Die Aufklärungspflicht des onkologisch tätigen Arztes: Rechtliche Beurteilung unter besonderer Berücksichtigung der klinischen Prüfung. Onkologischer Service Lederle, 7. Ausgabe. Wolfratshausen (1987)

M. Zimmermann, H. Seemann: Schmerzen bei Krebserkrankungen – Bedeutung, Behandlung und Bewältigung. In: U. Koch u. F. Potreck-Rose (Hrsg.): Krebsrehabilitation und Psychoonkologie. Springer, Berlin–Heidelberg–New York (1990), S. 88–112

Nachwort

Viele Menschen haben zu diesem Buch beigetragen: Patienten, Angehörige von Patienten, Kollegen und Kolleginnen, Freunde. Stellvertretend für alle möchte ich Katrin Lamszus danken. Sie hat mich als kritisch fragende und engagierte Doktorandin bei der Arbeit an diesem Buch sehr unterstützt und mich immer wieder spüren lassen, wie vorläufig die Unterscheidung zwischen »Lehren« und »Lernen« ist.

Sera Anstadt

Alle meine Freunde sind verrückt

Aus dem Leben eines schizophrenen Jungen. Bericht einer Mutter
Aus dem Niederländischen von Karin Arends-Kailer. 157 Seiten.
Serie Piper 1489

Das Buch beschreibt in ergreifender Weise den geistigen Untergang
eines begabten jungen Menschen; gleichzeitig dokumentiert es die
Erfahrungen eines psychisch Kranken mit der Welt der Psychiatrie und
der Anti-Psychiatrie und seine Stellung in der modernen Gesellschaft.
Dem nicht psychiatrisch vorgebildeten Leser vermittelt es wertvolle
Einsichten in Wesen und Symptome der immer noch so
geheimnisvollen Krankheit Schizophrenie.
»Raf ist jetzt dreißig Jahre alt, ein zurückgezogener, geistig schwer
gestörter junger Mann, der manchmal noch mit einem
melancholischen Lächeln an früher zurückdenkt.«
So beginnt dieses Buch über die Erfahrungen einer holländischen
Mutter mit ihrem schizophrenen Sohn. Mit treffender Direktheit und
Einfachheit wird beschrieben, wie sich die Krankheit bei einem
begabten Jungen von 15 Jahren allmählich entwickelt, wie er sich in
eine Wahnwelt von Träumen und Hirngespinsten verstrickt, aus der er
sich nicht mehr lösen kann. Am Anfang irrt er noch durch Amsterdam,
auf die Stimmen der Wahnfiguren hörend, die ihm Aufträge erteilen;
daß er diesen Stimmen gehorchen muß, bringt ihn unausweichlich in
Konflikt mit seiner Umgebung. Die Situation zu Hause wird unhaltbar.
Verzweifelt sucht die Mutter Hilfe und verheddert sich im Gestrüpp der
Bürokratie.

»Ein ergreifendes Buch, dem ich auch hierzulande viele Leser
wünschen möchte.« Psychologische Umschau

PIPER

Rosemary Crossley / Anne McDonald

Annie –
Licht hinter Mauern

Die Geschichte der Befreiung eines behinderten Kindes
Aus dem Englischen von Rosemarie Schöpel
248 Seiten mit 5 Fotos. Kt.

»Auf der Müllhalde der Nation«, in einer Verwahranstalt für
Behinderte findet Rosemary Crossley das Mädchen, mit dem
zusammen sie später ein Buch schreiben wird. Annie, schwer
spastisch gelähmt – stumm, von Muskelkrämpfen geschüttelt,
zu keiner willkürlichen Bewegung fähig –, ist abgeschrieben,
abgeschoben, seit Jahren zu trostlosem Dahinvegetieren
verdammt. Sie gilt als debil, allenfalls auf dem
Bewußtseinsstand einer Zweijährigen. Da macht Rosemary eine
geniale Entdeckung: Es gelingt ihr, sich mit Annie zu
verständigen. Und sie erkennt hinter der Mauer aus grober
Verunstaltung, unkontrollierten Bewegungen und
unverständlichen Geräuschen ein waches junges Mädchen mit
überdurchschnittlicher Intelligenz, intensiven Gefühlen, mit
Witz und Scharfsinn. Gegen den zähen Widerstand der
Gesundheitsbürokratie befreit sie Annie aus dem Heim und
verhilft ihr spät zu einem menschenwürdigen Leben, das
Vorurteile, Sturheit und Phantasielosigkeit der Institutionen ihr
bislang verwehrt hatten.

PIPER

Lili Feldmann

Leben mit der Alzheimer-Krankheit
Eine Therapeutin und Betroffene berichten
Vorwort von Professor Dr. med. Hans Lauter. 174 Seiten.
Serie Piper 1489

An der Alzheimer-Krankheit leiden in der Bundesrepublik 600 000
Menschen; jährlich kommen 50 000 Neuerkrankungen hinzu. Immer
mehr und immer jüngere Menschen werden von dieser Krankheit
befallen, die das Schicksal eines jeden von uns sein könnte. Noch gibt
es keine gültige Theorie ihrer Entstehung, noch hilft kein Mittel. Das
Los des Kranken liegt ganz in der Hand derer, die sich seiner
annehmen und ihn betreuen.
Aber die Ohnmacht angesichts einer Situation, zu der es außer dem
unmittelbar menschlichen Kontakt keinen Zugang gibt, verunsichert,
läßt viele in der Pflege scheitern. In erschütternder Weise wird deutlich,
wie diese Krankheit die Erfahrungswelt des Betroffenen verändert und
wie dies für die Angehörigen über alle konkreten Belastungen hinaus
auch eine Infragestellung der eigenen Existenz bedeutet. Es wird eine
Entwicklung nachgezeichnet, die in der Regel mit einem verzweifelten
Kampf gegen die Krankheit beginnt und manchmal zu einem
Akzeptieren der Krankheit und zu einem Leben mit ihr führt.
In den meisten dieser Krankheits- und Lebensgeschichten ist ein neuer
Sinn für Solidarität geweckt worden; wie er gelebt wird, mit Humor,
Phantasie und der Fähigkeit, das Unannehmbare anzunehmen, dies
macht dieses einfühlsame Buch deutlich. Es geht der Autorin darum,
die Altersverwirrtheit aus der Abwehr und Ausgrenzung herauszulösen
und sie als eine Möglichkeit menschlichen Lebens, als einen Teil
unserer Hinfälligkeit zu verstehen. Für die Angehörigen soll dieses
Buch mit seinen konkreten Beispielen Ermutigung beim Suchen nach
Wegen und beim Akzeptieren der eigenen Unsicherheiten und Grenzen
sein.

Piper